# 知られざる沖縄の核心へ

## DEEP OKINAWA

宝玉 麗 [著]
中丸 薫 [監修]

ヒカルランド

潮水と尊尊前　ティーラ&黄金三星
うしゅみじ とーとーめー　　　くがにみちぶし

混じり合い発信する世界文明の基点

# DEEP OKINAWA
知られざる沖縄の核心へ

監修 中丸 薫　　宝玉麗 著

カバーデザイン　櫻井 浩（⑥Design）
校正　麦秋アートセンター

## 監修者の言葉

沖縄(琉球)が秘めた先進かつdeepで雅な伝統文化は、
中国大陸、朝鮮半島、中東(イスラエル)、ヨーロッパ、南米(インカ)の文化の入り混じった超複雑な様相を呈している。
このミルフィーユのごとき各層を理解せず、沖縄の本質はけっしてわからないだろう。
ひるがえって京の雅に代表される日本本土の文化文明は、
その基層に沖縄(琉球)を封印してきた。
薩摩の琉球支配から明治の琉球タブー政策は
日本文化の起源を見えないものにしてしまったかも知れない。
戦後、「沖縄の中にこそ、失われた日本がある」「沖縄で、私は自分自身を再発見した」と感動に震えた岡本太郎(画家)氏や高度な民藝から沖縄に注目した文化人・柳宗悦もいたが、それ以上のものがOKINAWAにあることを知り抜いているのが本書の著者である宝玉麗氏なのである。
中丸薫(国際ジャーナリスト、明治天皇の孫)


## インディゴブルーの海の色
DEEP OKINAWA

小さな島がつらなる琉球、島を包みこむ母なる海。
吾が庭のように、広大な海原を縦横無尽に渡りあるいた琉球民族。
そのディープな海の色インディゴブルーは藍の色。
藍は愛。深い愛がここにはあります。

出エジプト以前にエチオピアに渡ったユダヤ人がいたと死海文書は記す。ウンジャミの祈りの言霊はエチオピアの祈りの音階にほんとによく似ています。

五音階は天地の音
秦の始皇帝が焚書坑儒した多くの書は琉球に残されているらしい。との噂で探し求めた人達がいたという。その古き書は歌や踊りのなかに組み込まれているような…。そんな気がして琉球民族音楽から紐解いたディープなOKINAWA。バームクーヘンのように沢山の事象がつまって輪になり琉球の空気や潮風にただよいます。　宝玉麗

# DEEP OKINAWA

## Contents

**竜舌蘭の葉　8**
百歳長寿　12
桑の木と経塚　18
蓬莱 鏡（ほうらいきょう）　27
テンプル騎士団の賛美歌　29
海神の國は即琉球なり　30
沖縄昔話集　34
頭髪（かしらぎ）ぬ契り幾世までん　36

**花郎とうらしま**
新羅と琉球　その遥かなる海上の道のり　38
竜虎山と尚巴志王　44
ニライカナイ　魂をよびもどす船　45
沖縄の民話　浦島太郎と瓠公　49
龍涎香　伽羅・沈香・くんのーら　52
八重山にある地名　バンコとバンコ神話　53
花郎の面影　舞踊ちじゅやーと武の舞　58

**新しい琉球の歴史**
ウンジャミ　潮の流れは韓国、エチオピア、インドを廻りきて　67
粗食と長寿　アッチラとダニエル書　71
ビザンツ帝国　ビザンツ帝国と一体であるギリシャ正教会　76
一笑四海通　微笑みは世界に通じるという言嗏　84
犀と一角獣　真福地の杯ちょうとユニコーン　86
楽浪郡の海の彼方には　何があるか　倭人が貢納した鬯草・春ウッチン　89
姜黄と春ウッチン、姜一族の女性　姜氏の娘達を美しくした姜 黄（きょうおう）　90
洗礼　浜名寛祐・ロシアでの洗礼　96
トートーメーとお餅　ヒキ蛙から兎の餅つきへ　100

エジプトと琉球　太陽の禊とピラミッド　　103
魔除けのサン　エジプトのアンクと魔除けの琉球のサン　　111
くんら（百済）「くんのーら」と「こーれーぐすー」　　118
かくれキリシタン　五感で受け取るいにしえからのメッセージ　　121
竜神の住む宮殿　如意の珠を追いかける　　126

## 新羅王　脱解　129
『沖縄に君臨した平家』　　130
発見！ムー大陸　ムー人の記憶は祈りの形で残る　　141
北風と太陽　奄美のヒット曲「島育ち」から　　144

## アーマンチューメーは巨人
北極星に祈る　長寿を祈願　首里めでい孵じやびら　　147
長寿であったころ　アーマンチューメーは巨人　　150
貝　モーモー　ゴホウラ貝と貝の道　　162
琉球の金工　汲めども尽きぬロマン・琉球の不思議　　165
琉球古代文字　神様の消した文字　　171
歴代宝案・隋書　シュリー・ヴィジャヤ王国と『歴代宝案』　　174
奏楽天使　黙示録「見よ、その方が雲にのって現れる」　　177
北谷の海底神殿　御嶽と蛇のルーツとフェニキア文字　　178
ライオンと猫　古代エジプトの猫崇拝・海を渡る猫　　180

## 鳥と蝶
鳥と蝶　霊魂は鳥や蝶に憑く　　187
長寿の花　シュメール神話と琉球　　191
シュメール神話と琉球 2　シュメール神話にあるエンキ神と琉球の線刻石板　195
御声明の音色　日本の声明と韓国の踊るお坊さん　　199
蘇軾と漢詩　禅語　　205
地保奴とモンゴル　モンゴル馬と　馬走せー　　207
明けもどろの花　水平線を指で計ってみる　　209

## 景教とナーシビ
琉球民謡「ナーシビ節」　　217

## クバ島の山羊
クバ島の山羊　「ポンポン船」でクバ島へ　237
シュメール・夢の神殿　頭に神殿をのせる女神　240
幻の筑紫舞　ルソン島の円形田圃とルソン足　251
武の舞　舞踊のがまく（腰）　古典女踊りと武の舞　254
空とソロモン　栄華を極めたソロモンと「春の踊り」　259
ディアスポラの琉球人　帰ってきた世界のウチナーンチュ　262
組踊の雪払い　エルニーニョ現象と雪、1700年代の津波　264

## 命の水
武器ではなく命の水を　266
首里城にある奉神門とギリシャ正教の奉神礼　268
琉歌と古代ギリシャの悲歌　268
りゅうりょくかこう（柳緑花紅）「やなぎはみどり、はなはくれない」
11世紀の中国の詩人・蘇軾の詩からの引用　270
ジョゼフ・ニーダム　中国の古代科学技術を世界に知らしめたイギリス人　271
じゅーりくゎん（竹里館）　道教とヘブライ文化がリンクした時代の漢詩にある竹里館　280

## 古代琉球
シュメール文明とスメラ族　宇宙の法則・古代琉球編　285

## 祈りの花
なんじゃ（銀）花　黄金花　300
君が代は神が代　契丹国の祭山儀と柴冊儀　301
アラン族の痕跡　琉球の馬メーサーとスペインのクラージュ　305
くぃぬぱな節とザン　モーセの歌と油注ぎ・幕屋の覆いもの　310
オナリ神　金細工とヒッタイト　313

参考文献　口語訳聖書（1954年版）

幻想のうちに遊ぶ
DEEP OKINAWA　第1巻

飛び立ちゅる　ハビル　　飛び立とうとしている　ヘブル人
まじゅ　まてぃ　ちりら　　まずお待ちください。一緒に連れ立ちましょう。

主は国々のために旗をあげて、イスラエルの追いやられた者を集め、ユダの散らされた者を地の四方から集められる。
He will set up an ensign for the nations, and will assemble the outcasts of Israel, and gather together the dispersed of Judah from the four corners of the earth.イザヤ書11：12

**長寿の話**

# 竜舌蘭の葉

## 神様が教えてくれた竜舌蘭からの繊維取り

**夢の中の とぅんびゃん（桐板）**
とだえてしまった桐板織りは、繊維を竜舌蘭から取ります。ある人に聞いたところでは、その取り出し方法は竜舌蘭の葉を腐らせ繊維を取るということでした。それは何か大きな入れ物に竜舌蘭の葉を入れ、醗酵させるイメージでしかありませんでした。毎朝の散歩道に生い茂る竜舌蘭の葉を少しずつ割いて細い繊維を少々取り貯めるなか、数十日ほど経って乱暴に葉を割かれた繊維が垂れ下がって乾燥しているのに気付き、腐らすってこういう事なのかなと思ったりしたものです。
その竜舌蘭の繊維で織った織物は、まぼろしのとぅんびゃん（桐板）といわれ、過去には中・上流家庭あたりの人々の用いるお召し物であったそうです。おりにふれその大切な「まぼろしの桐板織り」のお召し物を眼にする機会があり、その布地の手触りや柄に惹かれ、夢の中には桐板の復活がありました。昔は模様の大きさや色彩なども、身分による制約があったようです。竜舌蘭の繊維は髪の毛のように細く取れ、それで機織りをすると大変薄い布地になります。
琉球古典舞踊曲『綛掛（かしかき）』に、とんぼの羽のような衣裳を愛しい方へ織って差し上げましょう。という旨の歌があります。
舞踊曲『綛掛』は、ふぃし（干瀬）節、しちしゃく（七尺）節、さーさー節の三曲で構成、または、さーさー節を除いた二曲構成で踊られます。

**琉球古典舞踊「ふぃし（干瀬）節」**
七読（ななゆみ）　とぅ　はてん（廿読）　綛掛（かしかき）てぃ　置（う）ゆてぃ
里（さとぅ）が　蜻蛉羽（あけずぃばに）　んしゅ（御裳）　ゆ（よ）　すぃらね

**琉球古典舞踊「七尺節」**
桛（わく）ぬ　糸桛（いとうかし）に　繰り返し　がえし　掛（か）きてぃ
俤（うむかじ）ぬ　まさてぃ　立（た）ちゅさ
綛掛（かしかき）てぃ　伽（とうぎ）や　ならん　むね　さらめ
繰り返し　がえし　思（うみ）どぅ　増（ま）しゅる

さとぅ が あけずぃばに んしゅ ゆ すぃらね と歌われる、あけずばの
あけず、あーけーじゅは蜻蛉のことで、あけずばは蜻蛉の羽のことです。
七読、廿読は織り布の厚さのことで、縦糸は千六百本です。この曲で歌われる
織物の繊維は苧です。苧麻とも呼ばれ、麻のようなものです。苧麻や苧から繊
維を取り布に仕上げて行く段階を表現した舞踊曲に苧引きがあります。

## 苧引きの踊り「つなぎ節」
あたい苧や うみやり 廿読 布織やり 玉黄金 里 が 御衣 ゆ すらね

## 琉球古典舞踊「清屋節」
あたい 苧ぬ なかご ましら（真っ白） ふぃち（引き） 晒し
さー さー ちゅらや ちゅらや ふくら
里 が 蜻蛉羽 御衣裳 すらね

要約：屋敷内の植物を植える場所にある苧の中の繊維を真白に 晒して その
繊維は大変美しい それを誇りましょう。尊いあの方に蜻蛉の羽のような御衣
裳をつくって差し上げましょう。美しさを 誇りましょう。

苧引きの踊りは二曲構成で舞われます。八重山で踊られる時の衣裳は大変豪華
で圧倒的な美しさです。

蜻蛉：平安の頃、トンボのことを、あけず と言っていました。清屋節は琉球に
残された高貴な方への御衣裳をつくる時の褒め歌とも思えます。

コラム
万葉集の蜻蛉羽 『院政貴族語と文化の南展』奥里将建著より
蜻蛉羽の袖振る妹をたまくしげ奥に思ふを見給え吾君（巻三・三七六）
蜻蛉羽ににほへる衣吾は著じ君に奉らば夜も著むがね（巻十・二三〇四）
万葉の例の如くその精巧な織方を讃えたものと見るべきだろう。

# 長寿の話

### 麻の生死概念
古代には胞衣(えな)の逸話がありました。何でも高貴な方が同衾するときに使われる布地は麻であったといわれますが、あながち、この綛掛の舞踊はそのような意味の込められた歌であったかもしれません。現代の解説では新妻が愛しい人の為に布を織るときの歌と解されておりますが、それにしては何かとても神々しい雰囲気で踊られるのはなぜなのでしょう。おそらく深い意味合いがあったのではないかと想像をふくらませます。曲想、テンポは機をゆっくりとトントンと織るその調子がメロディーに変わり、思いは大変高潔な感情が織り込まれております。

古典舞踊綛掛(かしかき)　　　　綛掛(かしかき)　玉城節子氏

### 胞衣は「霊魂の容器」
琉球の伝承　イヤー笑い　胞衣を埋めた後「帰りぎわに、みなで笑う。」
奄美の伝承　浜辺で織られた「布」はユウナ、ヨナとも呼ばれ「胞衣」及び蔵胞衣、着衣初の布。

### 笠沙の岬の「布のまつり」
「吾田津姫が、浪穂の上の八尋殿で手玉も玲瓏に織っていたハタ」（笠沙路探訪より）　八尋とは、両手をひろげた長さが一尋で、その八倍。

子守唄　姉の願いにうたわれる八尋、十尋
### 琉球民謡「子守唄」
ヤー　姉が　守(むい)り　育(ふるわ)さば　よー　よーいー

墨さ ぬん しぐりりよ ハーリ ヌ 黄金
ヤー 八尋家 ぬ 主 なりよ 十尋家 ぬ 主 なりよ ハーリ ヌ 黄金

一部要約：姉が弟のお守りをしながら、大きく育てるときの祈りの言葉が込められた子守唄です。姉が子守りをして育てるならば、学問もすぐれ、大きなお屋敷の主になりなさいよ「ハレの黄金」と歌われます。「ハレの黄金」は、「白金も黄金も玉もなにせむに、まされる宝、子にしかめやも」に出て来る黄金と相俟って、男子である弟のことを黄金と呼んでいます。

※曲や歌により、くがに、くがな、などと発音が異なります。

### 竜宮に行った老婆

「むかし、老婆が大倉島の近くに鮑を採りに入ったら、もぐったまま出てこなかった。死んだものと葬式をすますと一週間目にひょっこり家にもどってきた。老婆は手に小さい桐の箱を持っていて語るには、大倉島から四十間ほど海の底の石の鳥居をくぐって竜宮に行ったら、乙姫さまにもてなされて玉手箱をもらった。その際「なかを開けずに大切にすれば家は繁昌するが、開ければ七代のたたりがある」と言われたという。けれども庄屋がどうしても見たいといって箱のふたを取ると、なかから八畳の間いっぱいにひろがる大きな蚊帳が出てきた。その蚊帳は伊雑宮に奉納したという。この大倉島の海底の鳥居は磯部伊雑宮の表門の一の鳥居であつたと思われている。その蚊帳はトヨタマヒメが「真床覆衾及び草を以て」ウガヤフキアエズをつつんで渚に置きっぱなしにして、海中に去った、その草を象徴していると思うのである。つまり、マドコオブスマの一種と考えている。[※1]」

### まとこおうふすま（真床覆衾）

「初穂儀礼のとき、新しく生まれた子稲の稲魂のすこやかな生育を促すための添い寝の寝具。冬至の日の魂の衰えを克服し、活力を蘇らせるための前段として喪をかぶること。（喪屋）復活の儀礼」（参考：折口信夫『大嘗祭の本義』谷川健一『大嘗祭の成立』より）

※1 『谷川健一著作集』より抜粋

**長寿の話**

# 百歳長寿

## 聖地巡礼沖縄

**沖縄のロビンソン・クルーソー**
大きな樹木の下で椅子にもたれて休むここち良さ
買い物に行って、ゴーヤーチャンプルーを作る。奥さんは先にグソー（天国）へ行ったので、食事の支度は自分でします。豚肉を先に炒めて、ゴーヤーを入れて炒め豆腐を入れる。少し泡盛を飲みます。鬱金やアロエ入り薬用酒造りは得意です。三味線を弾く。至福の時の島唄。そしてお昼寝。心は恋がいつでも蕾。美人には胸がときめき、こざっぱりとした出で立ちで相手に配慮します。楽しくユンタク（おしゃべり）して、街へも出掛けます。庭には、野菜を植えておく。ネギなどは小さな場所でも育つから、そこからみそ汁つくるときに摘んで来て鍋に入れる。そんな生活なんです。備瀬という場所にフクギ並木があって、道路は砂、海辺の部落でとても素敵な所があります。そんなところでいつまでも生きていたい。ばーさんと二人で。でも一人になってもやっぱり沖縄のロビンソン・クルーソーは静かに幸せそうでした。つい最近までこの世にいらした彼は、沖縄の長寿生活のモデルとして永遠です。彼は『102歳のロビンソン・クルーソー』として書籍にも登場しております。

※フクギは防風林として重宝な樹です。お昼寝をした樹木がフクギかどうか、お住まいが備瀬であったかどうかは定かではありませんが、フクギの多い備瀬は素晴らしい所です。

**きじょか（喜如嘉）へ来たイスラエル人取材班**
そのフクギ並木や潮風の吹き抜けるエデンのような、しかし蛇も出ない場所、きっとそこは、長寿の聖地なのでしょう。
男性の長寿の方の外に、女性の長寿の方々が、喜如嘉という長寿の里で暮らしております。そこへイスラエルから、取材クルーが訪れました。その一連の方々の行程は、日本の方のように厳格に時間通り、スケジュールぴったりに行動する、ということはありませんでした。スケジュールはスケジュールとして、気の向いた方向で時間を取ったり、あちらこちらと寄り道をしたり、楽しい行程でした。そこへ喜如嘉の公民館あたりにお年寄りの方々が集い、歓迎の準備のために紙でつくった花や歓迎のメッセージを書いた貼紙などを公民館の

壁に飾ってイスラエル一行を待っているのですが、なかなか到着しません。
何とか現地に集い、長寿食といわれる定食を出され、イスラエル取材班一行は食事になるのですが、醬油をじゃぶじゃぶ御飯にかけて食べるのです。西洋の方は味音痴なのではないかと思うほどで、驚きました。そのクルーの方達の中にも病いで療養中という方もいましたが、醬油の問題では、もう少しこちらの方から気を配り、アドバイスをしなければと後になって考えました。

## 『オキナワ式食生活革命―沖縄プログラム』
著者：ブラッドリー・ウィルコックス、クレイグ・ウィルコックス、鈴木信
タイトルは『OKINAWA WAY』として、イギリス、オーストラリア、ニュージーランドで出版されているこの書は、最初アメリカで出版されました。オランダ語版、トルコ語版、韓国語版、中国語版、ブラジルにてはポルトガル語版も出版されると、2004年日本語版では述べられております。沖縄の長寿に関連した、沖縄式生活習慣―オキナワ・プログラム―として研究されましたこの書は、沖縄のユニークなライフスタイルという形を世界各国に紹介されることになりました。

東洋の何世紀にもわたる伝統と知恵に基づいた独特の健康法と生き方と、その解明のため、ブラッドリー・ウィルコックス、クレイグ・ウィルコックス両氏は鈴木信医学博士の沖縄百歳長寿研究に加わることになりまして、カナダから来島しました。沖縄に着いたばかりの時は、不老不死の仙人が住む蓬莱の島と思われていた古代琉球王国に来たつもりだったと、お二方は述べておられます。それは沖縄の地において25年にもわたって研究されました。長寿的要素としてのライフスタイルや食生活、スピリチュアル的なものなど、海外の方から見た沖縄は楽園的な感覚でもあるとされます。

その書には、健康的な沖縄の食物など紹介されておりますが、アロエに関しては記載されておりません。アロエは良いとされ沖縄では大切に育てられておりますが、とても口になじむものではなく、あまり取り上げられてはおりません。本当はアロエも大切な植物で、陽焼けの時はアロエの果肉を塗り付けたり、様々な用途はあります。子供の頃、摺り下ろしたアロエを飲まされたことがあります。ニガナとかアロエとかゴーヤーとか、普通の方では不思議に思う健康野菜は、子供の頃から慣れ親しんでいるので、ほとんど抵抗はありません。年齢とともに軀の不調があちらこちらに生じる過程におきまして、いろいろと先人の教えは役立ちます。そのアロエが何とロスリン礼拝堂に彫刻されているといわれます。これも何か同胞としてのメッセージかも知れません。

## 長寿の話

**ロスリン礼拝堂のアロエ**

スコットランドのロスリン礼拝堂には、とうもろこし、アロエのレリーフがありました。「ロスリン礼拝堂のオーナーはシンクレアファミリー。エルサレムにあるソロモン大神殿の設計図に基づいてコピーされた一部がロスリン礼拝堂で、完成に45年かかったとエハン氏は述べます。1420～1430年頃ロスリン礼拝堂はテンプル騎士団によって造られました。(エハン塾より)」

**長寿と歌の心、長寿のシンフォニー**

近年において、約四、五十年ほど前までは、琉球や奄美の豊かな自然は、人の営みもまた古い生活様式が残されておりました。特に琉球では赤瓦屋根の家屋やその他、古式ゆかしい生活をしていた為、家屋の構造やその環境は必然的に人間性、暮しも豊かな感情に育まれた生活がありました。その中で暮しを営む婦人は家事をするにも、幸せが滲みでていて大抵は歌を口ずさみながらの暮しでありました。

ある長寿であった方は、いつも歌を口ずさんでいたと。そしてその方は百歳以上の齢であったそうです。そのような環境や人柄の中で育った方はやはり、莫大な遺産をお持ちです。それは金銭ではない、人間的な豊かさという遺産です。これほど琉球の「肝心(ちむぐくる)」の凝縮された方に、今迄お会いしたことはありませんでした。神の引き合わせとは、神の衣の裾をつかむとは、こういうことなのでしょう。素晴らしいものは、目の前に多く、神が用意して下さる。それを魂の中に留め置くことが出来るのもまた、古代から受け継がれた琉球の「肝心(ちむぐくる)」のあり方であるかも知れません。「肝心(ちむぐくる)」としてのいにしえの教えは自然とともに、その人を幸せにつつんでくれます。たとえば「デンサー節」や「きない（家庭）和合(わごう)」などに、多く先人の教えが歌われております。これは究極の長寿の為の真理ではないでしょうか。さまざまな要素のそなわった琉球のいにしえからの教えは、まさに長寿のシンフォニーであります。

**八重山古謡「デンサー節」（抜粋）**

親子(うやふぁ)　かいしゃ（親子の仲の麗しさは）　　子(ふぁ)　から
兄弟　かいしゃ（兄弟の仲の麗しさは）　　うとぅとぅ（弟・下の者）から

**宮古民謡「きない（家庭）和合(わごう)」　作詞・作曲　棚原玄正**

夜(ゆ)や　明きどぅ　さまず　親(うや)よ　起きさまち　我(ばん)が　親　朝ぬ茶花(ちゃばな)　浮(う)きてぃ
眠覚(ミスウリ)　さまち　我(アンナ)が　母　今日(キュ)ぬ　一日(ピトゥズ)や　朝ぬ茶から

以下要約
二　心の麗しい我が嫁よ　香ばしい茶は嫁の心　家庭の和合は嫁よ　豊ましませる　我が嫁。親の孝行は貴女がもていさい（貴女のおかげ）
三　明けしゃるの（明け方の）　眠覚し花よ　朝の眠覚し　美ぎさ（麗しさ）栄える家庭は和合です　笑いと笑いと　我達がゆらかで（よりあって）あなたと我とは　肝の底がみ（心の底がひとつの瓶）

## 朝の御茶の歌

「きない（家庭）和合」にある朝の御茶の歌は、嫁が朝に香ばしい御茶をお舅さんや姑さんへ、「朝の御茶を立てましたので、お起きになりなさいませ　我が母さま」と声をかけるときを歌ったものです。朝の目覚めの御茶と心やさしい嫁は家庭の和合と、夫婦関係や家庭の家族関係の幸せを象徴するものとして歌われております。目覚めの御茶は健康には大変良い結果がありそうです。

## 『喫茶養生記』

「茶は養生の仙薬なり
『真茶を飲めば、眠りを少なからしむ』と。眠りは人をして味劣ならしむを以てなり。亦眠りは病いなり。本草に曰く、『一切の病いは宿食より発す。』孝の文を観るに云く、『孝子は唯親に供す』と。言うところは父母をして病無くして長寿ならしめんが為なり。」（栄西著より）
御茶を嗜むことは、健康的であるとの先人の教えでもあります。
「桑がゆ　冷気より発する病いにおいて、末代多くは是れ鬼魅に著かるところ。故に桑を用いるのみ。桑の下は鬼類来らず。」（『喫茶養生記』巻下）
『喫茶養生記』に紹介された桑の樹は人の生活にさまざまに関わりをもっていたのでした。

## 菊の花と長寿　宮中物語

戚夫人の侍女であった賈佩蘭は、のちに宮中を出て扶風（陝西省）の人の妻になった人が語ったお話。「宮中に居た頃は、いつも音楽と歌舞をもよおし、皆で楽しんでいました。お互いに競争であでやかな着物を身に着け、季節ごとの遊びに出掛けたものです。十月十五日には、そろって霊女廟にお参りし、豚やとうきびを供えて神様のきげんをとり笛を吹いたり筑（昔の琴に似た楽器）を弾いたりして『上霊之曲』を歌います。それが済むと手を組み合って足踏みしながら調子をとり『赤鳳皇來』を歌う。これが神おろしの習慣だったのです。

## 長寿の話

　七月七日がくると、百子池のほとりに出て、于闐（漢のころの西域の国名）の音楽を演奏します。音楽が終わると、五色の糸で、たがいのからだをつなぎますが、これを『相連綬』と申します。
　八月四日になると雕房（彫刻をした部屋くらいの意味・不明）の北の口から出て、竹の下で碁を打つのです。勝った人はその年いっぱい幸福で、負けた人はその年は病気が続くのだそうですが、糸を手に掛けて、北極星に向かって長寿を願うと、病気にならないですむということでした。
　九月には茱萸（しゅゆ）を腰にさげ、蓬の料理を食べ、菊の花の酒を飲むと、長生きができるといわれています。菊の花が咲いたときに、茎や葉といっしょに摘んで、とうきびや米と雑（あ）えて醸（かも）しておくと、次の年の九月九日にやっとできあがり、それを飲むわけです。だから菊花酒と名づけられているのです。
　正月初旬の辰の日には、池のほとりでからだを洗い、蓬の料理を食べて厄払いをします。
　三月の最初の巳の日には、川のほとりで音楽を演奏します。こうして一年を過ごしておりました。」
　九月九日は重陽の節句の風習である。茱萸（しゅゆ）は、和名かわはじかみ、この日にはそれをさして、魔除けとした。（『捜神記』干宝・竹田晃訳）


コラム
ホツマツタエ抜粋
　天成道（アマナリノミチ）を素直に行く人は、丁度ココナ（菊菜）が日月の陽と陰に感応して助け合う様に、神と人が天地に感応して神は人を助けるだろう。この故に、ココナシ（菊）の花を常々愛で尊ぶ由縁がここにあります。（出典『ホツマツタエ』国立公文書館蔵　秀真政傳紀　和仁估安聰訳述/訳　高畠精二）


菊見る歌
**琉球古典音楽「伊豆味節」**
菊見しち　むどぅる　我が宿ぬ　つとに
あたら　花やてぃん　一枝（ちゅいだ）　折（う）たる
訳：菊を見た、戻る我が宿のつとに。あたら花であるが一枝手折ります。

**尚益王第二子　北谷王子朝騎（摂政）作　作田節にのせて歌われる菊**
九重（ここのえ）のうちに　蕾（ちぶ）で露待（ちゅ）ちゅる　嬉しごと　菊の花どやゆる

**琉球古典音楽「永良部節」**
秋毎に見れば　庭ぬ　籬内（ましうち）に　嬉しごと　菊ぬ　花に宿かゆる

露の　玉みがく　月影ぬ　清らさ
訳：秋に見る庭の籬内に　嬉しごと　菊の花に宿かりる　露の玉磨く　月影の清らかなるかな
籬内：ませがきの内、竹・柴などを粗く編んで作った垣などの囲い。
神籬：臨時に神を迎えるための依り代。

恩納節に歌われる籬内
## 琉球古典音楽「恩納節」
恩納　松下に　やりやりよー（囃子言葉）
禁止ぬ　はい（ひ・碑）ぬ　立ちゅし　すやすや（囃子言葉）
恋偲ぶ　までぃぬ（までの）禁止　や（では）　ねさめ（ないであろう）
訳：恩納の松の下に禁止の碑が立てられた。恋偲ぶことまでは禁止できないであろう。

七重八重立てる　籬内の花も　匂い移すまでの　禁止やねさめ
逢わぬいたずらに　戻る道すがら　恩納岳見れば　白雲がかかる　恋しさやつめて　見ほしゃ　ばかり
訳：七重八重立てる籬内の花であっても匂いを移すまでは禁止できないであろう。逢えなくて戻る道すがら、恩納岳を見れば白雲がかかる。恋しさはつのり、見たさ　ばかり。
要約：深窓の花としての籬内の令嬢は、七重八重にめぐらされた垣から出ることがかなわない。けれども香しい匂いはかぐことができます。逢えなくて戻る道すがらには白雲がかかる恩納岳が見え、恋しい気持ちは募るばかり。

伝説：中国の冊封使・徐葆光が一七一九年、恩納村に一泊するというので、青年男女の毛遊びを禁止しました。公事や告事、または社会に害をなすような行為には禁止令や戒めの告示板がありましたが、恋をするなという禁札ではないから、大いに恋をしましょう。ということになっています。畠山みどりの唄とはまた異なります。
※毛遊び：昔各農村で村庭という遊び場があり、農村の青年男女が夕方から遊び、楽しんだのが毛遊びです。

長寿の話

# 桑の木と経塚

## 桑の木の下のおまじない

### チョージカ　チョージカ
怖い時に唱える呪文・「チョージカ　チョージカ　クヮーギ　ヌ　シチャ」雷がなるとか、何か天体の恐怖がおきた時、桑の木の下にいれば大丈夫。ということで、恐ろしいことに遭遇した時には「クヮーギ　ヌ　シチャ」とおまじないの言葉を唱えます。※チョージカ（経塚）

### 桑と太陽
扶桑樹の太陽のように若返りたい夢と希望
十個の太陽と扶桑の伝説
太陽の下に樹木が書かれた扶桑と十個の太陽の伝説は「山海経」海外東経、大荒東経に見る事が出来ます。「海外東経『下に湯谷(とうこく)あり。湯谷(とうこく)の上に扶桑有り。十日の浴する所なり。黒歯の北に在り。水中に居る。大木有り。九日下枝に居り。一日上枝に居る。』と述べられた。大荒東経『湯谷(とうこく)の上に扶木有り。一日方(まさ)に至り、一日方(まさ)に出ず。皆鳥に載せらる』すなわち、太陽は合計十個あり、この十個の太陽が毎日代る代る湯谷のほとりの扶桑（扶木も同じ）をのぼり出るという。」※1

コラム
赤い円の中の三足鳥
赤い円の中に黒い鳥のいる太陽（中国の馬王堆出土の帛画（絹に描かれた絵）
日の中に踆鳥あり（淮南子精神訓）踆とは蹲のごときなり、三足鳥を謂う（後漢の高誘の注）
中央に扶桑樹、右に「太陽と金鴉」左に「月と金蛙」「金蛙王」は伝説上朱蒙の父、扶余王家の一員金首露王につながります。

### 蓬莱山の仙人と不老不死
蓬莱山で長生きしたい夢と希望
万国梓梁の鐘には「琉球は蓬莱島である」と刻銘されています。蓬莱山にある扶桑樹は桑の木、または扶桑という種類から、ハイビスカスにも当てはまると近年いわれます。ハイビスカスの葉も桑の葉もよく似た質感です。

ハイビスカスは赤花(アカバナー)、仏桑花、ぐそー花（あの世の花）とも言われ、お墓の周りに昔はよく植えられていました。お年寄りはハイビスカスの花を「ぐそー花」として縁起の悪い花と忌み嫌った方もおられましたが、それはもしかしたら、真逆で、ハイビスカスは大変体に良い効果をもたらす要素があったので、古代の人が天国でも観る事ができるように、大切にお墓の周りに植えたのかもしれません。不老不死の仙薬はハイビスカスも相当するかもしれないと昨今はもっぱらの話題です。

コラム
小野蘭山『本草綱目啓蒙』(1806) 32　扶桑は「仏桑花通名　琉球ムクゲ」

万国梓梁の鐘

仏桑花

## 親蚕祭（チンジャムネ）

扶桑や桑の葉といえば、蚕が主役です。蚕は桑の葉が大好きで、せっせと桑の葉をたべて美しい絹の糸をつくってくれます。中国の黄帝のお妃は養蚕の神といわれました。民に養蚕を奨励したことを起源とし、高麗では先蚕祭（ソンジャムジェ）、韓国でも親蚕礼（チンジャムネ）として継承されました。昌徳宮（チャンドックン）には桑の老木が現存しているといいます。[※2]

※1『崑崙山への昇仙』曽布川寛著
※2 参考 ウェブサイト「韓国歴史ヒストリア」

# 長寿の話

### 指揮を執った「ぜい」と座を清める「ぜい」
「ぜい」は戦国時代、武将たちが指揮を執ったり、合図を送るために使われた道具ですが、琉球舞踊では太平の世を寿ぐおめでたい小道具として使われています。それを打ち振ることによって災厄を祓い、座を清める意味も表します。琉球に螺鈿細工がありまして、中国の皇帝などへ、献上しておりました。今は、故宮博物館にあります。その技法をつかった十字架、漆塗りの祭壇などを、織田信長が、西洋に輸出しております。その漆と貝でつくった宗教的なものは西洋とのつながりを彷彿とさせます。織田信長は宣教師などを通して世界の情報を入手しました。織田信長が種子島に伝わった鉄砲で天下統一をはかったことなどは一般的に知られた事柄であります。琉球はレキオあるいはレキヤとよばれ西洋では古くから知られていたとも伝わります。断片をつなぎ合わせてみますと、織田信長の螺鈿の輸出用のイコンと、琉球の螺鈿細工との関連から双方とも西洋の宗教とも関わりがあったのかもしれません。戦国時代のぜいは、琉球の地では、太平の世を寿ぐものとなっております。

### ぜいの踊り
若衆踊「若衆ぜい」は渡(わた)りざう、揚作田節、浮島節の三曲構成で舞われます。「渡(わた)りざう」の曲は瀧落菅攪(たちうとうしすががき)を弾く前の前奏曲、神の降臨を促すとされ、瀧落菅攪は神の降臨を促すとされる中での御足の音の響きのようです。

### 揚作田節(あげちくてん)
豊なる　御代(みゆ)ぬ　しるし　あらわりぃてぃ　エイスーリ
雨露(あみちゆ)ぬ　恵(みぐ)み　時(とうち)ん　たがぬ（たがわぬ）　※夜雨節と歌詞は同じ

### 浮島節
きゆ（今日）や　いーちぇうが（御行逢拝）でぃ　いるいるぬ遊(あし)び
明日（あちゃ）や　面影ぬ　たちゆ(うむかじ)（たつ）　とめば（とおもえば）
囃子　ハーリガ　クーヌ　サンサン　※松竹梅と同じ曲

### 吉備楽の流れをくむ菅攪(すががき)
「渡りざう」は、瀧落菅攪を弾く前の前奏曲としまして、場の清めの意味合いを含むと考えられます。熊野大社での八雲楽・菅攪におきましては、吉備楽の流れをくむとされ、熊野大社で独自に伝承されてきたものと伝わります。菅攪(すががき)は、笙と笛と琴により奏上される短い曲でありまして、神の降臨を促すときに用いられ本来は警蹕(けいひつ)と呼ばれるオーッオーッという音色を伴い奏されるもの。

20

## 八雲楽・幣舞(みてぐらまい)

幣舞とは、楽と舞を神に奉ることで、八雲楽では今様(春の曲)の旋律にのせて、歌われます。

出雲八重垣つまごのみ
こもりし神の神代より
熊野の宮のひろ前に
奏で奉りし大御うた ※1

琉球琴曲の菅攪(すががち)では、「渡りぞう・たちうとぅし(瀧落)菅攪〈一段〉」「地菅攪〈二段〉」「江戸菅攪〈三段〉」「拍子菅攪〈四段〉」「佐武也菅攪〈五段〉」「六段菅攪」「七段菅攪」が残されております。

## 熊野那智大社の社伝

「神武天皇が熊野灘から那智の海岸『にしきうら』に御上陸されたとき、那智の山に光が輝くのをみて、この大瀧をさぐり当てられ、神としておまつりになり、その守護のもと、八咫烏の導きによって無事大和へお入りになった。」とされます。

## 補陀落渡海(ふだらくとかい)

那智の近くには補陀落山寺があり、このお寺はインド僧の裸形上人が開いたとされます。古代サンスクリット語の「ポーダラカ」の音訳が補陀落とされ、欲望や苦しみのない仏が住む世界のこととされます。はるか南洋上に「補陀落」が存在すると信じられており「補陀落渡海」として屋形船で船出をします。※2
近年の研究で、熊野から琉球の地への渡海が解明されております。金武のお寺には、日秀上人が上陸したとされ、現在も古いお寺があります。日秀上人は琉球において、いろいろな処へ痕跡を残され、首里近くの松川では、碑文として「むじん くじん わからん 松川の碑文」が伝わります。これは、サンスクリット語、梵語で書かれた碑文で、文字も意味くじもわからない松川の碑文ということになって現在に伝わります。また梵字炉(フンジルー)として霊力のある文字を燃やす炉も存在します。焚字炉は、敬字亭とも呼ばれます。

※1 ウェブサイト「熊野大社と火の祭事」
※2 ウェブサイト「 Vol.5 熊野・那智から見える文化の日本的編集」

# 長寿の話

### 祈りと長寿

現在でもそうですが、琉球の地にはノロや神人(カミンチュ)と呼ばれる方々がおりまして、その祈りの霊力は強烈であります。また大変心おだやかなる方々もいまして、スピリチュアルな話題はいつもブレイクします。

世界で大ヒットした、「ザ・オキナワプログラム」は、外国の方が二人琉球の地にて、近年25年の歳月をかけて研究されました。それは琉球の長寿に関する研究ですが、どれほど医学や科学は発達しても解明できない、祈りの力は大いに存在すると、彼の方々は述べられたそうです。そして琉球にある民俗芸能や口伝はほとんど、霊的なことわりを伝えます。現在もますます盛んになっている琉球芸能で使用される言語自体は、多分平安時代の言語だとの口伝もあります。日本でも一時大変平安な時代があったそうで、それが多分平安京や奈良時代だったと思われます。琉球に残された「おもろ」にも、時折「京」や「鎌倉」などの言葉が織り込まれております。また勾玉はノロの大切なアイテムでありますが、その勾玉やガーラ玉を購入するために出掛けた「おもろ」なども存在します。「おもろ」の中においては、唐や南蛮まで出掛けたことなども歌われておりますが、「マヤの神」と歌われる「おもろ」では、あの南米のマヤかもしれません。南米のマヤと琉球は大変似た痕跡があるとされ、音楽の大家である山内盛彬氏の研究がブラジルにて記されております。

琉球音階
**琉球古典舞踊「本貫花(むとぅぬちばな)」**

春の山川に　散り浮かぶ桜
しくいあちみ　　　　　　（すくいあつめ）
里に　うちはきら　　　　（愛しい人に　おん掛けまつろう）

赤ちゅ貫花や　ハリー　　（赤いレイは　ハレルヤ）
ヒヤルガヒー　　　　　　（神を賛美する古代云言葉）
里にうしはきてぃ　　　　（愛しい人に　おん掛けまつり）

白ちゅ貫花や　ハリー　　（白いレイは　ハレルヤ）
ヒヤルガヒー　　　　　　（神を賛美する古代云言葉）
ゆいり　わらび　　　　　（貰いなさい童）

琉球の音階は五音階と昨今研究されております。

### 人の徳　世直し　琉歌
親ゆ　失なりば　　（うやゆ　うしないば）
国ゆ　失なゆん　　（くにゆ　うしなゆん）
昔　云言葉や　　　（んかし　いくとぅばや）
肝に　染みり　　　（ちむにしみり）
親を失えば　国をも失う。という歌に託した琉球先人の戒め。
親への恩や人の徳をなくした民は、国をも失う。

### 世直し　ゆばなうれ
豊かなる御世を　乞い願う　祈りの歌
豊かなる　御代　ぬ　しるし　あらわりてぃ　ゆーばなうれー（世は直れ）
エイスリー　ゆーばなうれー（世は直れ）
松竹梅鶴亀の舞踊には、太平の世を乞い願うフレーズの言霊としての祈りが込められています。

### 玉龍の第三の国・琉球バージョン
琉球には、普久原恒勇氏が作曲した「恥うすい坂」がありまして歌碑も建立されております。これは琉球においての男女の心中事件を詠んだもので、女性が勘違いから自死をいたします。これを悲しんだ男性が後を追うという内容です。この心中した二人を気の毒におもった源河の人々は、木の枝を折って遺体を覆いました。

### 琉球民謡「恥うすい坂」
野山　越る道や　幾里隔みてぃん　　（野山を越える道は幾里隔てていても）
闇にただ一人　忍でぃ　行ちゅん　　（闇に唯一人　偲んで行く）
源河山脇に　あたら花散らち　　　　（源河山脇に　おしむべく命の花を散し）
一道なてぃ　結ぶ　二人が　情　　　（一つ道になって結ぶ二人の情け）

遊牧民カップルの殉情物語
### 愛の神「尤祖」と玉龍の第三の国
久命（女性）と永楽（男性）は愛し合い、幸せにくらしています。ある日羊を放牧する途中、久命は道に迷ってしまいました。愛する人に迎えに来てくれるようさまざまな小動物にことづけを頼みました。けれども永楽の両親は久命が

## 長寿の話

よその男性と関係をもったのだと思い、返事として悪意をもった言葉を小動物達に託しました。一方の永楽はこのことをまったく知らず愛妻を探し続けていました。年月が過ぎ去るなか、久命は孤独と姑さんと舅さんの悪意に耐えきれず、愛の神「尤祖」に「玉龍の第三の国に帰ってきなさい」と呼ばれてあと、自ら編んだ綺麗な帯で命を絶ってしまいました。その三日後、久命をやっと見つけた永楽は目の前の現実をどうしても受け入れられず、久命の体をきつく胸に抱きこう言いました。「再び私の姿が見えるように、宝石であなたの目を飾ろう。好きな食べ物を食べられるように、白銀であなたの歯を綴ろう。あなたの髪が前と同じように舞うように、水草であなたの髪を飾ろう」 しかし、久命の魂はこう答えました。「久命の目は二度と開くことはなく、歯は永久に噛めなくなり、髪は永遠に舞うことができない。久命は目が宝石になり、歯が白銀となり、髪毛が真っ黒な石炭となり、永楽の生活の糧になることを願うばかりです」 燃える火を前に、永楽はとうとう悲しみに耐えきれず、燃える火の中に飛び込みました。まるで火の鳥のように。後に人々は玉龍の雪山の頂上に二つ真っ白な雲が浮かんでいることを発見しました。森もこの愛のための死をいたんで、悲しい歌を歌い続けています。

**トンパ文字とシャングリラ**
中国雲南省麗江(れいこう)市の納西(ナシ)族にはトンパ文字やそれに付随する伝説が伝わり、一部は今でも母系社会の形態として残されているとされます。この民族には昔から愛の為に心中する話が多く伝えられています。納西族は世の中には天でもなく地でもない「シャングリラ」があることを信じているとされます。そこはとてつもなく美しい玉龍の第三の国で、精霊の間には醜い殺し合いや争い事もありません。あるのはいかなる憂いもない安らかな暮しだけです。娘たちは白い雲と白い風で衣裳を編み、牛と羊の乳でシャワーを浴び、赤いトラと白いシカに乗り、鶴と鷹に乗って空を飛びまわります。
しかし、愛のために心中をとげた男女にしか、この美しい玉龍の第三の国に足を踏み入れることはできません。[※1]

※1 『トンパ文字伝説 絵のような謎の文字』王 超鷹(ワン・チャオイン)著

コラム
中国政府公認の「長寿の村」シャングリラ
中国雲南省金沙江（長江の上流の名前）の支流から上流に行くとシャングリラの大峡谷に行けるらしい。中国雲南省麗江市には納西族が暮らしているとされます。

納西族と東巴(トンパ)文字
東巴文字は色のついた象形文字。また「中国長寿の郷」とも言われるシャングリラにいた彭祖(ほうそ)は、中国の神話の中で長寿の仙人として伝わります。
トンパ教　イギリス人作家ジェームス・ヒルトンの『失われた地平線』この理想郷が中国・雲南省の奥地に実在する。そこに住む人々は笑顔と歌、踊りに溢れ、「七色の滝があり、その水を飲めば長寿が約束される」という伝説の理想郷「ニーナ村」へは馬と徒歩で丸2日掛かるといわれます。

彭祖は、中国古代の伝説上の長寿者
神仙思想発達により仙人の一人とされ多くの伝承が付加されました。列仙伝では、姓は籛(せん)、名は鏗(こう)。帝顓頊の玄孫。帝堯のときに彭城に封ぜられ彭祖と呼ばれました。常に桂芝を食し導引養生の術をよくし長寿を得たと伝わります。※2

老子と並ぶ長寿者彭祖
彭祖の養生法が養生要集に記載されているとされ、中国古代の伝説上の人物であり、彭城に封じられたところから彭祖と称し、老子と並ぶ長寿者として有名です。彼は呼吸術（導引）を行い、つねに仙薬を服したため殷王朝の末まで生存していたと伝わります。これを聞いた時の王は彭祖を大夫に任命するも、彼は病気と偽り政務につかず、また、王に長命の法を問われてこれを伝授しました。のちに王が秘法のひとり占めを図り彭祖を殺そうとしたので、行方をくらましたと伝わります。桐本東太説。※3

玉房指要　彭祖の言、五臓が分泌する液は舌に集まる。

能楽における長寿　枕慈童(まくらじどう)
深山に湧く薬の水を尋ねる魏の文帝の使者は、700年を美少年の姿のまま生きる慈童（シテ）と出会う。周の穆王に仕えた慈童は、帝の枕をまたいだ罪でこの深山に流されたが、枕に書かれた法華経の文章と、菊の葉の露の奇跡で、不老不死の仙界に生きている。慈童は美しく舞い、長寿の薬の水を帝に捧げて終わる。作者不詳。※4

鈴木春信画に書かれた見立菊慈童(きくじどう)
中国の故事に基づく能の演目としての菊慈童を描いた絵。周の穆王より枕を賜った美少年が、そこに書かれた法華経の句を菊の葉に書いたところ、その葉より滴る水が不老長寿の薬となり、永遠の命を授かったという物語。菊の精となった永遠の美少年を、愛らしい少女の姿で描いています。※5

※2 世界大百科事典 第2版　※3 ※4 日本大百科全書
※5 ウェブサイト「浮世絵のアダチ版画」

# 長寿の話

### 琉球古典音楽「びにち(辺野喜)節」
いじゅ ぬ 樹ぬ 花や あんちゅらさ 咲ちゅい
吾ん いじゅ やとぅてぃ ましら 咲かな
訳:いじゅの樹は、白く美しい花をつけます。吾も いじゅ なので、いじゅの花にも増して、美しく咲こう。という女性の心境の表現です。ほかにも歌に託されたものは存在するかもしれません。

### 辺野喜節の曲で歌われる異なる歌詞
波の声もとまれ 風の声もとまれ 唐土按司加那志 拝で 孵でら

世直しの歌
### 宮古民謡「豊年の歌」
くとす(今年)から 始みやしよ サーサー みるく(弥勒)世ぬ なう(実)らば 世や直れ 囃子言葉 サーサー ヨーイティバー ヨイダキヨサーサー 揃いど 美さぬ 世や直れ (二番～十二番略)
解説「今年蒔く粟や米が数珠玉の様に実らば貢物を搗き納めてその残りの俵は積み重ねて壁にし、その残りでは神酒を造ってお役人や親類を御供して昼夜七日飲んで御祝いをしましょう。心深く込めて豊作を祈念する歌。」[※6]

世直し、世は直れとのフレーズの入った歌は琉球の地には多くあります。口伝によりますと硫黄島から奄美の国直という所へは、世直しの思想をもった方々が痕跡を残されたとされます。またそれは安徳帝のことだとも伝わります。
(安徳帝が琉球の舜天王になったとの噂話から。)
世直しのことに関しましては他に、昨今大変ブレイクした話題『赤椀の世直し』名護博著があります。それは赤椀に世直しのお神酒を盛り、世は直れと祈るとされます。やんばるの神歌などに多く、赤椀の世直しの歌が残されております。

※6 『宮古民謡工工四』平良重信著より

# 蓬萊鏡
ほうらいきょう

## 亀は万年の劫を経て　鶴は千代をや重ねぬらん

**吉祥文 「松」 鶴亀**
祝儀舞踊「松竹梅」松は長寿、竹は誠実、梅は華美、鶴亀は長寿をあらわす。
**舞踊 揚作田節**（松の舞踊）
あげちくでん
二葉から出でて 幾年が経たら 厳抱き松の もたへきよらさ
**舞踊 東里節**（竹の舞踊）
あがりざとう
肝の持てなしや 竹の如直く 義理の節々や 中に込めて
**舞踊 赤田花風節**（梅の舞踊）
梅だいんす 雪につめられて後ど 花も匂ひ増しゆる 浮世だいもの
**舞踊 そんばれ節**（鶴と亀の舞踊）
今年から始まる ハイヤーぬ 下原の踊り 二才ばかいすだして
踊らし舞うらし 前結びも かたけさまも 美う美うらさ
囃子　シュウザシテー　シュザシテー
鶴と亀との齢や ハイヤーぬ 千年万年 我ぬも年較べて
幾世までも 子孫さも もたへさかてい 囃子　シュウザシテー　シュザシテー
**舞踊 黒島節**（鶴と亀と松の舞踊）
くるしま
千歳経る松の 緑葉の下に 亀が唄すれば 鶴は舞い方
**舞踊 夜雨節**（豊穣を願う舞踊）
ゆあみ
豊かなる御代の しるしあらはれて 雨露のめぐみ 時もたがぬ
雨露のめぐみ 時もたがわねば 民も楽しみゆる 御代の嬉しや
**舞踊 浮島節**（祝儀舞踊のおひらき）
うきしま
今日は御行逢拝で 色々の遊び 明日や面影の 立つよとめば
**若衆踊**（若衆ぜい）
わかしゅう
戦国時代「ぜい」は、武将たちが指揮を執ったり、合図を送るために使われた道具。琉球舞踊では太平の世を寿ぐおめでたい小道具として使われます。それを打ち振ることによって、災厄を祓い、座を清める意味にも表現されます。このぜいはエジプトの殻竿（ネケク）に相当すると思われます。
**舞踊 辺野喜節**（国王讃歌）
波の声もとまれ　風の声もとまれ　唐土按司加那志　拝で　孵でら

## 長寿の話

### 豊穣を祈る祭と旗頭表意

オオゴチョウ　天恵 豊

ズルガキ　瑞雲

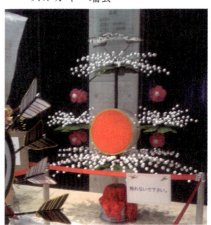

双龍　和中協力

光　五風十雨

オオゴチョウ　天恵 豊　天の神々の恵みと来夏世の豊作を祈る
ズルガキ　瑞雲　めでたい事が起きる兆しとして現れる雲
双龍　和中協力　それぞれの故郷はかわれど、わが地域に集い生活している全ての村人が心を同じくして共に力を合わせお互い協力し合って生きていくことの思いをこめています。
光　五風十雨　泰平之世、五日一風十日一雨

# テンプル騎士団の賛美歌

## わたしは黒いが美しい

**ソロモンとシバの女王の祝婚歌**

テンプル騎士団は賛美歌と説教、雅歌、ソロモンとシバの女王の祝婚歌をテーマに約280の説教を書き、それら短句は「私は黒いが、美しい。ああ、エルサレムの娘たち」の黒い聖母信仰が繰り返される。
Ean Begg, The Cult of the Black Virgin.
私は黒いが美しい、エルサレムの娘たち。ケダルのテントのように黒く、ソロモン宮殿のように美しい。
Song of Songs 1:5-6[※1]

雅歌第1章　1:1ソロモンの雅歌　1:4あなたのあとについて、行かせてください。わたしたちは急いでまいりましょう。王はわたしをそのへやに連れて行かれた。わたしたちは、あなたによって喜び楽しみ、ぶどう酒にまさって、あなたの愛をほめたたえます。おとめたちは真心をもってあなたを愛します。1:5エルサレムの娘たちよ、わたしは黒いけれども美しい。ケダルの天幕のように、ソロモンのとばりのように。（口語訳旧約聖書）

**黒は大地の色であり、豊饒と生命の源**

黒い聖母　エジプトの女神イシスはヨーロッパの黒い聖母と関連づけられます。イシスの持つアンクは黒い聖母によって運ばれ、琉球での黒は黒猫に置き換えられます。黒猫は霊的な守りをなすとされます。イシスのもつアンクは柴でつくるサンとなり黒猫とともに魔除けとなったのでしょう。黒潮は豊穣の海の色であります。黒潮の民島津は関ヶ原の戦いのおり正確な時を知るために、島津義弘は7匹の猫を戦場に連れて行ったとされ、当時は猫の瞳孔の開き具合で時を知ることができると考えられていました。この7匹の内生還した2匹を祀った神社が鹿児島の仙厳園にある「猫神神社」とつたわります。

**シュメール神話のクル**

クル（Kur）はギリシャ神話でいうステュクス川とほぼ同義で乾燥した塵だらけの土地。冥界のことをシュメール語でクル・ヌ・ギ・アと呼ぶとされます。

※1 ウェブサイト「j-mの日記」より

長寿の話

# 海神の國は即琉球なり

## 脱解王と葡萄

### ソロモンの雅歌より　干し葡
雅歌第1章 1:1ソロモンの雅歌 第2章 2:5干ぶどうをもって、わたしに力をつけ、りんごをもって、わたしに元気をつけてください。わたしは愛のために病みわずらっているのです。（口語訳旧約聖書）

### 諏訪大社とタケミナカタ
『タケミナカタはフツヌシに「諏訪からでません」と約束をさせられ、国境に柱が立てられた。つまり御柱はタケミナカタを「軟禁するための目印」あるいは「四至」と示唆され、また神社にある四至は聖なる場所をあらわします。
タケミナカタの属する「出雲族」は、今から2100～2300年まえごろ、朝鮮半島から日本にやってきた種族とみられます。出雲族は筑紫や吉備の国から瀬戸内海にかけてひろく進出しました。タケミナカタは諏訪の地に「五穀の文化」を持ちこみ農業をおこないました。[※1]』

### 新羅王　脱解　タケとタケミナカタ
『「如意の珠」を関門海峡の海底から発見したということはこの時代に海峡の掘削工事をおこなっていた訳ですから、実際に海底に沈んでいたものが引き上げられたということも考えられます。この海峡付近では彦島でも対岸の藤松でもペトログラフ（シュメール文字、九州を中心とした西日本の遺物）のように紀元以前のかなり古代からの遺物も発見されますから、見たことも聞いたこともないような「不思議な珠」だったと想像されます。「豊浦の海」は古来から「龍宮城への関門の海」という伝説もあります。平家が壇ノ浦に敗れたとき、「海の底にもまた都がありと聞く」と言って安徳天皇を抱いて二位の尼が海底に沈んでいったと伝えられています。この「海の底の都」とは「龍宮城」がイメージされる。龍宮城とは「深海の底にあって竜神の住む宮殿、うみのみやこ、楼門形式、下部は漆喰塗り中央はアーチ型通路」と広辞苑にあります。[※2]』

### 龍宮城・竜神・大国主
豊（とよ）や珠（たま）は「竜神の娘トヨタマヒメ」が連想されます。

海神の娘トヨタマ姫、神武天皇の祖母が出産の時に八尋の和邇になります。

コラム
新羅本紀に記されている「新羅第四代の王脱解はもと多婆那国の所生なり。その国倭国の東北1千里（約78キロメートル）にあり」、この王は『三国遺事』には「我本龍城国人也」となっている。脱解王の時代は恐らく紀元100年前後。

## 龍城国には大国主の一族の宮が在った

『古事記上巻より　天鳥船（アメノトリフネ）神を建御雷（タケミカヅチ）神に副えて遣わした。—中略—そこでその大国主神に、「今おまえの子の事代主（コトシロヌシ）神はこのように申した。他に申すような子はいるか」と尋ねると、そこでまた、「また我が子に建御名方（タケミナカタ）神がいます。」と申し上げた。このように申し上げている間に、その建御名方神が千引石（ちびきのいは）を手の先に掲げながら来て、「我が国に来ておいて、こそこそとそのような物言いをしているのは誰か。ならば力競べをしようではないか。では、私が先にその手を摑んでやろう」と言った。そこでその手を摑ませると、氷柱に変化させ、また剣の刃に変化させた。すると懼れて引き下がった。そこで、その建御名方神の手を摑もうとして求め返して摑み、葦の若芽のように握り潰して放り投げると、逃げ去ってしまった。そこで追いかけて行って、科野国の州羽の海に追い詰めて殺そうとすると、建御名方神が、「畏まりました。私を殺さないで下さい。この地を措いて他の地には行きません。また我が父の大国主神の命令にも背きません。八重事代主（ヤヘコトシロヌシ）神の言葉にも背きません。この葦原中国は天神の御子の命令の通りに差し上げましょう」と申し上げた。

新羅本紀に記されている「新羅第四代の王脱解はもと多婆那国の所生なり。その国倭国の東北1千里にあり」この王は「我本龍城国人也」となっている。』※3

## 「若芽」を投げるシーン

『黒鬘（くろきみかづら）を投げたまう。此即ち蒲陶（えびかづら）に化成る。』※4 えびかづらは何れも葡萄の実。※5

注釈：海神の国とは、安芸の国、吉備の国とありますが、『契丹日本史』によると、海神の國とされる龍城国は琉球と書かれています。

※1 ウェブサイト『古社叢の「聖地」の構造（3）諏訪大社の場合』田中充子著
※2・※3 ウェブサイト『如意の珠を追いかける』抜粋
※4 ウェブサイト『古事記・日本書紀・万葉集を読む　海神の宮門の設定について　其の二』
※5 ウェブサイト『日本における葡萄の歴史』

## 長寿の話

### 葡萄りす
中国で16世紀中期に流行し、実が多くつくことから多幸・多産を意味する葡萄もリスとの組み合わせで「葡萄りす」として描かれています。蔓を広げて沢山の実をつける葡萄と多くの子を産む栗鼠は子孫繁栄の願いが込められ、多幸多産を象徴する吉祥図とされます。[※6]

### 葡萄考
「8世紀に書かれた現存する日本最古の書物古事記の中で、伊邪那美命を尋ねて黄泉の国に行った伊邪那岐命が、黄泉醜女(よもつしこめ)に追い掛けられて逃げて帰る途中で、伊邪那岐命は黒御霊を取って投げれば、それが名子(えびかつらのみ)となり、黄泉醜女がそれを食べている間に逃げる時間を稼いだと語られている。同様な物語りが日本書紀にも書かれていて『黒鬘(くろきみかづら)を投げたまう。此即ち蒲陶(えびかづら)に化成(な)る。』とある。このえびかつらは何れも葡萄の実であると理解されているのである。
正倉院の御物をはじめとして法隆寺や東大寺等に保存されている飛鳥・奈良の宝物の中には、葡萄をモチーフにしたものが多くある。
薬師寺金堂の薬師如来像台座の葡萄唐草、東大寺の葡萄唐草血染章、大山祇神社の禽獣葡萄鏡、正倉院の鳥獣花背方鏡。葡萄唐草模様として整然と連続している。正倉院の御物香印坐の最下段の連番は金箔で縁取り丹地に活相華文に花喰鳥があしらわれ、花喰鳥は葡萄の房をくわえている。
葡萄唐草の文様が西アジアから地中海沿岸、エジプト、トルコ、イタリア更にヨーロッパ各地にまでも広がっていった。

### 葡萄の料理
カナンの地、干し葡萄と香料を加えた米を葡萄の葉で包んで蒸した料理
イスラエルの七草はオリーブ、大麦、小麦、葡萄、いちじく、ざくろ、棗椰子

### エジプトの葡萄
王家の谷から最も近いクルナ村の地下の地方長官であったセンネフエル(紀元前1300年頃)の墓室には、天井一面に葡萄の絵が画かれていて、まさに葡萄棚の下にいる思いがする見事なものであった。この葡萄の栽培法やワインの製法はカナンの地から豊かなエジプトへ移住したセム人たちによって伝えられたとされている。

### 幸福のアラビアと葡萄

イエメンは、幸福のアラビアとよばれていた。紀元前10世紀頃の碑文には、王国の富の象徴として牛の頭とともに、必ず葡萄の葉と実が彫り込まれている。オアシスの町家には屋根代わりの葡萄の蔓がはわしてあり、葡萄の葉陰は炎暑の道を命がけで越えてきた旅人の憩いの場所となるのである。そして重そうに垂れた葡萄の房の下に座り、さらさらと流れる川のせせらぎを聞きながら味わう葡萄の味は、チグリス川流域のものよりも遥に上質であったと述べている。まさにイスラムの世界における天国である。ふたたび砂漠に向かって旅を始めようとするときには準備する食糧のなかに必ず干し葡萄を加えるのである。

### パルミラのベル神殿の梁に残る葡萄唐草

ベル神殿（英語：Temple of Bel）は、シリアのパルミラに位置する古代の石造遺跡である。神殿はパルミラにおいて崇拝されたセム人の神ベルに捧げられ、パルミラの月神アグリボール(Aglibol)と太陽神ヤルヒボール(Yarhibol)とともに三位神として、パルミラの信仰生活の中心に造られ、西暦紀元32年に奉献された。

### ネクロポリスの三人兄弟の地下墓

クレタ島には紀元前15世紀の葡萄を搾り、果汁を受ける容器が存在する。葡萄の房が枝もたわわに、帆柱に蔓が絡んだ船に乗って海を行くバッカスが描かれた酒杯は紀元前530年頃のものである。蔓は生活の道具作りの原料として貴重であった。」[※7]

大山祇神社の禽獣葡萄鏡　唐代の禽獣葡萄鏡（白銅製・国宝）が現存します。

---

※6 ウェブサイト『葡萄　干し葡萄　葡萄唐草』
※7 『葡萄考　葡萄のルーツ　中国短期大学紀要論文』菅淑江 Yoshie Suga、田中由紀子　Yukiko Tanaka著より

長寿の話

# 沖縄昔話集

## うらしー ぬ たるー

**龍宮土産の桑の杖**

「大昔、南風原間切輿那覇村に一人の人がいて、この人は、或時偶然にも輿那久濱でかもじを拾ったが、それは世間並みのかもじではなく変わったものであった。彼の男は非常に驚き怪しみ、直ちにこれを返さうとしたけれども、未だその落し主が見當らなかった。その翌日かもじの主といふ一人の女に出會った。彼女は容貌の麗しい世にも稀な女で、そのかもじを男から受け取って

これは確かに私のものです。貴方は實に善い人だから、御伴して遊びませう。

と言って、彼を伴れて海底に入った。海には立派な道が開けて、間もなく龍宮城に到着した。

そこで、沙場が開けて坐ると、神が屏風のやうな石を背にして坐り、その側には先の美しい女が侍してゐる。大いに酒宴を開いて持てなされ、海中の珍味は一として備らないものはない。次いで音楽と舞踊が始まったが、如何なるこの世の快楽もこれに及ぶべくもない。思はず三箇月が経って終って、急に郷愁を覚えて帰らうとした。すると、神は

汝がここにいる間に、己に俗世間の三十三代も経ってゐるのであるから、最う帰って行っても子孫がゐよう筈がない。だから神となって、ここで楽しみを受けた方がよい。何でさう帰らうなんて思ふのだ。

といふ。それでも彼は間もなくそこを辞して帰らうとした。すると、神は彼に紙包を授けて帰るなら、この紙包を持って帰りなさい。さうしたら、向ふ所何處でも道が開けるであらう。若し郷里に頼る者がゐなかったら、必ずこの紙包を持って 再びやって来なさい。ゆめゆめこの紙包を開くことがあってはならない。それをくれぐれも御注意なさい。

といふので、この紙包を有難くいただいて龍宮城を出発した。果たして道が坦々と開け、瞬く間に輿那久濱に帰り着いた。

彼は早速郷里に行って見ると、神が言ったやうに、郷里の輿那覇村には誰一人として相見知りの者がゐない。そこで彼は人々に向ひ一の家を指して

この家は昔私が住まってゐた家ではないか。わが子孫は今何處にいるのか。

と尋ねると、人々は皆笑って気違ひだと言って取りあってくれない。仕方がな

いから、村の前の岡の上に登り、携へてゐる桑杖を側に突きさして、隠作根をした。（隠作根とは沖縄の古語で「坐って休む」といふ意）。こゝに於いて、彼は紙包の中に何か良策でもありはしないかと思って、これを開けて見ると、包みの中にはたゞ白髪ばかりがあって何物もなく、その白髪が飛んで彼の軀にくっ着き、見る見るうちに衰へて動くことさえ出来ず、その儘死んで終ったので、これをこの岡の上に葬った。因ってこの岡を隠作根嶽といってゐる。後世の人はこれを神として尊崇してゐる。今この嶽には多くの桑が生へてゐるが、それは彼の杖が生へてその種子を傳へてゐるとのことである。」
『沖縄昔話集 口譯遺老説傳・その他』奥里将建編より

### 隠作根嶽
現在この御嶽はウサンシーと呼ばれています。
このお話と似た話題に、浦島主嘉那間葭の娘である、喜佐間森眞良が、よにも稀な光る珠が近所の家にあるので欲しがり、一騒動起こすお話があります。同じく奥里将建編による沖縄昔話集「名珠を争ふ」に物語が書かれています。全体的にこれらの物語は浦島太郎と龍宮城のお話であります。入りがんとは、かもじのことですが髪の毛は、太古の昔、髪の毛をロープにまぜた丈夫な綱で巨石を運んだと近所では伝わっていました。大阪城の蛸石といわれる巨石なども、運ぶ綱はきっと髪の毛をまぜた綱であったのではないかと考えます。
毛髪は太古の昔とても大切なものであったらしく、「頭毛の契り幾世までも」とうたわれる愛の契りのあかしでもありました。「指輪を交換する契りは　指輪をさす間の契り」と対比して指輪よりも重要な契りであることが歌われます。

トンバ文字の書では、髪の毛が長いことが長寿を表すとされます。

長寿の話

# 頭毛ぬ契り幾世までん
かしらぎ

## 月ぬ夜節に唱われる髪の毛
ちち ゆ

**月ぬ夜節**
指輪の形見　さす間の形見よ　頭毛の契り　幾世までん
いびなぎ ぬ　　えだ　　　　　　かしらぎ ぬ　　いくゆ
訳：指輪の形見は指にさしている間の形見　髪の毛の契りは幾世までも

里や受水ぬ　たまい水心よ　かにらわん余所に　ゆくちいちゅさ
さとぅ うきんじゅ　みじぐくる　　　　　　ゆす
訳：愛しい人は受水の溜まり水のようで、とどめたくてもよそにそれていくよ
うきんじゅ　はいんじゅ
受水　走水は玉城村にある稲作発祥の地。

月ぬ夜ん夜い　闇ぬ夜ん夜いよ　里が　める夜ど　我夜さらみ
ちち ゆ　ゆる　やみ ゆ ゆる　　さとぅ　　　ゆるどぅ　わ ゆる
訳：月の夜もよる　闇の夜もよる　愛しい人が来る夜がわたしの夜なのです。

月ぬ夜になれば　我身忍でぃ　いもりよ　闇ぬ夜になりば　雲上忍ば
ちち ゆ　　　　わんしぬ　　　　　　　　　　　　　うんじゅしぬ
訳：月の夜になれば　吾を忍んで来て下さい　闇の夜になればあなたを忍ぶ

**浦島太郎　入り髪を拾う**
がん
琉球の民話に出てくる浦島太郎伝説は、また海岸で「入り髪（髻）」を拾い、
がん　かもじ
美しい乙女と知り合い、龍宮城へ行くお話があります。

**『三国史記』に出てくる杖**
新羅王朝時代の高官が高齢になり、職を退く時、高官へ肘掛けと杖が送られます。琉球の浦島太郎物語に出てくる杖は、桑の木で桑の芽が出てきます。それは絹の生産へとつながります。国際通りは戦前桑畑でありました。県道節はその桑畑に県道を造るときにつくられた民謡といわれます。

コラム
『三國史記』による花郎の起源と薩摩のいろは歌・石屋真梁禅師
『鎌田正純日記』の詳細な分析による新羅の骨品制度や官階制度、軍隊制度について『三國史記』の雑志・職官を中心に整理するとともに、『三國史記』『三國遺事』『東國通鑑』を読み解くことによって花郎及び花郎徒の起源、倫理、儒教教育、説話内容などを明らかにしていく。新羅と薩摩は、距離的・時間的乖離があり、言葉としての「忠」の

内容に違いがあっては比較に堪えないため、「忠」を四つの忠に分類しその定義を明確にした上で、「いろは歌」及び花郎徒説話にある忠を比較分析し、併せて『礼記』のいう招魂再生の意味を明確にすることによって、二才衆と花郎徒衆の忘生軽死思想の依って立つところを明確にした。

花郎徒精神の林羅山から薩摩藩への移転

羅山と薩摩藩との関係より。羅山の高弟に薩摩藩の江戸家老であった伊勢貞昌がいた。『林羅山詩集』の目次に、「薩州島津氏の家老なり。伊勢兵部と号し江戸に在す。多くの大名やその家臣、旗本を弟子としていた羅山が、自ら熟知している新羅の武士道である花郎徒精神やその具体的説話を、交義を通じ、あるいは講義を通じ、あるいは詩連句の会を通じて機会あるごとに弟子達に知らしめ、彼らを教導していたのである。

遙か新羅に誕生した花郎が1000年の時空間を越えて、遠く薩摩にまで伝えられた姿そのものであった。」


参考文献　筑波大学博士　西中研二　（学術）学位請求論文
『薩摩兵児二才と新羅花郎徒の比較研究』2012年度

長寿の話

# 新羅と琉球

## その遥かなる海上の道のり

### 花郎(ふぁらん)と新羅よりの考察　琉球舞踊「浜千鳥節」

琉球に残された　ちじゅやー（浜千鳥節）は、古老のお話によりますと王族の子弟はこの舞踊を身につけるのが、必須でありました。それも化粧をして。ちじゅやーには、本部御殿(うどぅんてぃー)手の伝える通り、武の技が込められています。新羅の花郎(ふぁらん)の化粧とは、死に顔を美しく見せる為の決死の覚悟であったことです。新羅と琉球の共通性はここに見られます。また、いろは歌は名護親方が日本に広めたものとも伝わります。薩摩にも日本語に翻訳されたものが伝わったことが、論文などで理解できます。新しい弥勒世(みるくゆー)は温故知新からでしょうか。琉球から解き明かすいろは歌の効能は世界の平和を願わんとするものであります。

### 花郎(ふぁらん)としての新羅　武烈王(ぶれつおう)

**武烈王**

「新羅第二九代の王（602年〜661年、在位：654年〜661年）　姓は金、諱は春秋。父は第二五代真智王の子、金龍春（龍樹とも記され、後に文興葛文王と追封）　母は第二六代真平王の長女である天明姫（後に文貞太后と追封）。」[※1]

## 東海の龍（守護神）となった新羅 文武王の遺言

「葬儀は簡潔に行い大層な墓陵は無用とする。位牌は東海の岩棚に祀ればよい。父が見た日本をわしもこの目で見ておきたかったが、それもかなわぬなら新羅と日本の友好がかなうように見守ってゆきたい。もし、日本が再び冠するなら わしが東海の龍（守護神）となり、朝鮮の地と民を守ろう。」

「魂とは儚いものである。儚いからこそ大切に受け継がれてゆくものだと思うのだ。永遠であるべきは魂ではなく、魂を受け継ぐ子孫であり、我が民族、国家の精神であってほしいのだ…」[※2]

## 唐のうぶざ　黒島の民話

もがり船が流れ着いた。黄金や豪華な衣裳が多くつまれていた。（中略）

いつの頃か定かでない昔、黒島の南海岸カノルチに見慣れない形の舟が近づいてきました。一目で島の舟でないのはわかりますが、舟に人の姿がありません。どこか、遠い国から流れてきたものです。

舟は潮に乗ってユラキの浜に着きました。

見張りをしていた男が舟を浜へ引き上げてみると、舟の真ん中に大きな長い木の箱が置かれていて、その周囲にはぎっしりと衣類が詰まっています。衣類は潮水で湿ってはいますが、立派な物ばかりです。「どこの国の人が着るものだろう。みんなイチュキイン、マンキインばかりではないか」珍しそうに一枚一枚取り出していくうちに、着物の下にピカっと光るものがあります。取り上げてみると、ずっしりと重い金の塊です。この黄金を手に取ってためつすがめつ眺めていた男は、やがてこっそり隠してしまいました。

間もなくウブザッタ（村総代）やシイザビトゥ（総代の指示を受けて村の仕事の係の人）、村人達がやって来て、イチュキイン、マンキインを見てびっくりしました。これは宝の舟だから箱の中にはもっと素晴らしい宝物があるにちがいない。重い箱をあけてみようとしましたが、なかなか開きません。箱は大きな木をくりぬいて造ってありました。どうしても箱は開かないので石をぶつけて壊して見ました。中は宝物ではなく人の死体でした。死体はまぎれもなく唐の人で、身分の高い人を水葬にしたものらしいと分りました。

村人はカノルチの浜に墓を造って葬むり、誰言うとなく唐のうぶざ（おじいさん）の墓と呼ぶようになりました。舟の中にあった衣類は湿っていたので、ユラキの浜にひろげて干しましたが、広い砂浜も着物でいっぱいになる程でした。（中略）

わざわいや祟りがあったりして、後に御嶽をたててウブザの霊を弔い慰めるよ

# 長寿の話

うになりました。【註】蚕のことをマン虫と言う。イチュキン、マンキン共に絹の着物のこと。
1976年八重山新聞記事　登野城の民話（1）出典より

コラム
新羅第四代王 脱解尼師今（だっかいにしきん）
　（在位：57年〜80年）姓は昔（ソク）、名は脱解。吐解尼師今（トカイニシキン）、トへ・イサグムとも記される。第二代の南解次次雄の娘の阿孝夫人の婿。新羅の王族三姓（朴・昔・金）のうちの昔氏始祖。「倭国の東北一千里のところにある多婆那国で、その王が女人国（不明）の王女を妻に迎えて王妃とした。妃は懐妊から7年の後に大きな卵を生んだ。王は王妃に向かって、人でありながら卵を生むというのは不吉であり、卵を捨て去るように言った。しかし王妃は卵を捨てることに忍びず卵を絹に包んで宝物と一緒に箱に入れて海に流した。やがて箱は金官国に流れ着いたが、その国の人々は怪しんで箱を引き上げようとはしなかった。箱はさらに流れて、辰韓の阿珍浦（慶尚北道慶州市）の浜辺に打ち上げられた。そこで老婆の手で箱が開けられ、中から一人の男の子が出てきた。このとき新羅の赫居世居西干の39年（BC19年）であったという。老婆がその男の子を育てると、成長するにしたがって風格が優れ、知識が人並みならぬものになった。長じて第二代南解次次雄5年（8年）に南解次次雄の娘を娶り、10年には大輔の位について軍事・国政を委任された。南解次次雄が死去したときに儒理尼師今に王位を譲られかけたが「賢者は歯の数が多い」という当時の風説を元に餅を噛んで歯型の数を比べ、儒理尼師今に王位を継がせた。儒理尼師今が57年10月に死去したときには、王（儒理尼師今）の遺命に従って脱解が王位についた。昔脱解が船で渡来した人物であることを示す挿話などと併せて、出生地を日本列島内に所在すると見る向きが多く、丹波国、但馬国、肥後国玉名郡などに比定する説がある。」[※3]

　契丹日本史によると、脱解（タレ、またはタケ）は龍城國の出であり、龍城國即琉球であると、『契丹日本史』（シェル出版）に記載されています。
　女人国（不明）の王女とは、恩納村の女王のことだともいわれています。

### 姓名の由来『三国遺事』より
　『三国遺事』によるとはじめ姓名がわからなかったので、箱が流れ着いたときに鵲（カササギ）がそばにいたことから鵲の字を略して「昔」を姓とし、箱を開いて生まれ出てきたことから「脱解」を名としたという。「脱解」は新羅語で太陽、または日の出を意味しもともと太陽神の神話だったことを表しているとされます。

### 龍をトーテムとした第四代新羅王 脱解
　「脱解も日本語のタケ（武・建）であるという。脱解の出現は神話の三機能体系のうち第三機能を表しているとし濱名極光氏は昔と赤が類音である事から赤又は銅をシンボルカラー、龍をトーテムとする部族だったと推定している。」[※4]

朝鮮・琉球　宮廷舞踊の宴

2007年4月7日・8日　那覇市文化協会創立15周年記念事業

※1　ウィキペディア
※2　『金春秋と金庾信』浅野二郎著
※3　ウィキペディア
※4　参考文献　上垣外憲一『倭人と韓人』講談社（原著『天孫降臨の道』 筑摩書房 1986）

# 長寿の話

### 赫居世 居西干　姓氏の由来

「(BC69年?〜AD4年)　斯蘆国の初代の王。姓は朴、名は赫居世。『三国遺事』によれば生まれ出た卵が瓠の様な大きさだったため、辰韓の語で瓠を意味する「バク」を姓としたとされます。同時期に新羅の宰相を務め、瓠を腰にぶら下げて海を渡ってきたことから瓠公と称された倭人と同定する。またはその同族とする説があります。また赫居世の名の頭音「赫居」または「赫」が同音であるためそのまま「朴」になったとも考えられています。」[※5]

## 瓢箪　蚕　桑　杖

瓢箪は長い歴史を有し、1万年以上逆のぼる最古の栽培植物の一つとされます。人の命をつなぐ水の容器、また楽器の原点として、神話などにも登場する瓢箪の文化がありました。

## 蚕

親蚕礼（チンジャムネ）　中国の伝説の三皇五帝の最初の帝・黄帝の妃であり、養蚕の神として崇められている西陵氏（ソルンシ）が、あまねく民に養蚕を奨励したことを起源とし、朝鮮の前王朝高麗（コリョ）では先蚕祭（ソンジャムジェ）として行われ、また親蚕礼（チンジャムネ）としても継承されました。[※6]

## 桑

昔日の国際通りにあった桑畑。「くぁーぎ　ぬ　しちゃ（桑木の下）」は魔除けのおまじないの言葉です。「シルクロードと絹」の関係におきまして、シルクは清潔を保たないと虫食いになるので、絹を扱う為に清潔さが保たれました。琴の糸や絹織物の衣裳は絹で作られ、桑の木に絹糸をはった弓の音は魔除けになりました。絹織物で作られたパラシュートが昔日にはありまして、それで衣裳を作ったお話もありました。琉球の浦島太郎物語では、乙姫様へおいとまを乞う時、御土産は瓢箪と杖を下さいと言うように諭されます。姫の贈り物の包みには、髪の毛が入っていました。故郷へ戻った浦島太郎は瓢箪の水を飲み暮らしていました。周りは年月が何百年も経っていて誰も知る人はなく、太郎は杖をつきながら包みをあけると、白髪が飛んで来てお爺さんになってしまい亡くなりました。側にあった杖からは芽ぶき桑の樹になりました。

コラム
三国史記には登場人物として閼智(アッチ)が描かれております。
ローマ帝国衰亡史 フン族にはアッティラが登場し、似ているようにも思えます。
新羅とローマ 『ローマ文化王国―新羅』を記された由水常雄氏の書では、古代新羅はローマ文化国だったとも示唆されます。「新羅は、4世紀から6世紀初頭までの間、突然変異的に、ローマ文化を受容している。それは古墳より出土している膨大なローマ文化を背負った出土遺物によってはっきりと 認識することができる」とされます。
アラビア海からやってきた混血アーリアンといわれる海人からの洪水神話
『中国神話ルーツの謎―もう一つのシュメール神話』鹿島昇著より
「白川静は『庖犠(ホウギ)の庖は鉋爪で瓠であり、女媧(ジョガ)が洪水を防いだ葫芦も瓠で、壺芦ともいう。庖犠の原型は瓠で箱舟型の洪水神話らしい』と述べる(『中国の神話』)が瓠が箱舟ならば、新羅神話の倭人は瓠氏というから、倭人は箱舟の子孫だった事になる。」
瓠公(ひょうこ)(生没年不詳) 新羅の建国時(紀元前後)に諸王に仕えた重臣。また金氏王統の始祖となる金閼智を発見する。もとは倭人とされる。新羅の三王統の始祖の全てに関わる、新羅の建国時代の重要人物である。瓠を腰に下げて海を渡ってきたことからその名がついたと『三国史記』は伝えている。
ヒョウタン(瓢箪、瓢簞、は、ウリ科の植物。葫蘆(ころ)とも呼ぶ。なお、植物のヒョウタンの実を加工して作られる容器も「ひょうたん(ひさご)」と呼ばれ瓠ともいう。

沖縄の浦島太郎伝説では、腰に瓠をさげていたともいわれています。

## 龍王

「世宋実録」地理志にある如意球の存在
「此球は乃ち東海龍王の如意球だ。龍王が洛山観音に献じたものだが、今、此寺(五台山寺)に移った。」 朝鮮王朝も東西、南の海神祭祀は行った。[※8]

八大龍王[※9]

※5『完訳 三国遺事』『完訳 三国史記〈上〉』
※6 韓国の漢字表記では親蠶禮 参考ウィキペディア
※7 ウィキペディア ※8『東シナ海文化圏』野村伸一著 ※9 画像ウェブサイトより

**長寿の話**

# 竜虎山と尚巴志王

## 竜虎山の鵜飼

**神武天皇と鵜飼**

鵜飼の歴史は古く、『日本書紀』神武天皇の条に「梁を作つて魚を取る者有り、天皇これを問ふ。対へて曰く、臣はこれ苞苴擔(ほうしょたん)の子と、此れ即ち阿太の養鵜部の始祖なり」とされます。『古事記』にも鵜飼のことを歌った歌が載っています。鵜飼漁をする人を鵜匠と呼びます。その装束は風折烏帽子(かざおれえぼし)、漁服、胸あて、腰蓑という古式ゆかしい装束となっています。※1

鵜のとった魚は、鵜の食道で気絶させるため鮎は傷まず、鮮度が良いとされます。鵜飼鮎は安土桃山時代以降、政治的に鵜飼は保護されたとされます。※2

高貴な人の誕生では、鵜の羽を敷き詰めた産屋でなされたとも伝わります。

竜虎山の鵜飼は日本の鵜飼とも雰囲気が似ております。琉球の尚巴志王は歴代宝案によると、竜虎山へ祀られたといわれています。

※1 参考 ウィキペディア
※2 参考 ウェブサイト「邪馬台国の会 鵜を抱く女」

# ニライカナイ

## 魂をよびもどす船

### ニライカナイ　祈りの原郷
ニライカナイへの祈りは、船に魂をのせてよびもどすと伝わります。「エーファイ」は祈りの言葉。久高島でのイザイホーのまつりではナンチュといわれる女性の方々によりエーファイ、エーファイといいながらの儀式が取り行われていました。

エジプトの猫　与那国の猫
### 与那国のマヤー　猫は五穀豊穣の象徴
つながりは、沈んだ大陸ニライカナイ。高度な文明を世界へ伝播させたニライカナイのアーマンチュ。アーマンチュメーは赤人で金髪の巨人。五穀の種を世界へ届けます。リグ・ヴェーダ、シュメール神話にある内容、洪水、天災地変は、ニライカナイ伝説へつながるかも知れません。失われた文明はニライカナイから。沈没をのがれた琉球はムーの残り、きれはしとも示唆されます。韓国と琉球は地続きでありましたが切り離されたとも口伝は残されます。これは天災地変の地盤沈下が起きたものと考えられます。

### 龍神きんまむん
龍になりそこねたハブという童話よりの考察におきまして「ナーガ」はサンスクリット語で「ヘビ」。龍神とも符合するかもしれない龍とハブ、ヘビそして、きんまむんの神様は龍とかかわる神様でした。

### 龍樹　ナーガールジュナ
「アルジュナ」は樹木の名前　AD150〜250年　天文、地理、未来の予言、道術、何でも体得した。以上はクマーラジーヴァ（鳩摩羅什 AD350〜409年　一説にAD344〜413年）が訳した『龍樹菩薩伝』によります。新羅国第二五代真智王の子、金龍春（龍樹とも記される。後に文興葛文王と追封）。[※1]

### 龍樹菩薩伝
ナーガールジュナ（龍樹）の人柄や経歴について確実なことはほとんど何も知

## 長寿の話

られていない。わずかに残された資料は、鳩摩羅什(くまらじゅう)が5世紀初頭に漢訳したと伝えられている、次のようなフィクションにみちた伝記の『龍樹菩薩伝』だけであります。※2

コラム
「ナーガールジュナは南インドのバラモンの家に生まれ、『ヴェーダ聖典』を初めとするバラモン教学を学んで成長しました。天性の才能に恵まれていたので若いうちからその学識をもって名を馳せました。彼は才能豊かな三人の親友をもっていましたが、ある日互いに相談し、学問の誉れは既に得たので、次には快楽を尽くそうと決めました。彼らは術師に師事し自分の身体を見えなくする隠身の秘術を習得、それを用いて王宮にしばしば忍びこんだ。百日余りの間に、宮廷の美人はみな犯され子を孕む者さえ出てきました。驚いた王臣たちは対策を練り、門に砂を撒き衛士にこれを守らせました。砂上の足跡をたよりに多数の衛士が空に振った刀によって、三人の友人は殺されてしまいましたが、王のかたわらに身をさけたナーガールジュナだけは斬殺を免れました。そこに隠れている間にナーガールジュナは欲情が苦しみと不幸の原因であることに目覚め、もし自分が宮廷を逃れ出て生きながらえるならば出家しようと決心しました。
事実、逃走に成功した彼は山上の仏塔(ストゥーパ)を訪ねて、戒律を受け出家しました。そこに留まった90日間に小乗仏典を読破、習得しました。さらに別種の経典を探したが得られないでいるうちに、ヒマラヤ山中にある仏塔にいた一人の年老いた出家僧から大乗経典を授けられました。彼は非常な興味をもってこれを学びましたがまだ深い真実を得ませんでした。
彼はさらに経典を探し求め、インド中を遍歴しましたが、その間、仏教・非仏教の遊行者・論師と対論し、みなこれを論破しました。そこで慢心を起こした彼は、仏教の経典は微妙ではあるが、論理的に検討してみるとまだ完全でないから、自分が論理をもって仏典の表現の不備な点を推理し後学を教えようと考え、一学派を創立しようとしました。
大竜菩薩(マハーナーガ)がナーガールジュナの慢心を哀れんで、彼を海底の竜宮に導き、宝蔵を開いて大乗経典をナーガールジュナに与えました。彼は90日間でこれを学び多くのことを理解し、深い意味を悟りました。」※3

中国への伝来の謎　中国は新天地
「インドでは少数派であった大乗仏教は、新天地を求め、格好の地が中国でありました。新天地中国へ大乗仏教の渡来僧が来ました。中国の思想、文化に合わせて、漢訳をしたり、すでに入っていた仏像の存在も忘れませんでした。大乗教団に必要な律と禅定に関する経典、律蔵を求めてインドへ旅たつ僧もいました。また禅観経典の翻訳を要請された鳩摩羅什は、大乗の禅観経典を作出しました。こうした渡来僧の活躍で大乗仏教は見事中国で花開き、天台、浄土、華厳などの中国独自の教学も生まれました。宋の時代に至って、中国は独自の仏教の展開をします。禅宗であります。禅宗は最も中国らしい仏教であります。」※4

『龍樹菩薩伝』は鳩摩羅什が5世紀初頭の漢訳の書が現存しているとされます。

※1 ※2 ウィキペディア
※3 参考 ウェブサイト『龍樹菩薩伝』と竜宮伝説　※4 参考 ウェブサイト『龍樹菩薩伝』を読み解く

## 龍王殿

水を治める神、龍神はインドのナーガ信仰にまでつながるといわれ、波の上神社の近くに天尊廟、天上聖母、関帝廟と一緒に祀られています。天尊廟は雷神の長官「九天応元雷声普化天尊」道教の最高神。天上聖母は千里眼と順風耳にまもられているとされます。

昔ありました天妃宮（媽祖廟、航海安全の守護神　中国沿岸部や東南アジアで船乗りや航海者に信仰されている媽祖の称号）は門だけが天尊廟の近くに残されております。関帝廟、関聖帝君は義に生きた関羽を祀ります。

天上聖母

龍王殿

天妃宮　門だけが残ります。

## 長寿の話

天尊廟

旧孔子廟

**ヌブシの玉**

如意球、琉球では「ヌブシの玉物語」として民話になっております。頑固な王様と道化のウッシーが、ヌブシの玉を持つ王女とそれを狙うハブの化け物の物語。昔琉球では魚がいっぱいとれて、畑も豊かで平和でしたが、ある日龍宮の神様の大切な宝「ヌブシの玉」が無くなってしまった。それを探しにチョンダラー（京太郎）は旅にでます。はたしてヌブシの玉は、どこにあるのでしょう。[※5]

首里城正殿に描かれたぬぶしぬ玉

**浦添の太陽の子**

チョンダラーは京のタラーで、タラーは言語を分解すると大きな太陽でもあります。琉球にある浦島太郎伝説は、うらしーのタラー、浦添の太陽の子、浦添の「てだこ」として伝説があり羽衣伝説や浦島伝説など、多くの伝承があります。琉球の浦島太郎伝説は杖と紙包みの中にある毛髪がポイントになります。

※5 「沖縄人形芝居」より

# 沖縄の民話

## 浦島太郎と瓠公

**腰に瓢箪をさげた浦島太郎**
沖縄の民話に出てくる浦島太郎伝説は、腰に瓢箪をさげていました。また杖をもってもいたりします。腰に瓢箪をさげていた民話が「瓠公」として2000年ちかくも語り継がれていたのでしょう。瓢箪は『中国神話のルーツの謎』鹿島昇著によりますと、ノアの方舟にも相当します。海をわたるとき筏に瓢箪を浮き輪のように使用したともいわれます。琉球の浦島太郎伝説では杖をもっており、その杖は桑の樹になったことも伝わります。

**瓢箪をさげた舞踊**
組踊「高平万歳」の歌詞なかにある、「万歳こうすや　馬舞ーさー　尻　ふぎ（穴があく）破り　篭　尾　提てぃ」とは、腰に瓢箪をさげた出で立ちで踊ります。「馬舞ーさー」は、騎馬民族であり、馬舞いをする伝承は、今帰仁出土の色目軍団論証から、アラン族という研究を、名桜大学上間篤教授が論文を発表なされております。アラン族は、韓国では花郎と呼ばれていたと考察します。新羅王脱解の系譜を辿ってゆきますと、花郎は花郎道として名護親方の琉球いろは唄にもつながってゆきます。また薩摩隼人にも隼人のいろは唄としての痕跡を残します。花郎は、琉球では「あらんふぁ」から「いらは」に変わっていきます。宮古島には「あらん濱」もあります。アラン族は中国において、「アスー」と呼ばれるようになります。辺戸岬の安須森御嶽もその「アスー」からかもしれません。イエ・スー・タイ・エルという人物もアラン族です。

**入り髪と浦島太郎**
入り髪は、女性の長い髪のことで、遥か太古の時代、巨石を運搬するときに使用される縄は、髪の毛を混ぜたものを使用したとの伝承があります。巨石の下には昆布や海藻を敷き、石の滑りを良くしたと伝わります。今に残るギネス級大綱引きは巨石を運んでいたころの名残ではないかとも思います。
海に沈んだと言われる琉球の大東世伝説では文明は太古の昔、大東から世界に伝えられたといわれ、大東世とはチャーチワードの言うムー大陸のようでもあります。

# 長寿の話

### 琉球の浦添城

浦添は過去には、ウラシーと発音しました。マという発音は古代琉球では国、島、場所のことであり、ウラシーマとなります。

浦添城の城はぐしくと発音します。ぐしくの「グは、石」「いしなぐぬ石」として琉球古典音楽にも唱われています。「ぐー」は「ぐー ちょき ぱー」の「ぐー」との説もあります。ぐしくの「しく」は、底のこと。「ぐしく、または、ぐすく」とは、「石底」ぐしくであり、お城を「ぐしく」としたのは、当て字になるとも言われております。

ウラシーグシクと発音された昔の琉球の浦添城は、浦添ウラシー、城（グシク）は石の底、という意味になりそうです。その「ウラシーグシク」はかつての栄華をきわめた場所でした。「うらしーま たるー」の根拠地であったかもしれません。琉球で、太郎のことをタルーと発音します。

### ウラシーグシクのタルー

「うらしーま・たるー」は「うらしまたろう」と呼ばれ、おとぎ話として「たるー」は、忘れられないように歴史に刻まれていたのでしょう。誰かが「うらしーま・たるー」の音秘めを受け取り、世にお伝え残すことができるようにと…。その「うらしーぐしく」城趾は、広大な公園になっております。また故意に埋めたてられた高貴な、いにしえびとの古墳群があります。現在（2010年ころ）は掘り返されて、骨壺が横倒しになったり、その壺の中から、お骨がこぼれていたりします。その古墳群もかなり大規模な面積がとられ、また直径1メートル弱もありそうな松の木が最近切り倒された痕跡があります。

いにしえの琉球では、霊的に高い位置に値する方々の墳墓のまわりには、松や竹、梅の木などが植えられていました。その痕跡を意図的に消されようとした古墳群の御霊は、まるで「我々のことを世に出して欲しい。」と天上か地の底からかは解りませんが囁きかけているような気配さえ波動的に感じます。浜辺で知り合った浦島太郎か桃太郎似の面持ちをもった方が、浦添城跡公園内をジョギングすると、なんだか重いものが感じられるそうです。そして無念であったであろう古墳群の霊たちの上を、無礼にも踏み越えながら散策した時、下からのぞいている沢山の人達の夢を見てしまいました。その人達は、県庁職員のような嘉利吉ウェアを着用した姿でした。その夢は、いにしえにおいて琉球王府高官の地位にあった三司官や按司の身分だった人達のようで、きっとなにかメッセージを託したかったのかも知れません。

**琉球の浦島太郎物語**
太古のむかし話としての古公亶父、大河の釣り人のお話や、琉球にクルクマという場所があったこと、ウブザヌキンという鬱金の原種、バンコという地名にちなんだバンコ神話などは、神話やおとぎ話として残された浦島太郎が亀にのって浮上してきそうな昨今の気配です。
浦島太郎は、「うらしーま　たるー」として謎解きが急速にすすみます。亀は歩みが遅いと、兎に揶揄されたように、亀に乗った浦島太郎の伝説は解明されるのに約二千年近くもかかったのかもしれません。それでもまだお伽話の領域の中ではありますが、なんだかもうすぐ浮上してきそうな、竜宮、龍王、龍城國、赤龍、唐のうぶざの伝説は、未開と烙印をおされながら玉手箱のなかで長い眠りについていたようです。そろそろ亀に乗った龍や浦島タルーも伝説のなかでよみがえりそうな昨今の琉球ではあります。けれどもまだ絵本のなかのお話です。

**青い地球にある竜宮城**
月へ行ったかぐや姫が、月という宇宙的位置から、青い地球を眺めた時、きっと竜宮城が見えたかもしれません。その竜宮を拡大ルーペで覗いたとき、女国の人と五色の人達が憩った波に洗われた洞窟が、かぐや姫には見えたでしょうか。そこには夜空に輝く、むりぶし（群星）、「てぃん（天）ぬ　むりぶし（群星）」が、沢山の　たまの緒をつなげて紫の紐をたらしておりました。たまは、琉球で肝心（ちむぐくる）といわれます魂のことです。その宝である肝心（ちむぐくる）の玉は、寒々とした現世でも何とか、見失われずに琉球の地軸に結びつけられておりました。黄金の地軸（黄金軸・くがにじく）にたてられてる、ひかり輝く竜宮の音秘めは、そのメッセージを、二千年の荒波に耐えながら守り通して、わたしたちに伝えてくれます。

**宮古のうらしまたろうの歌　竜宮姫と真々佐利**
昔荷川取ぬ真々佐利がよ　釣りスが行きばどホントヨーピンナ物ぬ
海から童ぬ竜宮かい参やち　安心ゆさまちホントヨー手ゆ取りどん
竜宮かい行きばど廊下ぬ両側んは　ヨナタマ乙女ぬホントヨー美ぎすうがすし
美ぎ声しんかい黄金白金をならび　うぎにやんしホントヨー美ぎさゆどき
玄関あきちか美ぎ衣着し飾り姫が　来しんかいホントヨーぷからしややし
奥ぬ御殿かいお心つくしぬむてなしゆ　受けどホントヨー三日三夜
平成十七年十二月吉日　平良重信 歌・三線　宮古民謡百選集（その二）より

長寿の話

# 龍涎香

## 伽羅・沈香・くんのーら

### 護摩焚きに使われる香
平家物語 白虎之巻より「清盛の娘　徳子(のりこ)、のちの健礼門院が高倉天皇の御子を身ごもられたとき何としても男子をという願いを込めて高僧による修法。護摩壇に焚くお香の種類。お香はその目的に応じて『丁子、白檀、浅香、薫陸香、安息香、百合香、青木香、零陵香』など。男子出生を願う『胎内の女子を変じて男子を成す』修法なので龍涎香―りゅうぜんこう―を用いる。」※1

### 龍涎香
「現在アンバーグリスと呼ばれている香が龍涎香です。マッコウクジラの腸内に発生する結石で、水よりも比重が軽く浜辺に流れ着きます。大変高価であり、1984年以降、商業捕鯨の全面禁止により新しいアンバーを手に入れることは不可能に近い状態になりました。この香を男子に変性させる修法に使うとされます。」※2

琉球王国時代海洋貿易交易品目には、龍涎香の件について記録が有りました。
香りゆかしい香木は首里城おせんみこちゃでも焚かれました。
八重山舞踊　くんのーらでも、我が袖の薫りとして沈香や伽羅が歌われます。

コラム
『沖縄の宗教と民俗』第一書房 1988年 「寄物に関する一考察　竜糞を中心に」富島壯英著 収録「2竜糞に関する伝承」「3献上品としての竜涎香」「4御用物としての竜糞（鯨糞）」　当時の琉球で竜糞・竜涎香が貴重品として取り扱われたことが詳しく述べられています。原本は1933年発行「南島雑話（四）」の「漂物」の項「龍涎」『南島風土記』東恩納寛惇著 1950年　ウイリアム・アダムズの航海記によると「1615年5月7日那覇を出航する直前に宮古島船から小麦と龍糞を買入れている」と記されます。『新琉球史 古琉球編』琉球新報社 1991年 「南蛮貿易とその時代」真栄平房昭著「竜涎香」の項記載あり

※1『宮尾本　平家物語』第二巻（宮尾登美子著）
※2 参考：ウェブサイト「龍涎香・アンバーグリス」

# 八重山にある地名

## バンコとバンコ神話

『中国神話ルーツの謎（もう一つのシュメール神話）』
鹿島昇著　新国民社　262頁より
宇佐八幡の謎を解く鍵を国東の琵琶法師の唱える「一座経」より見つけ、「一座経の話しはベトナム北部に発生した犬首の祖神バンコ神話。この祖神が宇佐八幡の信仰の源流だった。」と推理、他の資料で裏付けした古代史論を展開する。
朝日新聞昭和52年9月23日号掲載　研究者　上野鉄雄氏
ところが不思議なことに、九州大学を中心に熱心に考古学者はこの研究をしたのだが未だにその内容は公開されていない。「重要な問題だから関係者の同意を得るまでは発表を控えよう」という主旨であります。

コラム
犬首の祖神
「犬首の祖神バンコ神話　温羅（うら/おんら）は、岡山県南部の吉備地方に伝わる古代の鬼。温羅とは伝承上の鬼・人物で、古代吉備地方の統治者であったとされる。「鬼神」「吉備冠者（きびのかじゃ）」
この伝承は桃太郎のモチーフになったともいわれる。
伝承によると、温羅は吉備の外から飛来して吉備に至り、製鉄技術を吉備地域へもたらして鬼ノ城を拠点として一帯を支配したという。吉備の人々は都へ出向いて窮状を訴えたため、これを救うべく崇神天皇（第10代）は孝霊天皇（第7代）の子で四道将軍の1人の吉備津彦命を派遣した。
討伐に際し、吉備津彦命は現在の吉備津神社の地に本陣を構えた。そして温羅に対して矢を1本ずつ射たが矢は岩に呑み込まれた。そこで命は2本同時に射て温羅の左眼を射抜いた。すると温羅は雉に化けて逃げたので、命は鷹に化けて追った。さらに温羅は鯉に身を変えて逃げたので、吉備津彦は鵜に変化してついに温羅を捕らえた。そうして温羅を討ったという。
討たれた温羅の首はさらされることになったが、討たれてなお首には生気があり、時折目を見開いてはうなり声を上げた。気味悪く思った人々は吉備津彦命に相談し、吉備津彦命は犬飼武に命じて犬に首を食わせて骨としたが、静まることはなかった。次に吉備津彦命は吉備津宮の釜殿の竈の地中深くに骨を埋めたが、13年間うなり声は止まず、周辺に鳴り響いた。ある日、吉備津彦命の夢の中に温羅が現れ、温羅の妻の阿曽媛に釜殿の神饌を炊かせるよう告げた。このことを人々に伝えて神事を執り行うと、うなり声は鎮まった。その後、温羅は吉凶を占う存在となったという（吉備津神社の鳴釜神事より）

# 長寿の話

## バンコ（盤古）神話

盤古は中国神話の神で、宇宙開闢の創世神とされ、道教が発展してくると、盤古の名前は「元始天王」や「盤古真人」とも称されるようになりました。古代中国における世界起源神話の一つであり、文献として残っている場合と民間伝承として残っている場合があります。[※1]

コラム
五竜帝王とその子ら
・盤古の第一の妻を伊采女といい、彼女との子供が青帝青竜王である。盤古は彼に一年の内、72日間を春として支配させた。さらに青帝青竜王に金貴女を娶らせ、10人の子を産ませた。これが十干である。
・盤古の第二の妻を陽専女といい、彼女との子供が赤帝赤龍王である。盤古は彼に一年の内、72日間を夏として支配させた。さらに赤帝赤龍王に愛昇炎女を娶らせ、12人の子を産ませた。これが十二支である。
・盤古の第三の妻を陽専女福采女といい、彼女との子供が白帝白龍王である。盤古は彼に一年の内、72日間を秋として支配させた。さらに白帝白龍王に色姓女を娶らせ、12人の子を産ませた。これが十二直である。
・盤古の第四の妻を癸采女といい、彼女との子供が黒帝黒龍王である。盤古は彼に一年の内、72日間を冬として支配させた。さらに黒帝黒龍王に上吉女を娶らせ、9人の子を産ませた。これが九相図である。
・盤古の第五の妻を金吉女といい、彼女との子供が黄帝黄龍王（他の写本では天門玉女という女神となっているものもある）である。盤古は彼（または彼女）に一年の内、72日間を土用として支配させた。さらに堅牢大神に黄帝黄龍王を娶らせ、48人の子を産ませた。これが七箇の善日以下の（ほき内伝に記載されている）歴注・節目である。もともと、黄帝黄龍王（天門玉女）と48王子は難産の末に生まれたために、自分らが支配する季節、領地をもてなかった。そのため48王子は男子に変じたり、女子に変じたりと定まるところがなかった。そこで、48王子は自分らの支配領を求め先述の四大龍王に謀反を企てた。17日間続いたこの戦によりガンジス河は血に染まったという。そこで諸神らは協議の末、四季のなかから18日ずつを48王子の父（母）である黄帝黄龍王（天門玉女）に与えることに決めたという。[※2]

八重山にバンコという地名があります。また八重山古典芸能においては天照大神を彷彿とさせる芸能が残されております。
注釈：「古代文献における千里や三千里の表記は、大変遠いという表現から使われた可能性もあります。[※3]」

※1 阿村礼子作・夏目尚吾絵『吉備津彦と温羅』おかやま観光コンベンション協会『岡山桃太郎と鬼 吉備津彦と温羅』岡山桃太郎と鬼研究会編、岡山桃太郎と鬼研究会2004年。
※2 参考 ウィキペディア
※3 参考『世界最古の物語』H.ガスター著　社会思想社物語の解釈　27頁より

**天孫一族とアマミキヨ**
「沖縄の文明発祥地は玉城村ともいわれます。今から1万8500年以上前に、大東島（うふあがりじま）からアマミキヨ族（天孫一族）が百名の浜（ヤハラツカサ）に上陸をしました。天孫一族は稲を主に五穀の作物を住民たちに与えました。住民たちは、巨人であり赤色人種の天孫族を救世主としてあがめ、拝所のあるミントン城に住まわせました。玉城城の「玉」は、魂（たま）、神（たま）宝石の曲玉（まがたま）という意味がこめられています。すなわち、玉城城は沖縄全島の中心地にあたり神々の古里ということなのでしょう。」※4

コラム
1950年に出版されたヴェリコフスキー著の『衝突する宇宙』に照らしてみる
今から4000年前に、木星の激しい爆発によって誕生した物体が彗星となって二度も地球に接近したといいます。地球とのすれ違いによって混乱が生じ、公転軌道は乱され、彗星の引力と電磁力によって地殻のわく組みがはずされ、きしみから大地が地震を誘発し地球は大混乱。そのため地球の重力に狂いが生じ、地軸が反対の方向に廻ってしまう。そのため太陽が西から上がり東に沈んだ。また、季節も逆転し、「夏の代わりに冬が訪れ、月はあと戻りし、時間は混乱をした」とエジプトのパピルス書に記されているといわれます。
「金星の誕生」 ギリシャでは、アテネ（金星）はジュピター（木星）の頭から飛び出したという。
琉球列島　暴走した彗星が地球に近づいたため、大地はゆりうごき山々は砕かれ、湖の水が流れ去り砂漠化した所もありました。また低くされた大地に海水が浸入、大陸と切り離された島々になったのが現在の琉球列島とみなされます。

「堯の時代、太陽が10日間も沈まなかった」
彗星が地球に接近した時、お互いの引力の影響で内部のマントルの流れが急激に変化、地殻どうしの衝突でひずみなどの変動や摩擦熱が生じ、熱い大地は互いに引力の強い影響の為か地球が停止してしまったとされます。昼間が数日間も続き干上がった地は山火事が発生、町や村も焼けてしまったとのお話が伝わります。中国の古記録に「堯の時代、太陽が10日間も沈まなかった」と記されているのがその出来事のようです。」※5

アラブ
**アラビアンナイトに出て来る香木**
沈香や伽羅　秘密の扉を「開けゴマ」の呪文で開けて中に入った時の宝物は、乳香、沈香や伽羅、絹織物等であったらしい。香木の香りで御出迎え。集い香りを楽しみ帰るときも香木とともに御見送りをします。香りを思い出して又来たくなるようにとのお話がアラビアンナイトのお話とともにありました。

## 長寿の話

琉球の大航海時代の交易品の中に、乳香五千斤という量のことが書かれていました。今でも高価な乳香や沈香 その沈香や伽羅の匂いの立ちこめた部屋で誇らしく踊るという歌が残されております。

### 首里城のおせんみこちゃの火ヌ神と絹の糸

火ヌ神でありますから、火にくべたりもしくはお線香にして香りいっぱいに満たした部屋としてのおせんみこちゃがありました。海で偶然取れる鯨のふん、または鯨の涎といわれる竜涎香も大変高価で素晴らしい香りということです。その交易品である乳香などを入手する古代の航海にエリュトゥラー海案内記があり、島々をつなげながらの航海で乳香を手に入れる過程が記されています。昔の航海は現在考えられているよりももっと華やかであったかも知れません。
イギリスの産業革命が起きる前あたりまでの手工業による絹織物の生産の長い歴史は絹の交易や、織物を織る工程に多くのお話が残されています。絹や苧麻など最初は繊維や蚕から糸を取り、一本の長い糸にするために、途中の短い糸を結ぶ「はた結び」があります。その長くなった糸を糸車で巻きながら、織物にするための材料をつくって行きます。その作業の中から糸に思いを託した歌に「糸繰り節」があります。

### 奄美民謡「糸繰り節」

しわじゃ　しわじゃ（心配だ）　糸繰り　しわじゃよー　ヨイスラ
糸の切れれば　結ばれる　縁の切れれば　結ばれぬ　スラヨイ　スラヨイ
糸と人との縁を歌ったものですが、船で旅立つ人の縁も切れないように祈る曲に花風があります。

### 琉球舞踊「花風」

三重城に　ぬぶてぃ　打ち招く扇　又も　めぐりて　結ぶ御縁
訳：思い人が唐旅などに行く時、三重城へのぼり、行く船に扇を打ち招き見送ります。扇の振り方は、招き寄せるようにふります。こちらへ無事に戻ってくるように祈る扇の振り方です。無事に帰ることができて再び御縁が結べますようにと、御見送りをします。
※唐旅とは死での旅をもさします。危険で命がけの旅であったと伝わります。

※4 ※5 参考 文明の遺産

### かまどの神　中国神話

「中国の正月にカマドの神が妻を呼び、従者をつれて家を出て、馬に乗って天国に上がり、天神に家の者に関する行状報告をする。この旅に必要なもの、家の祭壇の前で処分される旅の弁当と旅券から馬に至るまで、一切合財すべて貰う。絵像とも別れを告げその絵像を燃やす。その火煙の中で神の行列は天に昇る。これは神々の見送りである。正月元旦の夜、家の最年長者が燭台をもって先祖または祖霊を家に招く。霊は家の祭壇にとどまり供応を受ける。霊が供えられた飲食物の中に含まれている霊力をもらうとともに、また自らの霊力をそれらに与える。その後で家の最年長者がこの神聖な霊力の充満しているものを試食する。そして祖霊が再び火光によって夜陰に送り返されたあと、家族成員もこの飲食物を共食する。このときにはカマドの神が不在の間に地上に下りて来て家を監視していた天神が天に帰っていく。代わってカマドの神と従者が家に戻ってきて〈家族によって〉おごそかにもてなされる。このカマドの神とともに他の神々も、例えば福の神、富の神も、ふたたび家にもどってくる。（A・スラヴィク著『日本文化の古層』訳者ヨーゼフ・クライナーより）」

琉球でもかまどの神信仰は大変さかんです。ひぬかん（火の神）として台所で祀られ年末には「うがん（御願）ぶとぅち（解き）」が行われ、かまどの神であるひぬかん（火の神）は、旧暦の年末に天に上り一年の出来事を天の神様へご報告するといわれ、お供え物などを捧げます。「ウグヮンブトゥチ　ヒヌカンの昇天」お戻りは旧暦1月4日といわれます。

# 花郎の面影

## 舞踊ちじゅやーと武の舞

### 花郎の面影
男性が女踊りを踊ることになった琉球王朝時代、一般に伝わる話題としまして冊封使の御前に美しき女性を踊り手としてお出しすると「一目惚れ（秋田小町ならぬ琉球小町）的要素に関連し夜のお伽を所望される可能性がなきにしもあらず、ということで、男性が女踊りを踊る様になりました。」と伝わります。

### 舞踊ちじゅやーと武の舞
ところで、琉球王族、士族のなれー（習わし）としての 舞踊ちじゅやー（浜千鳥節）は武の舞が組み込まれております。また男子は化粧をしてこの舞踊を踊らなければならない必須の要素もいにしえには存在しました。舞踊ちじゅやーには、本部御殿手という武のわざが組み込まれていることでもあり、その言い伝えから舞踊ちじゅやーのルーツがつながるのではないかと思われる縁の糸を夢想の中からたぐり寄せてみました。

### 韓国の花郎（ふぁらん）と琉球の舞踊ちじゅやー
遠い昔、韓国新羅に花郎（ふぁらん）という軍団が存在したそうです。原点は女性でありましたが、女同士の確執、諸々の出来事から花郎（ふぁらん）の形態は男性へと変化していきます。これが男性が女装する理でもありそうです。その花郎（ふぁらん）の教えは精神的にも大変立派な志を受け継ぐ要素がありました。これは、韓国に花郎の教えとして残されております。琉球民族も舞踊ちじゅやーの中に託され、伝統的に痕跡が残されておりました。

何故、舞の中に武のわざが組み込まれていたのか、その解明にあたり紐解かれた琉球の歴史、幻になったあの頃の深い縁。それはまるで海底に沈んだムー大陸が浮上してくるように、蘇ってくるのです。

### 舞踊ちじゅやーと本部御殿手
新羅の花郎（ふぁらん）とのつながりにおける、見えないえにしの糸をたぐり寄せることが

可能になりましたのが、舞踊ちじゅやーのリズム、テンポ、歌詞、衣裳、出で立ち、組み込まれた武としての本部御殿手であります。本部御殿手は、琉球国首里王府秘伝のわざでありましたので、近年までは門外不出であり公にはなされておりませんでした。それ故近年まで知る方は少ないようです。

舞踊ちじゅやーは旧王族、士族の男子がお化粧をして、この舞踊を踊らなければならない必須という理自体を、今では知る方も少なくなりました。なぜ男子が化粧をして踊るのか。見目の麗しさ、動きの優雅さも必須であったようです。

新羅の花郎の伝えでは、戦いに出陣する花郎徒が化粧を施しているとき、それは決死の覚悟のあらわれであり、「死に顔」を美しく見せる為でありました。このことは、韓国映画における映画監督が制作した韓国ドラマのなかで表現されておりました。残念なことに、このドラマを制作した韓国の映画監督は大切な歴史を組み込んだ映画を製作しましたけれども、うまく行かず自ら命をたっておしまいになられたそうです（合掌）。この監督の命の吹き込まれた花郎のストーリーから、琉球の消された歴史の糸口を見つけることが出来ました。

いつか墓前に感謝の表意が可能であればと、心の片隅で希望します。故にこの糸口が見つかったことを天に感謝致します。

**琉球音階におけるテンポと舞踊ちじゅやー**

舞踊ちじゅやーのテンポはあきらかに騎馬民族の要素が受け取られます。まるで馬に乗って歩むテンポでありまして、また月を眺め、浜に宿を取ります。テンポも曲想も大変遠い旅をしてきた望郷の念で、野宿をした浜でお月様を眺めやる。草を枕にしながら思う事。それは遠い故郷にいるあの人も、この月（今の月）を眺めているのだろうか。

浜で遊ぶ千鳥が「ちゅいちゅい」と鳴く　ちりなさ（つれなさ）。

眺める月の光の中で、心の中の涙を浜で鳴く千鳥に託した ちじゅやー。

# 長寿の話

### 新羅の花郎道

新羅の花郎には、大変素晴らしい武術が存在し、且つ、美しい。現在韓国の新羅ミレニアムパークにて花郎道はエンターテイメントとして見る事ができます。この卓越した馬術、武術を何度見ても血のつながりを感じ、血湧き肉躍る新羅の花郎をしのぶ琉球の民ではあります。

アリランの曲と舞踊ちじゅやーの曲をよく耳を澄まして比較してみますと、何だか共通点があるようにも思えます。

### 曲想を記号で表現した場合

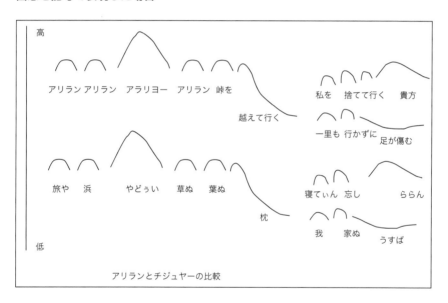

アリランとチジュヤーの比較

### アリラン

アリラン　アリラン　あらりよ　アリラン　峠を　越えてゆく
私を　捨ててゆく　　あなた　一里も　ゆかずに足が痛む

### 舞踊ちじゅやー

旅や浜　やどぅい　くさぬ　葉ぬ枕
あまん　ながみゆら　きゆぬ　ちちや
ちじゅや　やーや　はまうてぃ　ちゅいちゅいな

現代でいうグラフの線が電子的に上がったり、下がったりする感覚で曲を図形化した場合の類似点が感じられます。曲想としては、どちらも馬に乗り遠くから来て、また遠くへ行ってしまう切ない思いが織りこまれていると考えます。この舞踊ちじゅやーとアリランのメロディーが遥かな遠い時に共通した意志を持つ部族であったのではないかと夢想します。舞踊ちじゅやーは、果てしなく広がる花郎とアラン族をつなげてくれます。

### 舞踊ちじゅやーとアラン族
那覇に伝わる名前に「いらは（伊良波）」があります。その名は昔「あらんふぁ」とも発音されたそうで、「あらんふぁ」が「いらは」に変遷したようなお話もあります。宮古島には「あらん浜」と呼ばれる地名もあります。今帰仁出土のアラン族の痕跡、これは世界に類を見ない話題であり、近年ではローマの金貨も出土しました。

### 世界を席巻したアラン族
アラン族研究論文を発表された名桜大学 上間篤教授は、スペイン語の文献からアラン族の研究をなされ、驚くべき琉球の歴史を発掘発表なされております。アラン族のひき臼、十字紋、その他、いにしえの騎馬民族であるアラン族は、色目軍団（しきもく）と呼ばれ、碧眼、色白で、女性にもてそうな素敵な軍団であったようなイメージです。アラン族を研究しておられる上間篤教授自体、フランスのアラン・ドロンの面影が宿ります。アラン族の痕跡を発見する事態が上間篤教授のDNAにもそのような、アラン族の情報をキャッチする潜在的な要素があるのかも知れません。夢は果てしなく丸い地球を駆け巡ります。大好きな馬に乗ったアラン族。夢で荒野を駆け巡る松尾芭蕉。アラン族は騎馬でユーラシア、アジア、ヨーロッパまでもを席巻したのでした。

### アラン族とじゅり馬
アラン族の痕跡はスペインでクラージュというお祭りに残されております。世界を駆け巡ったアラン族は、琉球において今帰仁出土の痕跡と共に、那覇市辻のじゅり馬祭りとして、スペインのクラージュと同じ要素を残しております。辻のじゅり馬祭りは旧暦廿日正月に行われます。

### じゅりの馬舞い
京のくたるー（小太郎）が　ちくたん（つくった）ばい

# 長寿の話

ゆい（結い）　ゆい（結い）　ゆい（結い）

じゅり馬祭りの舞は速いテンポで踊ります。この歌詞で歌われる京が、必ずしも日本の京都とは限らないとも考えられます。中国大陸にも北京、南京、東京（トンキン）開封府があります。京とは、そのいろいろな意義深い所に存在するのかも知れません。くたるー（小太郎）の言語も広範囲に考察しますと、タルーの名はアジアの他の国にもあるかも知れません。沖縄ではタラーとも発音されますが、ラーはウフラーとして太陽のことでもあります。京太郎をチョンダラーと琉球では発音します。ここで、スペインのクラージュとしての馬舞いと、琉球のじゅり馬としての馬舞いがつながります。

## 舞踊ちじゅやーの衣裳

舞踊ちじゅやーでは衣裳にも理が存在します。舞踊ちじゅやーの衣裳にある四角い柄をトーニーといいます。なぜトーニーなのか？謂れは豚の餌箱ということになっています。なぜ豚の餌箱を衣裳にすりこんで「ちじゅやー」を踊るのでしょうか。頭には紫のはちまきを長くたらします。文献を持たずとも衣裳と曲想と歌詞、動きとメロディ、テンポで物語る「ちじゅやー」のストーリーを、まるで「解って下さい」と蛇味線は叫んでいるように聞こえます。それはスペインを追われたマラーノ、迫害されキリスト教に改宗させられたユダヤ教徒そのものにも思えます。

## 紫のはちまきが意味するもの

琉球民族はいにしえに紫の長い布を、いろいろなところへ用いました。それは遠い時代のフェニキアの名残でもあるやも知れません。現代において、作家が賞を頂く喜びのひとつに、芥川賞があります。その芥川氏が書いた小説に『さまよえる猶太人』があります。芥川氏が生きた時代までは、むらさきの色を身にまとった、なんとなく哀愁漂うユダヤ人、そのような人が居たらしい。その『さまよえる猶太人』の目印であるむらさきの布を、いたる処に眼につくように身につけた琉球舞踊の衣裳は「これに気がついて下さい」と言わんばかりです。むらさきの布を長く垂らしてトーニーという豚の餌箱を布地にそめた衣裳を着て、はるかな旅をしてきたアラン族とも符合する民は、ユダヤ民族の要素をもかもしながら、琉球民族として現代も「ちじゅやー」が踊られます。

コラム
道教とヘブライ　騎馬民族
犠牲を用いて祭祀をおこなう騎馬民族。天を崇め漂泊する民族（騎馬民族・海洋民族）

は、土着の農耕民族より、「星」・「月」・「太陽」（三神）を特別な存在（神）として崇めていました。道教は、騎馬民族系で天文台を建設し北極星と交信します。

道教 「真人」「朝臣」「宿禰」（スクネ：アラム語で勇敢な者の意味）「忌寸」「導師」「臣」「連」「稲置」と格付けされ、その「真人」「導師」とは、道教に大いに関係します。

「神」は、中国古代（紀元前1世紀）の天文学で天体観測の基準となる北極星（太一）を神格化したもの。北極星の紫宮に仕えるのが「真人」。紫色は高貴な色。

※1 参考 ウェブサイト「騎馬民族征服王朝説」

## 長寿の話

琉球に語系が繋つてゐるとされやう、そこで彼れ脱解は、次の如く誇言してゐる、三國遺事に其の言を記して曰ふ。

本と龍城國の人。亦正明國と云ふ。或は琉夏國と云ひ。琉夏を或は花厦國に作る。龍城は倭國東北一千里に在り。我國嘗て二十八龍王あり。

龍城國は即琉球であつて、龍と琉との國音同一なるのみならず、もし萬葉式に音訓兼ね用ゐたる者ならば、龍城・琉球是れ同語である、支那の書によるに臺灣と琉球とは曾て名の聞えなかつたもので、其の初めて聞えたるは隋末唐初の時であるが其の時の流求は今の臺灣の事であつた、爾來歷代さうであつて元の時にも流求と稱するは猶臺灣の事であつた、明初に及むで大琉球小琉球の稱呼を疆域圖に載せたるが、其の小琉球は即亦臺灣のことで更に其の奥に大琉球ありと思惟されたのであつた、清になつて始めて臺灣の名が生れたのであれば、本章の稱する灘波及び脱解のいふ多婆那は支那の史籍を離れたる特異の稱なるを珍とせねばならぬ。それはそれとして脱解の稱する龍城國には亦二樣の意味が見られる、一は即琉球にして、一は彼の上古的祖國なる今の支那安徽省である、彼の稱する龍城國の別名琉夏國の夏は、すなはち中夏にして支那を意義する、琉は字書の上に見當らない、皖の誤寫であらう。皖は集韻に地名在√舒とあつて、地理通釋に舒州は春秋の時の

脱解は本と多婆那國の所生なり。其國は倭國の東北一千里に在り。

右不可解の謎なる多婆那を、學者或は丹波と解き、或は但馬と解き、又は肥後の玉名といひ、或は蝦夷といひ、諸説未だ歸一する所なしであるもし單に廣汎の範圍に渉れる古代史蹟を、狭隘版圖の內に收めんとならば、それでもよからうもし能く本頌叙の如く古代を大觀するならば、多婆那は臺灣を籠めたる琉球であらねばならぬ、倭は我が日本に限ったことでなく、遠く廣東海にもあつた事は前卷に詳述し置いた。

彼れ脱解が自己の生國を倭の東北一千里といへるは、倭に二樣の意味を含めあるらしい、一は己の祖先に舊緣ある委。一は現在目覩する倭である。そして倭の東北といへるは委の東北で、委は越地方の古名である、それより東北一千里といへるは、要するに遠矣といふことで、數を以て議すべからさるものであらう、方角も似寄の方面をいへるにて、磁針的のものではない、乃ち越地方より

## 長寿の話

皖國にして漢に皖縣となすとある。其の地は今安徽省に屬し、盧州及び安慶府に涉つて存す、即ち古の皖國はそこに存在したのであつた。そして舒州の舒は謂はゆる孟舒の故國で桮盟舒のソに契合してゐるのも妙である。又花厦といへるも、花は華。厦は夏。やはり支那の稱呼であり、皖夏・花厦の通音なるに見ても、一つことを謂ふて居るのは明かである。我國嘗て二十八龍王ありは、託言を佛典から取つたのである、しかし彼の種族が島嶼に分散したる數はそれほどあつたかも知れぬ、要するに彼の齎らせし古恃は、其の源を支那の南原に有し、海島に漂泊したる白白ならざるはない。

第三卷　第十五章　第二節　熊襲族の新羅侵入

『契丹日本史』（日本シェル出版）より抜粋

三六七

# ウンジャミ

## 潮の流れは韓国、エチオピア、インドを廻りきて

**ウンジャミのメロディとエチオピアのメロディ**
琉球は、周りを海に囲まれており、島には「海あっちゃー」と「ウンジャミ」があります。「海あっちゃー」は、具志堅用高さんが「ボクシング選手にならなかったら何になっていたでしょうか」との質問に「その時は海を歩いていた」と答えたそうです。ただ海を歩くのではなく、海で仕事をする人のことを「海あっちゃー」と呼びます。海の仕事も沢山琉球にはありますが、それに付随して海のお祭りであるウンジャミがあります。ウンジャミは海神祭です。
ウンジャミは琉球における大宜味村塩屋や伊平屋などで行われる五穀豊穣の祈願でもあります。そこでは神人が舟を漕ぐ儀式などが行われます。「だんじゅ嘉利吉の歌」は神送り航海安全のために歌われます。ウスデーク(小太鼓・チジン)をたたき歌いながらの円陣での舞などは古くからの祭りです。そのメロディはなぜかエチオピアの教会の中で行われたとされる、イエスが朝まで太鼓をたたいて歌っていたと伝わるエチオピアの曲想に大変似ているものもありました。エチオピアの歴史を調べるにあたり資金的にロックフェラー氏は支援したとつたわります。

**琉球民族音楽「だんじゅ嘉利吉節」**
だんじゅ　かりゆしや　選でぃ　さしみせる
船ぬ　綱　取りば　風や　まとぅむ　サーサ　嘉利吉
走りよ　船よ　ゆう走いせ　ササ　ゆう走いせ　タンチャ　ゆう走いせ

大交易時代、船出に言霊としての祈りの言葉をのせた歌です。良き日をえらんで、船の綱をとれば風は順風にて、嘉利吉です。「はりよー、良く走る。そうだよく走る船だね。」そのような雰囲気で楽しい気分で目出たさを歌います。

**ウンジャミの音色とエチオピアのイエス**
ある時、BS番組にて「エチオピアのイエスの祈り」の再現が放映されました。残念ながら放映された番組のタイトル名は記憶になく、鮮明に覚えているのは

## 長寿の話

そのメロディと映像の一部です。それが何と塩屋のウンジャミでウスデークを打ちながら、円陣になって歌うメロディとよく似ていたのには驚きました。それは潜在意識というものに限りなく共鳴する長い年月を経た記憶のようでもあります。その番組においては、金曜日の晩から朝まで夜通し、イエスは太鼓をたたきながら歌っていたと、エチオピアに伝承されていたこのお話が、琉球の地でウンジャミの中に歌われるメロディとの類似として、不思議な記憶は今も鮮明であり消えることはありません。その番組の映像の一齣として、また、その番組を見る十数年前に何故かレコードのジャケットを見て描いた絵がありました。その絵は、TVで放映されたエチオピアでのイエスの朝までの祈りの情景とよく似ています。不思議なことに皆がその絵を見ると、イエスと言ったりするのです。実際にはリック・ジェームスがソロモンとシバの女王のイメージに扮してレコードジャケットに登場したものです。今もそのレコードジャケットと絵画（油彩）は手じかにあるのですが、この不思議は何年も記憶の底であたためられておりました。

ある時『死海文書の謎』ロバート・フェザー著の中に、ファラシャの話がありました。聖書で語られる創世記の出エジプトの出来事それ以前に、エチオピアへ行ったユダヤ人がいたことが記載されておりました。それから何時もその出来事、『死海文書の謎』に描かれたファラシャも忘れることは出来ない話題でありました。それは八重山島での祭祀の写真が、とてもファラシャ的、エチオピア的であったことでもあります。

リック・ジェームスがソロモンとシバの女王のイメージに扮した絵画

八重山の祭祀　エチオピア的な人[※1]

御身に祝福あれ！
御身は空にのぼり、暁に天の地平線に輝き、
平和のうちに現れる平和の主。
すべての人間は御身によって生き、
国土は御身によってひとつにまとまる。
そして彼らは、御身の姿に手を振る。
そして太陽が天の屋根に昇るとき
彼らは祝福するだろう。
彼らは言うだろう。（イスラエル）の神に栄光あれ、と。
今日、神は第四の（光の扉）に再生し、
われわれのために規則（……）（……）
悲哀（……）（太陽の）熱、
太陽が神の力強い手の（力で……）を渡るとき汝に平和あれ。

クムラン第四洞窟で発見された、エッセネ派の日々の祈禱
エジプトはエル＝アマルナの、パネヘスイの墓で発見された長文の祈禱「死海文書」より

## 長寿の話

八重山の祭り<sup>※2</sup>

### エチオピア系ユダヤ人

「『見知らぬ人』集団が抱く謎

エチオピア系ユダヤ人とはどういう人々なのであろうか。現地ではファラシャと呼ばれているが、エチオピアの公用語アムハラ語で『見知らぬ人』という意味である。ゴンダール州に彼等の集落が点在する。村には六角形のユダヤ教会が建っており、聖職者は古典エチオピア語のゲーズ語による旧約聖書を使っている。ゴンダール州でひっそりとユダヤ教を守るこの人々はモーゼがエジプトから脱出したとき、それに従わなかったユダヤ人の子孫であるとか、エチオピア王メネリック一世はソロモンとシバの女王の子という伝説がある。」（『倭人と失われた十支族』鹿島昇著）要は出エジプト以前の出来事がエチオピアの伝承に託されていたのでしょう。鹿島昇氏の同書には開封のユダヤ人のことなども記されております。沖縄には開南という地名がありますが、それは「開封」の南、または南の方にもある「開封」のようにも考えられます。

※1 ※2 親泊康哲写真集『続アシャゲの遊び』より

# 粗食と長寿

## アッチラとダニエル書

**アッチラと閼智**
『三国遺事』に登場する閼智は、ローマの歴史に登場するアッチラとよく符合します。アッチラに関する何点かの書では、巨人であった要素も記載されたものがありました。異常に大きな頭蓋骨が戦場跡に残されていたこと。アッチラの伝記からは彼の食事は粗食であったことなどが解ります。このあたり琉球王国であったころの琉球国王の食事と共通しております。ダニエル書にも食事に関する内容があります。厳密にダニエル書に基づくものではありませんが、長寿の為には粗食の必要性があると、最近の話題である「新しい沖縄歴史教科書を造る会」石原昌光（ただの歴史好きです。）さんは述べております。

コラム
**琉球国王の食事**
琉球国王は長生きしてもらわなければいけませんので、食事に大変まわりのものが気をつかいました。
①ご飯
②味噌汁（具はよもぎかシソか若葉・鰹出汁か醬油出汁）
③ウマカイと呼ばれる、島野菜とかき豆腐、それに魚か肉団子を加え三つ葉を添えたオカズ
④チャンプルー炒め（具は季節による）
⑤漬物はウカタという、大根を黒糖と泡盛で漬けたもの。
並べると、一飯　一汁、二菜、漬け物という質素なものでした。

どうして、食事が質素なのかは、王に暴飲暴食で早死にしてもらっては困るからです。王が変わると、中国から冊封使を呼び、莫大なお金を使って、接待をしないといけなくなりました。

国王の食事は食べ残しが無いか王妃にチェックされ、その後の献立をその都度考えるという念入りなものでした。

※1 新しい沖縄歴史教科書を造る会　ブログより　沖縄歴史家・石原昌光
http://okireki.muragon.com/entry/37.html

# 長寿の話

### 野菜と健康食品
モロヘイヤ（野菜）は「王様の食べる野菜」エジプト原産の健康野菜
モレク／ヘブライ語では מלך (mlk)。元来は「王」の意
メレフ／ヘブライ語では מלך 王様（BABEL ～世界の言葉より）
他にネバネバ成分が良いのではとの研究がなされております。ハイビスカスのネバネバ、オクラ、雲南百薬など。

### 世界最古の物語の「M・L・K」
沖縄の弥勒神はミルクと発音します。そしてミルク神の後には額に王と印した獅子がつき従います。

### 粘土版に書かれた楔形文字の解明
「一九一六年にチェコの学者、ベドジフ・フロスニーが、粘土版に書かれた、ハッティ人の文字、言語を解明した。エルサレムにいたエドゥアール・ドルムとハレルのハンス・パウエルによってカナン語が解読された。それにより「M・L・K」は「王」「M・L・K・M」は「王達」を表わすものに相違ないと考えた。」（『世界最古の物語』H・ガスター著）　琉球におけるミルクはその語源を現在も継承しているのではないかと考えます。ミルク神に付き従う獅子頭には漢字で「王」と印され、琉球民謡「赤田首里殿地」でうたわれるシーヤープは、シャーとしてペルシャ語の王のことでもあります。

ルツ記第1章　1:3ナオミの夫エリメレクは死んで、ナオミとふたりの男の子が残された。1:20ナオミは彼らに言った、「わたしをナオミ（楽しみ）と呼ばずに、マラ（苦しみ）と呼んでください。なぜなら全能者がわたしをひどく苦しめられたからです。
（口語訳旧約聖書）

### ソーキ骨：琉球の諺、男はソーキ骨が一本足りない
解説：ソーキとは、籠の意味。胸に籠のように内臓を守っている肋骨（あばら骨）。その骨が女より一本足りない。その骨はどこへ行ったか。それは男の股間へ行った。と、これは沖縄の性教育のお話です。
また、鬼餅伝説では、人を食べる鬼を退治するため、妹が鬼である兄を崖の前に座らせ、餅を食べる。膝をたてて鬼へ女性の陰部を見せる。そこは血がしたたっていた。鬼の兄へ「ここは人を食べる口」と妹は説明する。それを見た鬼は驚いて崖から落ちて退治されてしまいます。
ソーキ骨と鬼餅は男と女のお話で、セットになった性教育のお話です。親が年

頃になった娘や息子たちに、神妙に話して教え諭します。
※豚肉やソーキ骨の料理は、昨今大ブレイクしていますが、豚肉などの料理としては肉塊を大鍋で長く茹で且つ一晩置いて油分を充分に取り除く手間暇が健康の要素になります。

創世記第2章　2:18また主なる神は言われた、「人がひとりでいるのは良くない。彼のために、ふさわしい助け手を造ろう」。　2:21そこで主なる神は人を深く眠らせ、眠った時に、そのあばら骨の一つを取って、その所を肉でふさがれた。　2:22主なる神は人から取ったあばら骨でひとりの女を造り、人のところへ連れてこられた。（口語訳旧約聖書）

## アッチラの食事

『三国遺事』に登場する閼智は、なぜかアッチラに相当するのではないかと考えます。そのアッチラは、AD400年代ヨーロッパにおいて「神の鞭」と形容されたフン（匈奴）族の王でありました。ヨーロッパの歴史に登場するアッチラは、その歴史において、食事の内容が質素であったといわれます。またフン族の頭蓋骨ははるかに大きかったと述べられています。

## ダニエルの食事

ダニエル書第1章　1:5そして王は王の食べる食物と、王の飲む酒の中から、日々の分を彼らに与えて、三年のあいだ彼らを養い育て、その後、彼らをして王の前に、はべらせようとした。　1:6彼らのうちに、ユダの部族のダニエル、ハナニヤ、ミシャエル、アザリヤがあった。　1:12「どうぞ、しもべらを十日の間ためしてください。わたしたちにただ野菜を与えて食べさせ、水を飲ませ、1:13そしてわたしたちの顔色と、王の食物を食べる若者の顔色とをくらべて見て、あなたの見るところにしたがって、しもべらを扱ってください」。　1:14家令はこの事について彼らの言うところを聞きいれ、十日の間、彼らをためした。　1:15十日の終りになってみると、彼らの顔色は王の食物を食べたすべての若者よりも美しく、また肉も肥え太っていた。（口語訳旧約聖書）

コラム
『フン族・アッチラ大王新伝』H・シュライバー著より
「最高に名誉ある場所は、アッチラの右側に連なる座席であるとされ、次がアッチラの左側になる座席であった」飲酒を強制する儀式は、ピョートル大帝時代のロシア皇帝の宴会を想像させる。返盃はしない、大酒を飲まない、乾杯の辞には答えない、その他もろもろの飲酒の風習、あるいは飲酒家の風習は、フン族をはじめ、すべてのロシア皇帝、あるいはプロイセンの兵隊と共通していた。客は誰でも位階の順序にとらわれることなく、好きなだけ卓上の食品に手を伸ばすことができた。
アッチラはきわめて質素であり、簡単な料理で満足していた。そればかりか彼の食卓は他に比べて、あらゆる点で華麗さとは無縁であった。「我々のハンガリアの風俗、習慣は、アッチラが我々の王であった時のありさまにまったくよく似ている。」

## 長寿の話

—戦死したフン族の遺骨に対して—
これら遺骨で驚いたことは、フン族において、一般に考えられたより、彼等の骸骨がはるかにおおきかったことである。

### 二本の高い楡の樹が今世紀当初まであった場所
「そこは、1500年以上前にアッチラ王ひきいるフン族が、ローマの戦いで犠牲になったフン族の戦死者が多く眠るピティエ山、後にピエモン山と名が変わったヨーロッパ、カララウニアの古戦場の地。アッチラがフン族を引き連れて東方へ去った時に残された重症を負ったフン族二、三千人がその地へ残った。彼等は農民となった。その場所フランスの只中では遊牧民として生活することも出来ない以上、家屋を建てることにした。その村落はフランス全土でももっとも奇妙な場所であり、美しいレピーヌの教会とヴェルス川沿いのサン・ジュリアンの間、ほとんど八キロに渡って続いている。考古学者アルパンは、この土地に居住したのは八千人のフン族であったろうと推測した。今日では長々と続く家並みに、二千人以上の住民が暮らしている。この奇妙な村落はクルティスと発音する。フランス人が理解できないような、フン族の方言を語ると誓言している。
二本の高い楡の樹があった場所、そこを試掘程度の作業でも、いうなればすべてがそのまま発見された。フン族の戦死者が圧倒的に多くほとんど二十五歳を上回っていなかったとし、彼等の多くは土器の小さな食器を腰帯に結びつけていて、また多くの者は右腿の骨と平行に長いナイフを横たえていた。ナポレオン三世とウージュニー皇后が、いわばこのリボン状の地帯に関心を寄せなかったならば、この地方の考古学的探求もこのように熱心には行われなかったであろう。[※2]」

### 緑の柳の樹の下で（ロシアの歌）
「緑の柳の樹の下で、手負いの戦士は横たわる　青葉の下　手負いの戦士は横たわる　舞い来る鳥は鴉　茂みの上　鳴き始め　戦士の上空を廻る　漆黒の鴉　餌の匂いを嗅ぎ付けた　鳴くな　黒い鴉よ　俺の頭の上で　漆黒の鴉　この戦士はまだ　息絶えてはおらぬぞ　使いに飛んでくれぬか　黒い鴉よ　父母の故郷へ　そして渡してくれ　この血に染まったプラトークを　わが若妻のもとへ　そして伝えろ　黒い鴉よ　俺は　別のおなごと　添うたと言え　その者と会うたは　河のかなたの広い草原だったと　婚儀はしめやかに　行われたと　生い茂る柳の下で　静かに　しめやかに　生い茂る柳の下　媒酌をつとめたは　鋭きサーベル　ダマスク達の銃剣が　介添えであったと　鋭きサーベルと　ダマ

スク造りの銃剣が　介添えであったと　弾丸が疾風のごとく　我らを結び合わ
した　母なる大地の御名において　疾き弾丸と」※3
ロシア音楽「柳の下に」は19世紀コーカサス戦争の頃に作られたコサック民謡「黒い鴉」
のバリエーションが元になっている歌。(プラトーク※4はロシアのスカーフ)
ハンガリーもフン族とつながります。

ロシアの馬舞い（参考 ロシアはモンゴル帝国の継承者より）

## アッチラを尋ねて

朝鮮の歴史書『三国遺事』に閼智が出て来ます。「金閼智（アルチ、またはアッ
チ）はAD60年、雲の中に黄金の櫃が木に掛けられており、その中から光が発
し、また白い鶏が木の下で鳴いていたので、このことを王に申し上げた。王が
その林にお出ましになり櫃をあけると、中にひとりの男の子が横になっていた
が、すっと起き上がった。あたかも赫居世の故事にそっくりであった。」と『三
国遺事』に記載された金閼智は、アッチラ王と閼智として、なぜかリンクする
のです。年代的には閼智はAD60年、アッチラ王はAD400年代ですが英雄譚で
は過去の名を受け継ぐことも多くあると考えます。琉球にある攀安知（ハン・
アンチ 生年不詳〜1416年）にも音の響きの雰囲気は似ておりますが、何といっ
ても、ローマの歴史に登場するアッチラ王は、閼智かもしれないという、ファ
ーストインスピレーションからの空想と模索を試みます。さまざまな情報か
ら、ブルガリア汗による確認されていない試みはアッチラとカール大帝を結び

### 長寿の話

つけるもの。とここまでは巷の囁きも同調していただいて、なぜかカール大帝とギリシャ正教、アヤソフィア聖堂、ビザンチン様式を代表するキリスト教の大聖堂建築と辿っていくことになります。アッチラの登場した後、ローマ教皇としてビザンツ帝国と一体であるギリシャ正教会（東方教会、コンスタンティノープル教会）に時は流れます。

※金 閼智（きん あっち 65年〜？）『三国史記』新羅本紀巻一　新羅の金氏王統の始祖とされる人物。第四代王脱解尼師今のときに神話的出生とともに見出された。朝鮮古代の新羅始祖王名。別名は赫居世居西干、赫居世王、閼智（あつち）

レオ1世とアッティラの会見（ラファエロの絵画）の説明ではより詳しく当時の様子が語られております。
レオ1世はアッティラと会見し平和裏にローマから去るならば後継者の独りが「聖なる王冠」を受け取るであろうと約束します。西暦800年フランク国王カールはレオ3世から、サン・ピエトロ大聖堂で、西ローマ皇帝の冠をさずけられました。これは東ローマ（ビザンツ）と一体であるギリシャ正教と対抗するための必要なことといわれます。※6

ヴェルディ作曲《アッティラ》ルッジェーロ・ライモンディのアッティラ［Attila］
ローマの武将エツィオは、アッティラの世界制覇を認める代わりに自分にイタリアを残してくれと頼む。※7

※2『アッチラ王とフン族の秘密』ヘルマン・シュライバー著　※3 ロシア音楽「柳の下に」
※4 遊牧民としてのルーツを祝うハンガリーの祭り　※5 ウィキペディア
※6 ウェブサイト「世界史の窓」　※7 参考 ウェブサイト（keyakiのメモ、メモ...）

# ビザンツ帝国

## ビザンツ帝国と一体であるギリシャ正教会

**アヤソフィアあるいはハギア・ソフィア聖堂　ソロモンよ、我は汝に勝てり！**
ビザンツ様式を代表するキリスト教の大聖堂建築。イスタンブールにあり現在はイスラーム教モスクとされています。コンスタンティノープルは、330年にローマ皇帝コンスタンティヌス1世が、古代ギリシャの植民都市ビュザンティオンの地に建設した都市。1453年4月、コンスタンティノープルは陥落し、東ローマ

帝国は滅亡しました。その後ハギア・ソフィア大聖堂などはモスクへ改修されました。イスラーム教モスクとされた時にミナレットがくわえられました。
「ニカの乱」 532年に東ローマ帝国の首都コンスタンティノープルで起きた、皇帝ユスティニアヌス1世に対する首都市民による反乱。[※1]
反乱にうろたえて港に船を用意して逃亡しようとするユスティニアヌスを制してテオドラは、「私は『帝衣は最高の死装束である』という古の言葉が正しいと思います。」テオドラに勇気づけられたユスティニアヌスは、将軍ベリサリウスに命じて反乱を武力鎮圧させた。聖ソフィア教会はこのニカの乱で焼失したが、ユスティニアヌスは反乱終結39日後にその復旧に着手した。（皇妃になった踊り子──ビザンツ皇妃テオドラ── 高山博 地中海学会月報324、2009年11月）「神の栄光と己の栄華を永久に伝えるため、もとの教会よりはるかに壮大な規模とした。5年半の歳月をかけて537年12月に完成した時、ユスティニアヌスは『我にかかる事業をなさせ給うた神に栄光あれ。ソロモンよ、我は汝に勝てり！』と叫んだという。[※2]」

コラム
魅惑のイスタンブール 「東西の十字路」と呼ばれるイスタンブールはトルコ共和国西部に位置し、アジアとヨーロッパの二大陸にまたがるトルコ最大の都市。
ビザンチン帝国 1000年もの長きにわたりヨーロッパ世界の中心的役割を演じてきたビザンチン帝国（395〜1453）は、東西に2分されたローマ帝国の東半分の帝国で、東ローマ帝国ともいい、中世のヨーロッパ東部に発展した。
ビザンチン帝国が建てたアヤソフィヤはギリシャ正教総本山だった。1985年ユネスコの世界文化遺産「イスタンブール歴史地区」は博物館として、ビザンチン美術の至宝として一般公開されます。（参考：向田邦子原作「阿修羅のごとく」のテーマ曲 アリ・リザ・ベイ作曲オスマントルコの軍楽「ジェッディン・デデン」）
ビザンツ帝国は11世紀ごろから次第に国土が縮小され、移住してきた遊牧民族のトルコ人に国を奪われ、1453年にオスマン帝国のメフメト2世によって滅ぼされました。[※3]

「オクシリンコスの賛歌」旋律より思うもの
## アラン族のギリシャ正教
アラン族のギリシャ正教での十字架は縦横同寸で、アラン族を深く追求すると、その十字架は馬の餌である四葉のクローバーを表しているそうです。
さらにアラン族は騎馬民族でした。琉球は昔、馬が沢山いました。馬の歴史も膨大にあります。その前後に宗教的音楽としての「オクシリンコスの賛歌」に似た音階が残されており、そのあたりから宗教や歴史をたどって行くのは楽しみでもあります。音楽はピタゴラスの定理によるといろいろ謎がとける仕掛けがありそうです。

### 長寿の話

那覇の馬

### 六段とクレド（ミサ曲）

日曜日のTV番組「題名のない音楽会」で、邦楽の六段とクレド（ミサ曲）は、カトリック教会のミサに伴う声楽曲の音律が同じだと聞いて飛び起きたことがあります。これは隠れキリシタンが琴曲六段の中に組み込んだものだと解りました。隠れキリシタンの話題にもさまざまに要素が存在すると思われます。

琉球王朝時代に薩摩はいろいろと関わりはあるのですが、薩摩は侵略した割には琉球王朝をつぶさず上手に取引をします。そのなかの芸能関係に、薩摩や九州から入った曲も琉球に残されています。日本の生田流や山田流にはない曲が日本語の曲として、数曲の残されていますが、この辺は古田武彦の「失われた九州王朝」説に相照らすと、より歴史の解明に期待がもてます。

### 琉球箏曲「瀧落菅撹」

いわゆる段のもの。曲だけの演奏で一段から五段、六段、七段があります。

### 琉球古典音楽「船頭節」

殿が館に　うずらが　ふける　なんと　ふけるか　立寄　聞けば

御代は　ながかれ　世もよかろ　しょがお
船頭節は御殿様の「御代はながかれ　世もよかろ　しょがお」と言祝ぐ歌として演奏されます。ここに歌われる殿は薩摩の御殿様のように思えます。

### 御座楽(うざがく)・太平歌・王府おもろ
冊封の儀式のときの御座楽などの音楽は跡形もなく消滅させられましたが、記憶や伝承、中国その他の資料をもとに近年復元されました。これは山内盛彬氏や他の方々の努力の賜物です。現在琉球の芸能は世界遺産に登録されました。

### 迷宮のラビリンス
琉球の古典音楽や今帰仁城跡出土物の解析などを符合して長いスパンでみたとき、旧約聖書に謎ときのヒントを見つけたりします。そしてそれは驚きです。聖書は西洋のもので東洋の小さな琉球に何のかかわりがあるのか？と不思議ではあります。ひたすら西洋文化を崇拝し古い自らの大切なものを見失ってしまうもったいなさ。これを琉球民族音楽や芸能は気付かせてくれるかも知れません。客観的に見た時思うことは、殷の時代の象形文字がヘブライ文字とリンクしているとか、調べると果てしない幻想の世界、迷宮のラビリンスです。古典音楽の大家である山内盛彬氏が世界をまわって気付いたことは、琉球の聞得大君のお新下りの時の儀式の音階が、ユダヤ教シナゴークでのラビとのやりとりの時のメロディなどと大変似ていたと述べられます。いつかユダヤ教シナゴークの音階を聞く機会があればとも思います。首里城祭でイベントとしての冊封の儀式では琉球古典音楽が演奏されます。それに歌詞をつけて歌う時のツォン（作田節における囃子言葉）はヘブライ語の発音と同じでした。

### アラン族とアッチラ
『フン族・アッチラ大王新伝』の書籍ではローマでの戦いの様子や「アラン族の王サンギバヌスがアッチラに降伏し、当時自分が滞在していたガリアの都市アウレリアーナ（オルレアン）の明け渡しを約束した。」と記されています。

### アラン族と花郎(ファラン)
今帰仁城跡から様々な出土物が出まして、名桜大学教授上間篤氏によって、それを分析、研究、解明がなされて来ました。色目軍団アラン族としての上間篤教授の論文が存在します。最近はローマの金貨なども今帰仁城跡より出土しました。歴史をたぐり寄せますと、『三国遺事』に出て来る閼智が、アッチラと

## 長寿の話

リンクするかもしれない状況でもありますが、アラン族もまた花郎(ファラン)のようで、花郎(ファラン)は新羅の歴史に登場します。薩摩においては「薩摩のいろは歌」の内容をも伴い、花郎(ファラン)のルーツであろうと思われるお話もあります。[※4]

### 薩摩のいろは歌と琉球のいろは歌

「この『いろは歌』は、薩摩藩にとっては末代までの『聖典』であった。幕末の志士、西郷隆盛や大久保利通も鹿児島城下の下加治屋町郷中において、共に『いろは歌』を学んだのである。

### 薩摩のいろは歌

【い】いにしえの、みちを聞ても、唱ても 我おこなひに、せすはかひなし
解釈:基本的考え方である。目学問、耳学問では役に立たない。躬行実践が大切である。」(『論語』)(1) 薩摩の花郎(ファラン) 西中研二氏論文より)

### 琉球のいろは歌

【い】意見(いちん) ゆしぐとぅ(寄せ事)や 身の上の宝 耳ぬ根ゆ開(あ)きてぃ 肝(ちむ)に止(と)みり(名護親方(えーかた) 唐名・程順則(ていじゅんそく))

### 六諭衍義

名護親方(えーかた)(唐名・程順則(ていじゅんそく))の六諭衍義は日本へ伝わり記念公園が六義園として残ります。
「琉球人程順則(ていじゅんそく)が中国福州より琉球へ持ち帰り、薩摩藩より徳川吉宗に献上される。『六諭衍義大意』(和訳)は後に寺子屋の教科書として普及した。」[※5]

### 六義園

「六義園は東京都文京区本駒込六丁目にある都立庭園。徳川五代将軍・徳川綱吉の側用人・柳沢吉保が、自らの下屋敷として造営した大名庭園。「六義」の原典は『詩経』にある漢詩の分類法。三つの体裁「風」「雅」「頌」、三つの表現「賦」「比」「興」からなる。六諭衍義の用語解説:中国、明末・清初の人范鋐(はんこう)が平易な口語で「六諭」を解説した書。」[※6]

### 現代版六諭衍義大意

孝順父母(ふぼにこうじゅんなれ・父母に孝行しいいつけを守りなさい。)
尊敬長上(ちょうじょうをそんけいせよ・年上の人を尊敬しなさい。)

和睦郷里（きょうりをわぼくせよ・郷里と和睦しなさい。）
教訓子孫（していをきょうくんせよ・子弟を教え導きなさい。）
各安生理（おのおのせいりにやすんぜよ・自分の運命に従いなさい。）
毋作非為（ひいをなすなかれ・悪いことをしてはいけない。※7）

### 琉球の偉人・程順則の言葉
ほめられも好かぬ　そしられも好かぬ　浮世なだやすく　渡りぼしやぬ
訳：ほめられるのも好かぬ、そしられるのも好かぬ。この世を穏やかに渡っていきたいものだ。と名護親方程順則は、琉球に人の道を諭しながら深慮な言葉を残しました。

### 琉球の偉人・蔡温の言葉
ほまれそしられや　世の中の習ひ　沙汰ん　ねん者ぬ　何役立ちゆが
訳：ほめられたり、そしられたりは、世の中の常である。世間の評判にもならない者が何の役に立つであろうか、と偉人蔡温は、琉球の窮状を救うべく偉大な功績を残しました。

### 琉球いろは歌の ちむぐくる（肝心）
琉球民謡「てぃんさぐ　ぬ　花」（抜粋）
てぃんさぐ　ぬ　花　や　ちみさち（爪先）に　すみてぃ（染めて）
うや（親）　ぬ　ゆしぐとぅ（教え）や　ちむ（肝）に　すみり（染めよ）
訳：ホウセンカの花は爪に染めて、親の教えは　ちむ（肝・こころ）に留めよ

### 古代ローマを護衛していたアラン族
今帰仁にて研究されております、アラン族は、花郎（ふぁらん）として、また薩摩の「いろは歌」として研究されております花郎とも相通ずるものがあります。アラン族はフン族に戦いでやぶれフン族に恭順します。フン族（匈奴）とも書かれるモンゴル騎馬民族は元朝を建て、アラン族は元朝に仕える形になります。元朝は明の朱元璋にやぶれます。元朝最後の皇子「地保奴」（ちぷぬ）は朱元璋により琉球へ流されます。財宝を多くもたせ、先祖の供養ができるよう取りはからわれます。それは憎悪の念を断ち切る意図があると言われます。「地保奴」の琉球での領地は現在「子供の国」となり様々な動物がいますなか、「馬走らせー」（んまはらせー）という競馬も復活されました。それは速さを競うものではなく、いかに優雅に走るかを競う可愛らしい小型の琉球馬の競技です。

## 長寿の話

### 琉球古典音楽「通水節(かいみじ)」
通水(かいみじ) ぬ 山や 一人 越えて 知らぬ
乗馬(ぬいんま)とぅ 鞍(くら)とぅ 主(ぬし)とぅ 三人(みちゃい)
訳:通水(かいみじ)の山を 一人越えていくことを誰も知らない。乗る馬と鞍と主(我)と三人。

### 尚円王の歌
通水の山は、伊是名島の諸見村と勢理客村の間にある。伊是名島で、西の松金といわれ、島を脱出して尚泰久王に仕え金丸を名乗り即位して尚円王となる当時の歌といわれます。※8

### 人と気心を通わす馬
「世俗廃衰して学を非しる者多し。自然のさまは人の力では益するも減するも不可といわれるが、人と馬について考えてみよう。若駒は草原に放たれたままの時、人はこれを制することができない。ところが圉人が飼い馴らし良い御者が調教し、衡をかけ、轡(くびき)や銜を付ければ、険しい道を行き、壍(ほり)を飛び超えることも決していやがらない。馬は人語を解しないが、人と気心を通わすことが出来、調教によって役に立つ様になる(云々)。※9」

### 騎馬民族と今帰仁出土の青花碗

キルギス族の騎馬武者像の描かれた青花碗※10

コラム
キルギス族の騎馬武者像
「近年の発掘史料による研究における、今帰仁城跡及びその周辺からの出土品であるキルギス族の騎馬武者像の描かれた青花碗、ギリシャ十字を髣髴とさせる縦横同寸の十字紋の絵柄その他を詳細に考察。それらは元朝に仕えたアラン近衛兵団などに関わるであろう今帰仁勢力の氏素性。※11」

※1 ウィキペディア ※2 ウエブサイト「世界の窓」 ※3 ウィキペディア
※4「薩摩の兵児二才と新羅花郎徒の比較研究」が西中研二氏 筑波大学博士(学術)学位論文 平成25年3月25日授与(甲第6373号)発行2013年により研究されております。
※5 ウィキペディア ※6 ウィキペディア/ 六義園
※7『小中学生のための 現代版六諭衍義大意』久米崇聖会より

※8『沖縄三線節歌の読み方』大城米雄著
※9 脩務訓19巻解釈抜粋『淮南子』楠山春樹著
※10　※11 名桜大学上間篤教授論文

長寿の話

# 一笑四海通

## 微笑みは世界に通じるという言嗟

古いところでは旧約聖書において、アブラハムとの間に子が出来ると神様に言われ笑ったサラ。

創世記第21章　21:6そしてサラは言った、「神はわたしを笑わせてくださった。聞く者は皆わたしのことで笑うでしょう」。21:7また言った、「サラが子に乳を飲ませるだろうと、だれがアブラハムに言い得たであろう。それなのに、わたしは彼が年とってから、子を産んだ」。（口語訳旧約聖書）

日本では、笑う門には、福が来るとされます。ベトナムフエの皇帝のお誕生日の祝福には天使のような出で立ちの人が登場し、「ワッ　ハッ　ハッ」と笑うだけの祝福の場面がありました。

笑うということは体に良いとされます。ミトコンドリアの何かが活性化して免疫力が高まるらしいのです。中庸の功との言嗟とあいまって「一笑四海通」は五文字の単語ではありますが、健康や世界の平和に寄与しそうな言葉であります。イラク戦争時、泥沼の戦いの中で、米兵はイラク人に微笑む作戦を後半に取ったと何かで知りました。頑なに心を閉ざしたイラク人は、微笑むことで徐々に心をほんの少し開いてきたとも風の噂を耳にしました。米軍の間にそういう訓もあるのかは知りませんが、時おりすれ違う私服の軍関係らしい人は、眼が合うと無理に微笑みの表情を作ったりします。その仕草が可笑しくて、こちらもつい微笑んでしまいますが…。ただ、それだけのことです。小さな世界平和へのアピールとは微笑むことでしょうか。無理に大笑いすると逆にクレイジーに受け取られ、誤解されかねない難しい微笑みのテクニックは必要です。

戦争で何もかもが破壊されていた琉球の地で、戦後すぐの時期に、かつてあった琉球政府や米軍の助けを借りた復興は、何とか琉球民族が立ち直り、子や孫もでき、芸能なども盛んになりました。鎮魂の念のこもる碑の建つ場所も樹木が大きく育ち、平和の象徴のようなゴマダラアゲハ蝶が時おり風にそよぐ草花

や樹木の間を飛び交い、そこは小さなエデンの園のような気がします。
波の上宮近くの旭が丘と名付けられた丘は、いにしえに冊封使が夕涼みをしながら、琉球人とお酒を酌み交わし、言葉は通じずとも、微笑むだけで心が通じると、かの時代の記録を残しております。

### 「冊封の礼成り　恭しく紀す」冊封使　徐 葆光(じょ ほこう)
海邦万里、歳に朝宗す　冊を天朝に奉け、礼、最も恭し
中外一家、寿城を同にし　祖孫五世、共に皇封す
国泉は瑞応ず、天辺の詔　翠蓋、陰を成す、嶺上の松
六十年来、三度遣使し　日辺、偏に荷う、聖の濃（めぐみ）

### 中社宴、小葉府　徐 葆光(じょ ほこう)
国の酎（うまざけ）　池を傾けて飲み　王人、偏く、賓に作る
訳詞に郵して、爵を勧める　語は隔つるも、意は偏に親なり

### 波上の秋　漢詩　中社宴　徐 葆光(じょ ほこう)
眇然波上秋　遠くにあって小さな波の上は秋です。
挾客一来遊　主賓のお客様が来たので一緒に遊びます。
竹徑連村浄　竹の小道は村へ連なり清浄であります。
松寮小院幽　松にかこまれた僧侶の庭は静かです。
檀槽攏短柄　檀槽で出来た琵琶の胴を短い柄で抑えて弾きます。
角調曳織喉　「角」の音色に調弦し、か細く喉声を引き延ばし歌います。
舞袖更相屬　袖を振り舞うとお互いは、一層気持ちが通じ合います。
惟拚酔倒休　酔い倒れるまでひたすら踊ります。
およその訳：遠くの国の小さな波の上は秋の候。主賓のお客様と一緒に宴が催されます。竹の小道は村へ連なり清浄であります。松にかこまれた僧侶の庭は静かです。檀槽でできた琵琶の胴を短い柄で抑えて弾き音楽を奏でます。か細く喉声を引き延ばす歌を「角」の音色に調弦して歌います。袖を振り舞うと、お互いは一層気持ちが通じ合い、酔い倒れるまでひたすら踊ります。

コラム
「角」の音　五音の一つ　中国音楽での五声は五つの音色があります。
宮　商　角　微　羽　琉球は嬰陰旋法であるらしく、中国は、律旋法、呂旋法が存在するといわれます。呂旋法の宮と律旋法の宮は同じ高さの音　呂旋法の角と律旋法の角は違う高さの音　とされる中の「角」の音と冊封使は伝えているようです。
琴の絃の名称　一　二　三　四　五　六　七　八　九　十　斗(と)　為(い)　巾(きん)

長寿の話

# 犀と一角獣

## 真福地の杯ちょうとユニコーン

**残された琉球古典音楽「真福地(まふくじ)の杯(へー)ちょう」**
真福地 ぬ 杯ちょー や かりー な むぬ さらめ
いちん みぐい みぐい むとぅに ちぃちゃさ
真福地の杯は角でできているので、立てかけることができません。つねに人の手から人の手へと渡されます。そのことを旅立った人が無事に戻るよう祈りに表現したものです。角の杯は一角獣ユニコーンのことのようです。

**消滅したと思われた奄美の竪琴**
奄美では、わずかに竪琴を演奏する技術が残されておりました。その雰囲気は遠い、いにしえの韓国の薬売りの出で立ちともよく似ております。奄美の冬は突風、強風が吹き付け、重いバイクも浮き上がるほどの場所があります。そして多くの韓国からの漂流物が流れ着きます。

歴史はいつも地球規模でシンクロする
**奄美のクリスチャン**
1749年に奄美大島へやってきたポルトガル耶蘇会所属宣教師「イグナチオ・サリス」による手記 「この手記を読む者へ主キリストの恵みあらんことを。──1749年5月24日にイエズス会所属の同志3名とともに奄美大島へたどりついたのであるが、土地の者より暖かく迎えられ、よって神の福音を伝えんものとこの地に居を定めたのであった。奇跡的ともすべきキリシタン守護聖徒の加護の下最初の年に250人もの新たな改宗者たちが洗礼に与るとの満足すべき成果に接したのである。1754年に病魔に襲われた私はこの手記を島の要人に手交しておくのが懸命だろうと思い、神の導きによってあるいはこの島にやって来るかも知れぬキリシタン同志の者に必要な諸事項の伝えられる事を期することとした。そして、これが誠実にして操行のいいこれらの人たち、中国、日本両国より全く独立した中で生活するこれらの島の人たちの間に我が救世主の名を広める力となり、キリスト教のために同志たちが情熱と強固なる意志とを持って事にあたることを得しめることとしたい──。

1754年9月18日　ウスマイ・リコン（奄美大島）にて記す
イグナチオ・サリス、ポルトガル国及びイエズス会所属東インド諸島派遣宣教師（『ベニヨスキー伯航海回想録』所収）」

## バジルホール前後の典籍
『ベニヨスキー伯航海回想録』（1790）
「ベニヨスキー伯の回想録稿本はフランス語で記され、大英博物館所蔵になるもの。90余人からなるベニヨスキー一行が種子島を経、浸水の危機に瀕する帆船を操りながら奄美大島に辿り着くのは1771年8月14日。翌15日にベニヨスキーは島民二人と接触、図らずも島民と一紅毛人との交歓はラテン語であったことが知られる。即ち島民が差し出すラテン語の文書1件をベニヨスキー伯は狂喜しながら一読するが、それは外でもない、この時を遡ること22年、即ち1749年にこの奄美大島へやって来たポルトガル耶蘇会所属の宣教師4人の内の一人、イグナチオ・サリスの手記であった。[*1]」

この感動的な出来事が1977年、月刊沖縄社から発行されておりました。この書が刊行された頃は琉球の行政は日本本土に組み込まれてはおりましたが、著者山口栄鉄氏は米国のエール大学に所属しておりまして、さまざまな琉球に関する文献の記録を発信しております。ベニヨスキー伯一行の90余人の内、幾人かは奄美の地に残って暮らしたそうで、その面影を宿した方々は今も健在です。あるパン屋のお婆さんが、誇らしげに水晶入りのペンダントを胸にかけて見せてくれました。それは立体的な六芒星を金で形取り、中に直系1センチほどの水晶の玉を入れたもので、ほとんどどこでも見た事のないペンダントでした。それを三個も金の鎖に通して首にかけていたのです。そのきっかけは、大きな琥珀の玉を手に持っていた吾輩を見て、それでそのお婆さんは六芒星の水晶のペンダントを見せてくれたものと思います。これは本当に暗号です。その印を見せ合うという。そういう暗号を知らずに、ただ単に琥珀の玉を手に持っていた訳なのですが、それを暗号と受け止めたパン屋のお婆さんが秘密のペンダントを見せてくれたのでしょう。大変魅力的なペンダントで発注しなければ手にはいらない特殊なものです。往々にして改宗のユダヤ人、スペインで迫害を受けマラーノと呼ばれることになった隠れユダヤ教徒の暗号だと思うのです。奄美には巫女の祈りの時に使われるものにも六芒星の印がついたものがあります。そして十字架は身につけません。そのお婆さんのご主人は奄美の人でした。

## キリスト教の王の肥満をなおしたユダヤ人

## 長寿の話

イベリア半島サンティアゴ・デ・コンポステーラにある石の橋は昔の真玉橋に似ています。真玉橋は真玉橋幽霊も有名ですが、スペインの旧市街地にある石橋にも似ているのは不思議です。スペイン旧市街地には聖ヤコブのお墓が見つかったそうです。現在の真玉橋は新しくなりデザインも変わりました。

中世イベリア半島のキリスト教国の一つであるレオン王国

**肥満の王様**

「レオン国の王、サンチョ・エル・クラッソ（クラッソは肥満の意味）は、ぶよぶよ肥えた男。この男の肥満の度合いは深刻で、他人の手を借りずには歩く事も出来ず、乗馬も無理。彼は世間の物笑いのたねにされた。王は不平分子の為に国外追放されます。肥満王の祖母トーダは追放の直後から孫の王権復活に乗り出します。その為にコルドバと強力な軍事同盟を締結し、また孫の肥満克服の治療を施す医師を探し求めました。この二つの目的の為にコルドバの支援を受けることになりました。それらの為にアブドラマン三世の命でハスダイが肥満の治療にあたることになります。

治療はコルドバで行われることを条件とされたため、肥満王とトーダは歴史上キリスト教の王としては前例のないコルドバ入京を敢行しました。肥満の治療は幾種類もの薬草を用いた食事療法と運動を組み合わせたものでありました。肥満克服の為に、ナバラからコルドバへは歩いて旅することを勧められました。肥満を克服したサンチョ一世は、再びレオン国王に蘇りました。

肥満王へ治療を施したハスダイの父、イサク・ベン・エスラ・イブン・サプルは裕福で信心深いユダヤ教徒で、ユダヤ法典「トーラー」の学徒や文学に身を捧げる者を保護しました。息子ハスダイは幼少の頃から優秀な教師のもとで聖典に基づく伝統的な教育を受けて成長しました。[※2]」

琉球に来たベッテルハイム師も布教をしながら、医療を施したと伝わります。往々にしてユダヤ人は薬草や医療の知識が豊富でありそうです。琉球の地も薬草の話は多くあります。特に多和田真淳先生の薬草などの研究は有名です。多和田真淳氏の著した『薬草百科』は、内容が凄いのですが、現在は入手不可能な書籍となりました。羌族の話題も含めまして、多和田真淳氏の研究以前のウッチンの研究から倭人の詳細が昨今解りかけてきました。

※1『琉球　異邦典籍と史料』山口栄鉄編著
※2「中世アル・アンダルスにおけるユダヤ系住民の社会的地位について」上間篤教授論文より抜粋

# 楽浪郡の海の彼方には 何があるか

## 倭人が貢納した鬯草・春ウッチン

**うっちん（鬱金）を貢納した倭人**
周時天下太平倭人來獻鬯草（異虚篇第一八）
周の時、天下太平、倭人来たりて鬯草を献ず
成王時越裳獻雉倭人貢鬯（恢國篇第五八）
成王の時、越裳は雉を献じ、倭人は鬯草を貢ず
「呉太白の裔が宮古島へ来たとする『スンダランドからオキナワへ』大宜見猛著の書では『海を渡る倭人集団の移動ルート』が述べられています。航海上の約束事として、古公には『争いはしない、争うなら逃げる』という面白いエピソードが残されているとされます。[※1]」

※1 上間信久氏論文

**長寿の話**

# 姜黄と春ウッチン、姜一族の女性

## 姜氏の娘達を美しくした姜黄(きょうおう)

美しき　姜の姉娘　草摘み歌　ひかげかずらをとりましょう
沫のむらで　誰を思うか美し姜の姉娘
桑畑で会いましょう　わたしを上宮にむかえ　淇水のほとりに送ってくれた
爰采唐矣　沫之郷矣　云誰之思　美孟姜矣　期我乎桑中　要我乎上宮
送我乎淇之上矣　『詩経』「国風・鄘風」

### 姜氏の娘達を美しくした姜黄(きょうおう)
「姜黄と名のついた春ウッチンの主成分は精油であり、学名はアロマティカである。」※2
はなやかな色彩を好んだイスラエルびと。彼らは、衣服、家の庭、女の顔を色で染めた。南ユダの織物の町、ベテアスベアは漂白した上質の亜麻布、薄麻布で有名でありました。※3

※2 上間信久氏論文　※3『歴史としての聖書』ウェルネル・ケラー著/山本七平訳

## むぬ ぬ まーされー しみどぅする

「それ程多くを望まず、分に甘んじたるを潔しとすることが仮に幸せと称し得るあらば…」と記されたビクトリア僧正ジョージ・スミス氏から見た琉球人は、「むぬ ぬ まーされー しみどぅする」物、食物ぬ まーされー（美味しければ） しみどぅする。（良いのである）と、多分今もそのような思考の方が多いかも知れません。

「楽浪郡の海の彼方」倭人の肖像

# 長寿の話

コラム
ペリー提督日本遠征自筆日誌復刻版に記されたペリーさんの気持ち
「琉球の人達は我々に人目をはばからんばかりの親切心を示すことによって、自らを危険な立場に置いてしまった。地元の身分の高い人達を保護し、スパイを追い散らすことによって、下々の者は何物にも恐れることなく頭をもたげ、何はばかることなく、行動に出ることになろう。故に自分に託された権限と米国当地の同意の下に、なし得る限りにおいて、この島民の保護を続けることは、思慮ある行為であり正当なこととされなければならぬであろう。」

ビクトリア僧正ジョージ・スミスのお話「日本滞在十週間」
「それ程多くを望まず、分に甘んじたるを潔しとすることが仮に幸せと称し得るあらば、琉球の人達は極めて満ち足りた明るい国民とすることができよう。彼らの明るく朗らかな表情を目の当たりにし、陽気溢れるその声に耳を傾けながら島を巡遊する間、私はかの賢くも慈悲深い神の御心が文明のもたらす奢侈におぼれる者にはありとあらゆる悲哀と現世の苦悩という代価を支払わしめ、この素朴な人々からはそれらを取り除き酌量するという、世の人の悲運を和らげ、その境遇に分け隔て無きようにとの宇宙万有の償いの法則、摂理なるものに思いを致さずにはおかれなかった。
物欲をいましめ、糊口をしのぐ思いをせぬことのみに最大の幸せを見出す人たちにとっては、公民としての諸特権、社会的なたしなみ、あるいは個人的な野望などといったものは何らの魅力も有するものではない。ジョージ・スミス師、1861年」(『琉球 異邦典籍と史料』山口栄鉄著より)

## 琉球古典音楽「真福地ぬ 杯ちょう節」

真福地の杯ちょうや 嘉利な むぬさらめ 何時も廻い廻い もとにつきやす
くり返し 結ぶ御縁 まちみしょうれ 染めてあるかなの あだになゆめ
訳：真福地の杯ちょうは嘉利なもの。いつも廻り廻りきてもとに着く。
繰り返し結ぶ御縁、お待ち召しませ。染めてある思いはあだにはなりませぬ。
「真福地の杯ちょう」 杯ちょうとは杯のこと。出船が無事戻ることを祈る歌。

## 「真福地の杯ちょう」とユニコーン

『サイと一角獣』ベルトルト・ラウファー著
一角獣の角で造られた聖杯は角製ゆえに、じかに置く事はできません。それで杯にそそがれたお酒は回し飲みされます。そのことに、御縁がめぐりまたもとのよき世がめぐりくる祈りを込める聖杯。嘉利は・めでたい事。それを言霊にして歌い祈るのが真福地の杯ちょう節。いちど私達琉球人はそのような教えに染められたのであるから、くりかえしその御縁が結ばれるまでお待ち下さい。きっと廻り廻りてその麗しき御縁はもとに着きます。という祈りの歌でもあるかも知れない幻想的聖杯伝説であります。「サイと一角獣」として取り上げられたサイの角は、烏犀角として漢方で重宝されたとも伝わります。

コラム
アコークローの宵と闇　音は心の救い…　音は五感で…
アコークローの宵と闇　アコークロー（夜明けの晩）
アコークローの宵と闇にいざなう時の流れ
闇過ぎし時　又ん　上がいティラ（上る朝陽）御拝
過去にも未来にも坐する場所はなく　今　どぅ　見ゆる
今　命　誇ゆる　あまん世ぬ神

琉球国王の残した言葉　「命どぅ宝」
嘆くなよ　臣下　命どぅ宝

　　（命があれば再生への希望をもつことができます。）
　　（命があればこそ、立ち直ることも出来得ます。）

屋嘉収容所時代、生きる為に必死で、水を探したり、芋を植えたり先人はしました。
米軍基地の中にあっても、芋やサトウキビを植えた私達の先輩。
そしてそれを黙認した米軍。それは人としての心があればこそ。

アコークローの闇と光
夜明け前の暗い闇から赤く染まる光が見え始める光と闇の折り重なる時間 。
夕暮れの光が消えかけ闇がせまる、暗くなる前の光と闇の折り重なる時間。

人は、夕暮れになると何故か無性に淋しくなるという。
泣きたくもなるという。そして父母のもとで暗闇から抜けるまでを待つ。
人の一生もそのようなものかもしれません。
ダライラマ曰く『生まれてすぐの父母の庇護のもとでしか生きることのできない人の子。
命の終焉の時にも人の庇護が求められる。』

二十四時間人工の灯に覚醒された現代では、
人本来のあり方を忘れがちなような、そんな気も少々いたします。
なかなか人は互いに真意をくみ取れないものなのかもしれません。
沢山の御霊の眠る沖縄において、もの言わぬ、地に眠る方々の代弁として 、
そして生きることへのエールとしての「命どぅ宝」

インドのジャイナ教という言葉の響きにも似たジャンナー
**ジャンナー：昔のおだやかな平安、温順**
琉球古典音楽に「ジャンナー節」がありますが、言葉のひびきがジャイナに相通じるのではと、そんな気がしないでもないです。歌詞も大変遠い昔を偲んだ歌詞になっております。また、シュリービジャヤのお話がありまして、沈んだ大陸とも言われているそうで、シュリービジャヤとジャンナーは何故かリンクしそうな詳しく調べるには困難でありますが言葉の響きから思いを馳せます。

## 長寿の話

琉球の曲想は様々な世界の古い時代の何かとスピリッツが共鳴する不思議な音階です。また「ジャンナー節」は大変古く、後世での変更は加えられていないと伝わります。やはり御声明的な雰囲気はありまして、老境の域に達した枯れた声で歌われるともいわれます。内容的には、忘れられないものは、あれが情けと歌うので、それを聞いた女房が焼きもちを焼いたとは、後世の逸話であります。老境の域での回顧的な曲想でもあるのでしょう。

コラム
「禅」という言葉の語源は、インドのサンスクリット語の「ジャーナ」
「心を整える」。けれども心を整えようとするとき、心を整えようとは考えないのが、禅における心の整え方。

### 琉球古典音楽「ジャンナー節」
むかし ぐとぅ やしが わしりらん むん や ありが なさき
六、七十になてん 年よてどぅ 知ゆる いきゃしがな ちむ や いつも童(わらび)
訳：昔のことではあるが、今でも心に忘れられないものは、あれが情け。
六、七十になって歳取って知ることは、心はいつも童。
この歌も長寿的歌かも知れません。

コラム
「ジャンナー節」上下の綾(あやじょう)門 関の戸もささぬ 治(おさ)まとぅる 御代ぬ しるし さらめ
羽地朝秀との間の確執が歌に記された湛水親方(えーかた)の歌
長らえて うりば 闇の世の中も くい戻ち 仰ぐ 御代の光 湛水親方(えーかた)
露ぬ身や 持ちゃい 遊ぶしが 笑て この世ふり捨てて いきゃしがな 湛水親方(えーかた)
〈妓をもって妾とする〉を問題にした羽地朝秀
妓楼に通いながら田場賢忠（湛水親方）は曲想を積み重ねてゆきます。
声明的曲想も含まれるとされる古典音楽としての声明は一口に言えば仏教の儀式曲。自然発生法の素朴な旋律とのこと。（参考『琉球古典音楽の原点』湛水流伝統保存会編）

### 安息の心
湛水流も含めた琉球古典音楽は確かに曲数が多く、一生かけてもなかなか全てをこなすことは難しいと言われます。故に自己催眠術の力を借りてチャレンジした偉い先生もいらしたとお伺い致しました。昔、子供の頃催眠術が流行っていた時期におきまして、自己催眠術の練習にチャレンジしました。誰に教わった訳でもありませんが、何となく自己暗示的な方法で試してみました。成功したかどうかは別ですが、これも一つの案でしょう。
ヨガ教室での教えではリラックスの方法として、自分を外から眺めて見る方法

とか、そのとき自分は好きな場所に居てそれを別の自分が眺めている。と、そのような心理的な方法です。

いちゃりば　ちょーでー「出会った人はみな兄弟」
**琉球民謡「ちょーでーぐぁー（兄弟小）節」**
行逢たるや　ちょーでーぐぁー（兄弟小）　行逢たるやたるや　どぅしぐぁ（友小）　寄合てぃ　むぬがた（物語）い　でぃしち　遊ば

うびじゃす（思い出す）さ　昔　今になてぃ　見りば　懐かしん
寄合てぃ　語れー　ぶしゃ（欲）ぬ
行逢りば　ちょーでー（兄弟）　何ー　隔てぃ　ぬ　有が　語り　遊ば
「寄合てぃく　寄合てぃく　語れ　遊ば」一期一会、語り遊びましょう。何の隔たりもありません。と歌われる「ちょーでーぐぁー（兄弟小）節」は宗教的に兄弟、姉妹と呼ぶことわりにも似て「出会った人はみな兄弟、寄ってきて語り遊びましょう。」と蛇皮線の音に乗せて、太鼓や三板（琉球版カスタネット）と共に聞く人を誘います。ジャンナー節の回顧的重厚さのない反面、大変アラビア的雰囲気のあるメロディで楽しい曲です。

行逢りば　兄弟　何ー　隔てぃ　ぬ　有が

長寿の話

# 洗礼

## 浜名寛祐・ロシアでの洗礼

**浜名寛祐の洗礼**
浜名寛祐著『敵国大横断記』によるロシアでの洗礼
「洗礼を受くる者は、この日はじめて生まれ出たる赤子のわけなれば、口を利かず、ひとり歩まず、何から何まで一切父母の手を借るが礼なり。伴われて式場に登れば、神壇に向かって礼拝し終るや、数名の僧侶一斉に読経す。その抑揚音節、仏教の読経に似て、ただ豪奢の響あるを異にするのみ。僧正近づき来たって手を頭上に加え、この時読経の声やむ。僧正絵模様ある細長きろうそくに点火し、父母および私に一本づつさずけ持たしめ、命じてうしろを向かしむ。すなわち神壇を背にして立てば、僧正うしろより父に、その児はなんぢの子に相違なきやと問うこと三たび、父はこれにこたえしかり私の子なりということ三たび。問答終わって前に向く。僧正父に十数カ条の問をなし、父は問ごとにしかりもちろんのこととこたえぬ。
この十数カ条は、子を愛護し教育し成人となすまでの父母としての責務を神にたいし誓うものにして、なんぢの子病いあらば医療を与うるや、なんぢの子に衣食をおしまず給し凍え飢えさせることなかれらしむるや、なんぢの子その業を失いなんぢの資産に頼るの止むなきときにいたるもなんぢはこれを救護するや、などの箇条もありとか、この時私はそれらの文言を解し得なかったが、後で聞いて父母の恩や海山もただならずと敬畏の念感謝の情にたえなかった。」
浜名寛祐氏は露国で洗礼を受けることになりましたが、その時の露国の洗礼の状況が表現された箇所がありました。そこには「父母の恩や海山もただならず」と表現されております。

**八重山の不思議な人達**
ヘブル語のラビ＝川平村の「ティナラビ」、トケイヤー（平得家）という名
トケイヤー（平得家）という方は唐に漂着した時に青磁の香炉を所持して八重山島へ来島したといわれます。八重山では司になる前に女性神役者「ティナラビ」を勤めます。「このラビの中から司は出る」ともあり、なんとも不思議な名称であります。

**石垣永将キリシタン事件**
琉球の地においては、石垣永将氏が1624年、スペイン船で来島したルエダ神父と交流したといわれ、キリシタンの嫌疑をうけ、火あぶりの刑にされたとつたわります。石垣永将氏の子孫は現在健在であります。八重山や琉球の名護などは、隠れキリシタンのお話は忍びやかに伝わります。それは隠れキリシタンかどうか、もともと遥かな過去においてそのような類似した宗教的なものはあったのかも知れません。とりわけ、トケイヤー（平得家）という名の人がいたり、八重山も含め琉球全体が不思議なところです。その八重山や与那国に伝わる念仏節の内容をよく読むと、浜名寛祐氏がロシアでの洗礼を授けられた際に受けた思い「父母の恩や海山もただならず」の心境が表現されております。
ギリシャ正教では、アーメンのことをアミーンと発音するそうです。なんだか南無阿弥陀佛の阿弥のようだと思ったものですが、これは加治将一氏の著書『失われたミカドの秘紋　エルサレムからヤマトへ「漢字」がすべて を語りだす！』の中にその答えが書かれておりました。それによりますと、孔子は中国語で「コンスー」と発音され、これはユダヤ教的にはコヘンであり、祭祀（ラビ）であるとのことなど、いろいろと書かれております。

モーセの十戒が織り込まれたような与那国島の歌
**念仏節の阿弥とアミーン・アーメン**
古代ヘブル語が沢山存在するような気がします。

**与那国の念仏節**
「南無阿弥陀佛阿弥陀佛」
親の御恩は深きもの　父御の御恩は山高さ　母御の御恩は海深さ
山の高さは計られる　海の深さは計られる　昼は父御の膝の上
扇の風にあおられて　夜は母御の懐に　十重も二十重も御衣内
濡れた方には母が寝て　乾いた方には子を寝かし　諸共濡れれば胸の上
これ程親に思われて　此の年十、二十才なれども　親の御恩はまだ知らぬ
陽元の下がれば門に待ち　金星の上がれば辻に待ち　我が親待てども待ち兼ねて
浅茅の浜まで参らせば　我が親知る人一人も居ない
さるかき山々押し分けて　青苔生えた墓印　その夜は墓座に宿を借り
その夜の夜中に夢拝で　二人の親まで拝まれてとび起きて探れば何もない
寝ざまに探れば何もない　父呼び母呼び声をかければ声する方には山響く

## 長寿の話

声する方には野響く　化物等にすかされた　これ程浅まし事はない
島の浦々めぐれども　国の様々探れども　我が親似る人拝まれない
それから吾が家に立ち戻り　父御の形見を取り広げ母御の手近さと取り並べ
出てくる涙はがまんできない　両袖濡らし腕流し見る人聞く人哀れさや
「それでも何事も親の為をしたのである」　ニンブチャー（念仏踊り）

コラム
孔子と聖書『失われたミカドの秘紋』加治将一著より
孔子の旧家の壁の中から出て来た竹簡
「孔子は九尺六寸（二三〇センチメートル位）の長人。アーメンの実際の発音は古代ヘブライ語ではアミに近い。アミと阿弥。ユダはヘブライ語の発音ではジュダ。ジュダと浄土。孔子の発音はチャイナ語でコン・スー、イスラエルでの呼び方はコンシー。これはユダヤの司祭コーヘンに似ています。孔子が編み出した儒教はジュー。ユダヤの教え「ジュー教」。
アーメン＝阿弥　ジュダ教＝浄土教
西暦五〇九年頃千余の永明（アーメン）寺を武帝は建立して安堵したとあります。」
ギリシャ正教では、アーメンのことをアミーンと発音するとされます。

### ギリシャ正教と西表島祖内の節祭

「ギリシャ正教の信仰として、聖職者の外見に対して払われる注意は形式的な理由からでなく、心にある信仰は形としてあきらかにされるべきという、ギリシャ正教の信仰に対する基本的な姿勢から来るものといえる。ギリシャ正教の聖職者たちはヴェールを墓とする。ヴェールの寸法はかぶっている者の背丈にあわせてあるから、修道士が永眠したとき膝をかがめさせてヴェールに入れる長さである。そのためヴェールの下が少々袋のようになっている。両側に紐状のものがついておりヴェールに包んだ修道士をこの紐で結んで埋葬するのである。ギリシャ正教の祈りと魚。キリエ・エレイソン（主よ憐れめよ）は多く唱えられる祈りの句である。ギリシャ語の単語のつづりイフススはイエスのことであり、また魚のことでもあるとされる。二千年前、つまりキリスト生誕以前にすでに、聖書の前半にある旧約聖書もヘブライ語からギリシャ語に訳され一般化していた。七十人訳とよばれる旧約聖書は、地中海一帯に散在していた母国語を忘れたヘブライの民のために編集しなおされたものである[※1]。」
高橋保行氏はニューヨーク聖ウラジミル神科大学院卒業。後に日本ハリスト正教会の司祭に叙聖された方です。琉球にのこされた信仰におきましては何だかギリシャ正教の片鱗が見られるような気がいたします。八重山に黒いベールをかぶるお祭りがありますが、これは修道の旅をする修道士の姿とイメージが重なるのでありました。二千年にはすでに母国語を忘れたヘブライの民と記され

ている「ギリシャ正教」の書の内容から鑑みたとき、西表島の「ゆーにんがい（世願い）・世乞いのマチリ」などは相当古い歴史を要する出来事だったかもしれません。

西表島祖内「ゆーにんがい・世乞い」黒装束のフダミチ 500年の歴史を持つ伝統行事

ギリシャ正教におけるいにしえの求道において、広大な国土のまだ人の住んでいない土地に修道院を建てるには、何よりも心のまとまりを必要としたとされます。自然を開拓する必要があり、皆が心をあわせ修道院などを作りあげたと記されます。琉球においては、やはり皆で心を合わせて木材を運ぶ木遣り歌があります。古老のお話によりますれば、首里の石畳の道を傷つけない為に、木材を運ぶのは人の手により荷車が引かれ馬車は使用しなかったそうです。人の歩みと荷車の動きが丁度軽妙にリズムに合ったそうです。

## 琉球音楽　ハイヨユヤエエー節　一名 躬臣さばくい（捌庫理）
躬臣捌庫理　ヨキシ ヨキシハ　二才たも　いまうちやめ
拍子　ハイ ヨ ヤエー　ハララー　サ　ハリガ　ヨイシー
サ　イシウシヤ　シャウシャウ　サ　ハレ　ガ　レーレー
首里天 加那志ぬ　御材木だやべる
長尾山樫木　や　御嶽前から　（鰻のまへ肌）
御万人まぎりや　皆　肝　揃とて
※ハイ ヨ ヤエー　→　　いのちのやはうぇ
※ハララー　またはハラハー　　→　　口伝のトーラー
※サ　ハリガ　ヨキシ　→　ハレルヤ ヨシュア
※1『ギリシャ正教』高橋保行著

長寿の話

# トートーメとお餅

## ヒキ蛙から兎の餅つきへ

**崑崙山の西王母とヒキ蛙**

昔、仙境は東の蓬莱山、西の崑崙山。この二つの山には不老不死の薬があると古くから言い伝えられていました。崑崙山の西王母は玉皇大帝(ぎょっこうたいてい)（道教の最高位の神様）の奥さんで、不老不死の薬や桃を有する長寿の神様といわれます。その西王母の不老長寿の薬を盗んで飲み、にげた羿(げい)という人の奥さんは西王母の怒りにより、ヒキ蛙にされ、月にいると神話は伝えます。馬王堆漢墓(まおうたいかんぼ)の「帛」に書かれた桑木の帛画の中に三日月とヒキ蛙、太陽と鳥の絵が書籍『山海経』の中にありました。往年の話では月には兎がいて、餅をついているという事になっていますが何故ヒキ蛙なのでしょう。

台湾ではヒキ蛙を熱した油の中に入れ料理します。琉球ではアタビチャーを少しの塩を入れた御湯で茹でて食べました。あるお年寄りに「たんめーさい、お元気ですね」と声をかけると「そうだよ、アタビチャー食べているから。」と御返事が返りました。アタビチャーは蛙のことで、昔は沢山いました。毒のある蛙もいるので見分けは必要ですが、よく食べられていたようで「歌」――といってもあまり知られていない――童歌があります。

「わったー とぅないぬ やっちーさい あたびー すぐいが めんそらにたい。（我達の隣のお兄さん、アタビーとりに行きませんか）」「うむにー かむぐとぅ まっちょーけー。（芋田楽食べるからちょっと待って）」「まっちん またらん さち ならやー（待っても待てない。先になりましょうね）」

この歌は戦後まもない頃の即興の歌でした。これも民間伝承による薬膳として、いにしえから伝わっていたかも知れません。『山海経』にある扶桑の国には仏桑花があります。琉球ではグソーバナ（あの世の花）として忌み嫌われ最近バサバサと切り倒されます。このグソーバナ、大変貴重な「ヒビス」でありそれゆえ大切にお墓の周りに植え『山海経』にある扶桑樹として桑の樹と共にムクゲとも呼ばれ、また中国のバラとも呼ばれた大事な草木であったのです。現代においては薬事法とかいうものがあり、細かい事は記すことならずです。

『山海経』における十個の太陽は、真っ赤なハイビスカスをも示唆し、太陽とリンクさせたのかも知れません。そして太陽は黒い鳥の背に乗って昇ると神話にあります。太陽の中の鳥はいつのまにか、三本足になり、八咫烏といわれることになりました。（カラスは二本足なので、三本ではヤダ、ということでヤダガラスが八咫烏のことはじめ、ではなさそうです。）中国の馬王堆漢墓（まおうたいかんぼ）の帛画に書かれた三日月も、中にいる蛙が、いつか満月の御月様と兎に変わってきたとき、琉球では月の神様、トートーメーとして崇められることになりました。トートーメーにお餅を降らせて下さいと祈った古宇利島の子供達は、御月様に「うまぐる（巻貝）を差し上げますから、餅を降らせて下さい。」と祈ります。その巻貝は太陽の巣でもあります。太陽は一日の疲れを巻貝の中で休み疲れを癒やします。そして海の底深く沈み、身を清めるとの神話があります。

コラム
「扶桑国有（中国の東に扶桑という国あり、扶桑国は独自の文字を持つ。）」[※1]
「文字はあり、扶桑の皮でできた紙に書く。」[※2]

お月様どこへ！
**琉球民謡「アットーメーの歌」**
あっとぅ前（め）ーさい　あっとぅ前（め）ー
うんじょー（あなたは）　まーかい（何処へ）　参（め）んせーが（行きますか）

西の海（うみ）かい　がにぐぁーとぅいが（蟹小取りに）　参（め）んせーるい
たり　たり　たり（ねぇ、ねぇ、ねぇ、）

太餅（うふむち）や　と餅（むち）　うた（お賜）びみそうれ
たり　たり　たり（ねぇ、ねぇ、ねぇ、）
国頭地方のお月様どこへ！　ぐるぐるまわるお月様
とぅとぅめー　まんぐる　まんぐる　うふ餅や　と餅うたびみしょうれ
あまとぅし（明年）ぬくねー　うしぐぁー（牛小）やらわん
うまぐぁー（馬小）やらわん　うさぎゃびら
訳：太餅大きな餅下さい。来年の今頃は小馬でも小牛でも差し上げましょう。
昔、アットーメー、またはトートーメーはお月様の事でした。

※1　『淮南子』
※2　『梁書』巻54 列伝第48 諸夷 海南 東夷 西北諸戎 扶桑國

# 長寿の話

### 「天から降る餅」の伝説

今帰仁村古宇利島の伝説があります。大昔可愛い少年と少女が住んでいました。二人は真っ裸で天真爛漫、毎日天から降って来る餅を拾って食べていました。二人は年を取るにつれ将来のことを考えるようになり、「私達は随分物を粗末にしてきました。これから残りの餅を貯えることにしましょう。」と。不思議な事に餅は降らなくなりました。日がたつにつれ、食物がなくなりすっかり困って毎晩お月様を迎えて、二人で歌を唱い御願いをしお祈りをしました。※3

出エジプト記第16章　16:4そのとき主はモーセに言われた、「見よ、わたしはあなたがたのために、天からパンを降らせよう。民は出て日々の分を日ごとに集めなければならない。こうして彼らがわたしの律法に従うかどうかを試みよう。（口語訳旧約聖書）

古宇利島の伝説

御月様の中では兎が餅をついていました。

餅は
ヘブライ語で
マッツァ
ともいいます。

琉球ではムーチーです。

天から餅が降ってきた。

ムーチを貯える知恵のついた
こうり島の男の子と女の子には
もう、ムーチーは降ってきませんでした。

※3 『沖縄の歌と踊り』月刊沖縄社

# エジプトと琉球

## 太陽の禊とピラミッド

**斎場御嶽の不思議なお話**
斎場御嶽は人工的だと述べる不思議な方がいまして、詳細に調べたそうです。巨石文明やオーパーツからみたら、人工的と言えなくもない斎場御嶽ですが、遠くから写した写真では、小高い小さな山の横をカットして、左をずらして三角の空間を造ったような感じにも取れます。側面は何かで削ったあとがありありと感じられ、人工的と思うのは、吾輩だけではないことは確かです。
「古代琉球で重要な場所は台所の火神(ひぬかん)であり三つの小石を三角の形にして置く簡単なものです。この小石の三角形と、ピラミッドの共通は、ピラミッドは中心の火という意味でエネルギーを集束する力が名前に込められていると不思議な人は考えました。古代琉球では炎の色や朱・赤色、血液などの赤色は太陽の色と同じで、太陽の灼熱と強力な光線が悪霊などの目をくらませ弱らせ、宿敵退散の力が込められていると考えられていました。
具志川城の火吹き穴は地下に通じ夏至の日には、太陽の光がその穴を通じ地下の洞窟に光線が差し込みます。この地下の穴に、夏至の日の太陽が熱量を注ぎ込むことで城全体に力がみなぎり、悪霊や外敵をはね返すエネルギーの原動力となります。城(グスク)の語源はジャンケンポンでのグーで石。すくは底。石底は地下世界の事。直訳すれば地下世界の石底(いしぞこ)の事と考えられました。地下の世界を地上に石の垣根で囲むことにより再現、地上に地下世界を反映させたのではないかと考えます。

**洞窟での太陽の禊**
古代琉球では東方と西方に三つの洞窟があると考え、太陽は地下世界からこの洞窟を通り東の水平線で禊をし、新しく生まれ変わると信じられていました。生まれ変わった太陽は天空へ昇るにつれ輝きを増し、西の洞窟に入るところには光を失い、洞窟を通って地下世界に入るとも考えられていました。[※1]」
朝の太陽は赤く、女性的であり、真昼の太陽は白く、男性的ともされます。

**人間の魂と洞窟**

103

## 長寿の話

「いにしえは、人の魂も洞窟を通り、地上と地下世界を出入りしていたと、信じられておりました。重病人が出ると洞窟の前に連れて行き、魂を引き戻すお祈りをしたと伝わります。洞窟と地下世界を女性に例えると産道が洞窟で、地下世界は子宮体でありました。琉球のお墓が女性の子宮の形になぞらえられているのも『人が死ぬと魂は子宮に戻り、生まれかわり再び子宮から出てくる。』という輪廻転生を深く信仰していたからでしょう。ピラミッドの構造も子宮体として考えると王の間や王妃の間に行きつくには、長いトンネルとしての産道を通ります。王の間には空っぽの棺があり、これは魂をいれる為のものと考えられ、魂は永遠に不滅で人間は再生するということを示唆しているのでしょう。」[※2]

古代マヤでも西に沈んだ太陽は地下の黄泉の国を通り、東の地平線に翌朝到達すると考えていたかもしれません。そこへティダの巣（太陽の巣・太陽が休むところ）としての巻貝があります。太陽を産む巻貝として太陽の巣ともとらえられる巻貝はメキシコのテオティワカン遺跡の地下洞窟にもあったそうです。

### 三日月形の穴

「具志川城の火吹き穴は三日月の形をしており、女性の陰部を表現していると思われます。太陽が真上に来て光を投げかけることで『おもろさうし』の中で詩われている『ティダが穴』を表現しようとしたと考えます。地下に通じた火吹き穴は女性の子宮体であるとともに、太陽の地下世界をも表現します。『太陽と魂』は永遠に不滅であり必ず再生するものと、古代人には信じられていました。太陽は東の洞窟から出て西の洞窟へ入り地下世界を通ります。太陽は東の海の海水で禊をして再び再生（脱皮のこと）すると信じられました。

ピラミッド内部の穴状トンネルを入って行くと、上昇通路が目に入ります。それを上って行くと空っぽの棺がある王の間に突き当たります。下降通廊を下っていくと地下の間に何も発見できません。これは魂が再びよみがえるための通路ということを示唆しているのかも知れません。

### 火の神とピラミッド

ピラミッドのピラは火の意味といわれ、ミッドは中心。とすると火を中心に集束するということになります。琉球の台所の神様である火神（ひぬかん）は、三つの小石を三角形に並べることからピラミッドと同じ意味と考えられます。

### 聞得大君の就任式

聞得大君は黄金の枕を二つ並べて神と供に寝る御新下りの儀式を行いました。御新下りの行われた聖地斎場御嶽は岩山であり、三つの拝所ウフグーイ、サングーイ、ユインチのすべては岩柱を拝しています。この岩柱こそは地軸のことであり宇天軸、黄金軸、長軸、中軸のことを指しているのではと考えます。

### 斎場御嶽の三角の間

三角間の頂角が23.4度あり、これは地球の自転軸が公転軌道面に対して傾いている角度とされます。そのため地球に四季を生じさせ、丁度雌鳥が卵をひっくり返し角度を変えて暖めるように、地球も一様に太陽の光と暖かさを受けます。この三角間が人工的に築かれたと思われるものに、トンネルが真北から15度30分ほど東側に向けられています。この方角は丁度勝連城に焦点が合わされているようです。この斎場御嶽を設計した技術集団は勝連城をも築城したことになるかも知れません。古代マヤ人が造ったテオティワカンのピラミッド群の中を死者の道が真北から東側に向けて15度30分の方角とされます。古代琉球人のエンジニア集団とマヤ人のピラミッド群を設計した原理は似ているということであります。」[※3]

### 不死鳥ベヌーと復活

「原初の小丘は、大ピラミッドおよびその内部の土台に組み込まれている自然の丘と同一視されている。それはピラミッドテキストの中では、誕生と死の場所であり、さらに復活の場所とされている。

### 歳差運動の周期は「二万五九二〇年」

現在は歳差運動の周期を二万五九二〇年と、そのようにとらえられているとされます。ピラミッドの頂上にある冠石、ベンベンは復活の鳥ベヌーのシンボルと考えられている。復活と永遠の回帰として、石が鳥を表わし、鳥が石をあらわします。」[※4]

---

※1 ※2 ※3 『文明の遺産』
※4 『創世の守護神』グラハム・ハンコック、ロバート・ボーヴァル著

# 長寿の話

### ポールシフトと若狭の海岸

若狭の海岸にある洞窟へ、春分の日に朝の太陽の光が入る形になっていました。現在は、堤防があり、ほとんど気付くことは稀なのですが、偶然に発見。毎日の朝の健康の為の散歩の道すがら、洞窟の横にある竜宮神信仰も伝わる岩を見ているうちに、なんだか、遠い昔につくられたスフィンクスの崩れた形のようにも見えて来る感覚もあり不思議ですが、諸説では、スフィンクスは東を向いているとのことです。若狭の岩は、西向きです。もし古代のスフィンクスであれば、歳差運動の問題で計算してみると、かなり遠い昔の出来事が浮かびあがるかも知れません。またポールシフトの問題もありそうです。地軸の逆転とか自然界はさまざまな出来事が存在すると言われます。最近は「台風の多い沖縄に何故か、あまり台風が来ない」と、台風の心配をする妙齢の御夫人の方もいらっしゃいますが、その御夫人が「台風がすくなくなっておかしい。地軸がゆがんだのではないか？」と話されていたのには、驚きました。

若狭のスフィンクスもどき岩

地軸の傾きと、うしぬじガマ
### うしぬじガマ

「彗星が大きな楕円軌道を描きながら地球に接近した為に公転軌道面に対し地軸が傾いてしまったとの仮説も存在します。古代琉球では、それに対し「ウシヌジガマ」という洞窟の中に祭壇を造り祈願をしました。ウシ（聖牛）のヌジ・ヌシ（主）という意味とされ聖牛とは金星のことでもあるといわれます。

中城や首里城の城壁の角は、牛の角のように鋭く天を突くように造られています。これは金星の尾である角を示唆し、城壁に金星のシンボルの牛の角が用いられました。「敵を打ちくだき、魔物を退散させ、家屋や人々をなぎ倒す暴風をはね返して欲しい強い願望」から、金星を崇拝したとされます。また「ウシヌジガマ」にはもう一つの意味があり、ウシヌジを直訳すると、牛を引き抜くという意味となります。聖牛（金星）は、地軸をくるわせたので、人々はガマ（洞窟、地下世界）の祭壇に向かって『牛神（金星）を解き放ってティーラ（太陽）の向こうに追いやって下さい。』と、ガマを通して地下世界の神様に祈願と祈りを捧げました。金星はあかぶし（赤い星・明星）とも呼ばれていました。

彗星（聖牛）が地球に取りつくのは、黄金軸（地軸）に鼻輪の縄がくくられていると考えられていたからとされました。沖縄のお年寄の方の名前には、ウシという名やカマドという名前が見られます。ウシとかカマドは聖なるものとして神聖視され、拝まれていたことがあったということです。屋敷内にはいろいろな神様がいます。火の神（台所）、仏壇、井戸。その中で一番大切に崇拝されている神様は、カマド（火の神）の神様です。」※5

コラム
地球が自転する向きとは反対に、ゆっくり時計回りに約2万6000年をかけて「首ふり運動」で一回転をする。回転するコマが勢いがなくなってくるとき、回る方向とは逆にゆっくり「首ふり」運動をするのと原理は似ています。現在の北極星ポラリスは、6500年後にはケフェウス座のアルファ星、1万3000年後にはこと座のベガ星へと次々と変わっていくとされます。「北斗七星が子ぬ方（北極星）を食おうとしているのを三つ星（オリオン座）が防いでいる」と古代の言い伝えがあります。これも歳差運動のことを示唆しているのであろう。地軸が歳差で時計回りに移動をすると、次々と新しい北極星を指していくと思われ、現在の北極星ポラリスは行方不明となり、それがちょうど北斗七星がポラリスを食したように見えるのでしょう。そうして約2万6000年後に、宇宙の軌道を通過し元の出発点に戻って来た時、再び北極星ポラリス、北斗七星、オリオン座の三つ星がそろったことで、これらの「古代の言い伝え」が生まれたのであろう。※6 古代沖縄人ははるか太古の昔から天文学に興味を示し星空を観察して来たと思われます。

**不死鳥の回帰**
ピラミッド・テキストでは、宇宙には周期的なリズムがあるとの記述があるとされます。ヘリオポリス神学でのイメージではベヌー鳥が伝説として伝わります。「火の中から不死鳥が生まれる。生まれ変わった不死鳥は父親の灰を卵の形に作りヘリオポリスに飛び、エジプトの太陽神ラーの祭壇に捧げる。」とされます。ベヌーが戻ってくる期間は歳差運動を半分にした数字に近いとされ、

## 長寿の話

「宇宙での周期的なリズムとしての巨大な十二宮の『臼』が世界の寿命という運命をすりつぶす。」※7 ともピラミッド・テキストでは述べられています。
巨大な十二宮の「臼」としてかどうかは解りませんが、琉球古典音楽に銀の臼に黄金の軸を立てて、ためし摺るという銀の臼のことが歌われております。

### 琉球古典音楽「早作田節」

銀(なんじゃ) 臼(うすい) なかヰ 黄金軸(くがに) 立てぃてぃ たみし摺ましゅる 雪(ゆち) ぬ 真米(まぐみ)
訳:銀の臼に黄金の杵をたてて雪のように白いお米をすりましょう。

### 白髪の巨人の神さまと黄金軸

「黄金軸と呼ばれるグーシ(具志・患)がクシ(久志)と変わってゆくとされ、久志部落には巨人伝説があります。太古の昔、大空と地上はくっついておりました。そこでの人々は蟻のように這いつくばって歩かなければなりませんでした。そこへ巨人のアーマンチューメーが人間を哀れみ、両手で天と地を引き裂いて大空を高く追いやりました。久志部落や大浦湾、安部、天仁屋あたりの東海岸には巨人伝説が特に多く伝わります。佐敷町津波古には白髪の巨人の神さまが稲作を伝えたとの伝説があります。そこの地名は苗代と呼ばれ、第一尚氏を打ちたてた初代国王尚思紹は苗代大親といわれ佐敷の出身でありました。」※8

コラム
『神々の指紋』グラハム・ハンコック氏 『神々の指紋』は世界で大ヒットした本ですが、探し求めておりましたエチオピアのことが描かれております。また与那国海底遺跡の調査もハンコック氏は行っております。氏は与那国の海底へは六百回以上潜水したそうです。沖縄では琉球大学の木村教授が与那国海底遺跡の研究や北谷の沈んだ海底ピラミッドなどを調査研究しております。沖縄の伊是名島は三角形でまさに太古のピラミッドであり、伊江島もピラミッドの要素があると木村教授は研究しております。その先には北谷の海底に沈んだ遺跡があり、これもピラミッドの要素があり、その三点の配置は、オリオン座の配置と同じ、またギザのピラミッドの配置とも同じような配置と考えられると述べております。三点の沖縄にあるオリオン座の配置と思われるピラミッドの先には、若狭海岸の石の岩があります。なぜか何年間かその岩を見ていると、もしかしたら、スフィンクスの名残ではないか?との空想がわきます。ハンコックさんの研究ではギザのピラミッドの配置の先にあるスフィンクスは当時は東を見つめていた。と、解説されます。若狭の岩がスフィンクスであれば東を向いている筈なのに、逆を向いています。まぁ空想でしかないのですが、もし東を向く必要のあるスフィンクスが逆方向を向いているとしたら、これは何万年かにおける歳差運動のたまものかもしれません。何万年か前は地球の歳差運動のために、地図も逆転していた話題もありました。その辺を詳細に調査したら、もし若狭の岩がスフィンクスの残骸であって東でない方向をむいていたとしたら、ハンコックさんやオリオンミステリーを書いた方々に調べてもらったら、琉球の地形の研究の大変古い時代の

賜物が見つかるかもしれません。太古の話題とはロマンだと考えます。どれほど科学が証明しようとももっと、研究がすすんだ時点で、まったく異なる場合もあり得る訳です。すべてをロマンで解決するとき、一般的地球人としては楽しい夢を見ることができます。シュメールにおいてスフィンクスは、当たり前のように存在したとされます。そのスタンスから考察しますと、星とのコンタクトも簡単に取れると考えます。それは夜空の星を眺めればいいのです。「何億光年もかかる遠い星の光を今見ているのだよ。」といわれた時、星から何億光年か前の情報を文献ではない形でキャッチしているかもしれません。琉球古典音楽の歌には星の情報は黄金三ツ星としても残されております。

## 黄金三ツ星

「オリオン座（オシリス）を地上に転写して城群（グスクぐん）が造られたとの説もあり、国王の戴冠式にはオリオン座の三つ星の下で大祭司が儀式をとりおこなったとも伝わります。斎場御嶽の最高で神聖な場所にある洞穴（三角形をした空間）では聞得大君の就任の儀式である「御新下り」が行なわれました。「御新下り」は神が初めて女神官に乗り移るという意味とされまして、この時、聞得大君は「三角形の間」の中で神と供に一夜を過ごします。これは「死」を意味していて、翌朝、太陽とともに目をさますことで「神として再生する」ことを表わしているともされます。[※8]」

黄金三ツ星　オリオン座の歌
### 琉球古典音楽「亀甲節」
天のぶれ星や　みにやが上ど　照ゆる　　　（天の群星は、皆の上に照る）
こがね三ツ星や　我上ど　照ゆる　　　　　（黄金三ツ星は、我の上に照る）
肝（ちむ）いさみいさでぃ　二人うち連れて　大宜味番所　なまど　着きゆる
（心いさめ、二人は共に連れ　大宜味番所へ今着きました）

## ヘリオポリスの不死鳥ベヌーと「ビンぬスイ」

「弁ケ嶽」を方言では「ビンガダキ」といいます。神の島久高島では、不死鳥のことを「ビンぬスイ」ということから、弁ケ嶽の弁（ビン）は不死とか復活の義となります。

## 太陽と鳥と魂

「太陽にある黒点を鳥の足跡と信じ、三本足の火鳥や金鶏が住んでいるともされました。久高島では太陽を神として仰ぎ『七色（プリズム）の羽を持つ不死鳥』『白い光の羽根』と称え太陽こそがこの世に生命力を与えるとしました。神歌の中に『東方に向かって、鶏は鳴いて、成女たちよ…』とあり鶏の鳴声で

## 長寿の話

昇る太陽と交接して子供を生もう、という意味でとても雄大な歌があります。子供は太陽神からの授かりものと考えられていたので、吉日の朝『太陽拝み』という儀式があり、昇ったばかりの太陽に向かって、赤児を太陽に見せたという久高島の始祖神は、鳥の交尾を見て男女の交合を知ったとされます。

### 伊祖(ゑそ)のてだこ(太陽の子)

英祖王が「ゑそ(伊祖)のてだこ(太陽の子)」と呼ばれる経緯では、母親が夢の中で太陽がお腹の中に入るのを見て孕んだといいます。

あかるいの、あけもどろたては、とはしりやはしり、おしあけわちへ…

これは、東の空の日の出の瞬間が、このうえなく見事で美しい旭の光の束が、数多くの走り戸をすばやくリズミカルに押し開けていくとされます。神歌の中では「東方に向かって、鶏は鳴いて、成女たちよ、女陰をうち開けて、男の子の誕生を願いましょう」と詩っている。太陽が海水でみそぎをして、勢いよく昇る時こそ、最高の霊力や守護力が強いといわれ、男性的なイメージが感じられるとされていました。

鶏には魔除けの霊力があると信じられ、夜中に鳥が鳴けば亡霊や悪霊が退散するとされました。昔、男の神人がクバの団扇を持ってバタバタと股をたたき、「コケコッコー」と鳴いて雄鳥を真似ると、寝ていた祝女が起き出し御供物を供へ、祝詞を述べ、礼拝などを捧げました。

### 太陽信仰

琉球神道は、太陽信仰であるから国王は太陽の子とされていました。(古代エジプトや古代マヤでもやはり国王は太陽の息子。)太陽のことをティーラとかティーダといいますが、エジプトの隣国ギリシャのエーゲ海に浮かぶサントリーニ島は、古代太陽の島ティーラ島と呼ばれていたとも言われます。琉球では「照」をティルといい、太陽的な意味があります。」[9]

---

※5 ※6 「文明の遺産」 ※7『神々の指紋』グラハム・ハンコック著 ※8 ※9 「文明の遺産」

# 魔除けのサン

## エジプトのアンクと魔除けの琉球のサン

### 琉球の魔除けのサン
すすきの葉と桑の葉を束ねて結び、サンとして琉球では魔除けにします。八月には屋敷の御願として家の四隅に差して厄払いの祈りを捧げます。
東晋の干宝により著された『捜神記』の中には馬娘婚姻逸話があり、サンが桑として述べられております。エジプトの女神が持つアンクは、琉球ではサンとして、エジプトのアンクの原型のようです。

### 女と馬の皮
「遠征した長官に一女がいる。その娘が馬に向かって戯れに『父を迎えてきたら嫁いであげる』という。馬はそれを実現したが女は約束を守らず、父親は馬を射殺してしまいます。のちに馬の皮が女を巻いて去った。後日、女と馬の皮は蚕になり、樹上で糸を吐く。その繭は通常のものより厚く大きかった。その樹は桑(サン)と呼ばれた。桑とは(サン)のことだともいう。[※1]」
桑やすすきは、魔除けの役割としてつたわりますが、蚕の大好きな食べ物、桑の葉とセットになった物語が存在したようです。それも遥かに遠い昔の事であります。琉球で魔除けに使われるサンは桑の葉と一緒にしない、すすきの葉だけを結んだものもあります。その形はなんだか、エジプトのファラオが王権の象徴として胸にいだいている「から棹」や「アンク」にも似ています。

コラム
神々の暗号、古代エジプト王の弓　エロティックパピルス
弓を射ることは、再生の願いなのである。ツタンカーメン王が弓をひき矢を射る、記号化されたメッセージは二重の意味が込められているという。睡蓮の花は復活のシンボルであり、再生のためには酒、音楽などのものが必要であったといわれる。カイロ、ツタンカーメンの墓で発見された3500年前の衣装箱にはツタンカーメン王が描かれている。玉座へ腰かけたまま弓をひくツタンカーメン王は矢をつがえ、アンケセナーメン王妃が次に射るための矢を準備する。古代エジプトで矢を射るということは、二重の意味があるといわれ、射精をあらわす言葉でもあり、死後の世界でもう一度生まれ変わるために必要なセックスを象徴している。来世でもう一度生まれかわるにはその前に性行為が必要であり、弓をひくという象徴で表現されている。再び生まれ変わるために必要な性的エネルギーに満ちあふれた様子を表現し、また再生をも表しているといわれる。聖なる文字ヒエログリフであ

# 長寿の話

る「パルス」は男根像。イシス、オシリスは、死後再び生をうけるための神といわれる。神聖な宗教画イシス（鳥の姿）とオシリスのもつ力の誇示、物語は再生を表現する。沼地をわたる。とは当時の古代エジプト人の性的表現の秘密の喩えでもあったといわれる。

ベス(Bes)の部屋　子宝を望む人は、神々の生殖能力にあやかろうとベスの部屋を訪れた。サッカラの都にはベスの部屋がある。ベスは生殖能力をつかさどる神といわれ、赤ちゃんの守り神でもある。ベスは、古代エジプト神話の舞踊と戦闘の神ともいわれ、本来は羊と羊飼いの守護神とされていた。豹の毛皮（ベス）をつけ、大頭で短躯、舌を出した大口の異様な姿をもつ。また、酒宴や婚礼をも司り、出産・病気から女性や子供を守るという。タウエレトを相棒としている。ヌビア（スーダン）起源とされ、古王国時代のエジプト南部にベスに関する記述が確認されているが、信仰はさほど広まらなかった。

### 子な産し　スージ（祝事）

安産で母子ともに健康であれば、出産祝いがその日の内に行われます。これを、「子な産し　スージ」といいます。御祝いにはウバギー（産飯）が配られ、ウブガー（産川）にサンを添え無事の出産を報告し水を汲みます。御祝いにはマースデー（塩の御代）として御祝儀が渡されます。

### マンサンスージ（満産祝事）歌と幽霊

六日目に祝う子供の産まれた御祝いを、マンサンスージ（満産祝事）とよびます。ある家でマンサンスージ（満産祝事）が行われているところへ、幽霊が子供の命を取りにやって来た。「謝敷節」を歌うと幽霊はうしろ向きに出ていったと、読谷村喜名部落では伝わります。

### 弓と孵でぃかわる蟹

カーウリー　川で穢れをはらい、身を清める。産褥の婦女子をけがれたものとして見てはいけない。産室の状況を男は絶対に見てはいけない。満潮時の吉日に産婦は赤子を抱いて川へ降りてゆき赤子の汚れを落とし、次に母親が行水する習慣。蟹は脱皮するので、生まれ変わる、孵でぃかわる対照とされます。

ナージキー　産児の命名式。赤子に太陽を拝ませるため庭に出て、男の子なら桑で弓をつくり、クバの葉を東方に立てこれを射る。「アズサ弓」のことで強い子になるよう祈願が込められている。女の子ならオオバコの葉を仮植えし五穀豊穣の祈りを捧げる。この祭事にたずさわる人は「巳年うまれの女性」で矢を取り、子供を抱き、芭蕉布の着物を頭からかぶり呪文をとなえる。根神が名

をつけ、石の上にカニを飛ばして儀式を終えます。

ナージキーの根神　名付け親はカカンと呼ばれる女の下衣を頭にかぶり、カニを這わしながら弓矢を引きます。太陽を拝むのは赤子だけで、名付けの式のあいだ、母親は出てきません。

巳年生まれの女性のこと　巳はヘビ。ヘビは昔から神の使者として恐れられる。七たび生まれ変わるヘビ（脱皮すること）から、子供は前世の生まれ変わりの意味があるとされます。

ジール　産婦は七日の間冷水で全身ミソギをし、そのあとに焚き火をして体を暖める風習が残っていました。六日間をジール内とし産婦は外へは出ません。七日目をジール明けとし、母子は産室を離れ座敷へ移る。その日から三日間は産室の不浄がとれないものとして産室へは戻ることができませんでした。

うがやふきあえず　沖縄の民家が茅葺きが多かった頃、妊婦のある家で家造りがあると、お産がすむまで屋根の一部をふき残す風習が残っていました。
カヤもふき終えないうちに子が産まれたことは、安産であったというおめでたい意味になります。

ウィミー・ウーイミ（折目）　季節ごとの折目に仏壇に供え物をします。台湾や福建系のパイパイ（拝々）にも似ているといわれます。
パイパイ（拝々）：台湾や福建系の人達の行う、仏壇にお供えして拝む行事。[※3]
パイタイとは中国の方が、ありがとうの表現に手を合わせて言う言葉です。

### 琉球古典音楽「謝敷節」
じゃしちいたびし（謝敷板干瀬）に　打ちゃい　引ちゅ　波ぬ
じゃしち（謝敷）美童（みやらび）ぬ　目笑（みわれ）　歯茎（はぐち）
訳：謝敷の海岸に打ち寄せては引いていく波が、真っ白に砕けて散るありさまは謝敷乙女の笑顔の美しい真っ白い歯を思わせる。[※4]

潮水、塩水の効能　塩水（うしゅみじ）は幽霊にもききます。
**塩水で消えた幽霊**
「戦後、長女が村芝居見に行って帰った後にね、私は寝ていて目覚めたら、何

## 長寿の話

かが家に入ってきたと思ったら、幽霊が戸口からね、台所と一番座があるけど、この合間のてぃーぬしちゃ（下）に、きれいにしゃがんでいるわけ。そして、髪をこうして流してよ、左の手を出してご飯とか何か欲しがるわけさ。こんなして私に、
「見なさい。」
とものの言いしているわけさ。

だから私が見たらね、ハッキサビヨー、目が大きいのが震えて怖かった。怖いからびっくりしてね、娘が大きい声で、
「怖いよー。」
と言うからね、まーす（塩）持って来てもやっぱり退けない。
「今もいるよぉ　いるよぉ」
と言うから、うちの主人にね、
「カラマース（塩だけ）では、絶対幽霊は退けないよ。」
と言われていたから、だから何度も考えてね、水に塩を入れて撒いたら、退けて行きよった。

だから必ずね、これはみんな聞いておきなさい。幽霊はカラマースだけでは絶対退けないよ。水に塩を入れてこれしか退けない。」平成八年聴取
親慶原の人（大正三年生まれ）のお話（たまぐすくの民話/玉城教育委員会）

このお話に出て来る感嘆詞「ハッキサビヨー」は、「アキサミヨー」とも発音します。何でも、イスラエルでスコットの祭の時だけ話される言葉でもあるそうです。
※スコットの祭（仮庵の祭）

**王統伝説　ギホン（義本）王と旱魃**
「義本王の時代病気が蔓延し、たくさんの人が亡くなりました。旱魃で農作物も不作のとき義本王は、自分は王としての徳が不足しているので、玉城御嶽に薪を取って薪の上に座り、「火あぶりの刑にし、焼きなさい。」と言ったので臣下が火をつけたのです。義本王に火が燃え移ろうとしたとき、天が曇り大粒の雨が降り出しました。雨が降り火あぶりが出来ないのと、旱魃の時期でもあったので非常に喜びその場所から帰ります。帰る時自分達が来た所の道も大水がいっぱい溜まり歩けないので、山の側の脇道小（ぐぁー）から歩いて帰りました。そこが脇原という地名になった。そこを泳いで渡ったので、そこの名は泳ぎ口、今は泳ぎ口を上江洲口（いーじぐち）と言います。」（玉城の民話より）
義本王が神に捧げられようとした場所は、知念村玉城御嶽です。玉城御嶽の門は東に向いています。（エゼキエル書47:8）　国王が火であぶられようとした

時に神のゆるしの大雨が降る。その雨は大洪水になり、泳ぐほどになった。これは聖書にある、神殿に水があふれる喩えと同じ現象のようにもとらえることができましょう。

エゼキエル書第1章　1:1第三十年四月五日に、わたしがケバル川のほとりで、捕囚の人々のうちにいた時、天が開けて、神の幻を見た。1:2これはエホヤキン王の捕え移された第五年であって、その月の五日に、1:3主の言葉がケバル川のほとり、カルデヤびとの地でブジの子祭司エゼキエルに臨み、主の手がその所で彼の上にあった。1:4わたしが見ていると、見よ、激しい風と大いなる雲が北から来て、その周囲に輝きがあり、たえず火を吹き出していた。その火の中に青銅のように輝くものがあった。第47章　47:1そして彼はわたしを宮の戸口に帰らせた。見よ、水の宮の敷居の下から、東の方へ流れていた。宮は東に面し、その水は、下から出て、祭壇の南にある宮の敷居の南の端から、流れ下っていた。47:2彼は北の門の道から、わたしを連れ出し、外をまわって、東に向かう外の門に行かせた。見よ、水は南の方から流れ出ていた。47:3その人は東に進み、手に測りなわをもって一千キュビトを測り、わたしを渡らせた。すると水はくるぶしに達した。47:4彼がまた一千キュビトを測って、わたしを渡らせると、水はひざに達した。彼がまた一千キュビトを測って、わたしを渡らせると、水は腰に達した。47:5彼がまた一千キュビトを測ると、渡り得ないほどの川になり、水は深くなって、泳げるほどの水、越え得ないほどの川になった。47:8彼はわたしに言った、「この水は東の境に流れて行き、アラバに落ち下り、その水が、よどんだ海にはいると、それは清くなる。（口語訳旧約聖書）

### 横山隆牧師講話　水注ぎと葡萄酒の神事より
聖書で神殿から水が流れるのは、「仮庵祭」水注ぎと葡萄酒の神事にあります。古代エルサレムの水源であったギホンの泉からひかれた水は、ヒゼキヤ王のトンネルを通り、シロアムの池へと引水されました。ソロモン王の即位の時、ギホンの泉で油注がれた。その場所は今、アイン・シッティ・マリアムと呼ばれています。

### 祈りの力と鷲
祈ることにより、平常の時からは何が変化するのでしょうか。人それぞれではありますが、自分の心を見つめることができそうなのは確かです。人は生まれた時から死に向かって進むと言われます。その過程において、空極の祈りがあります。琉球では御願（うがん）とも捉えられる祈りのパワー。『窮地を拓く「祈り」の超パワー』（ヒカルランド社刊）では表紙に、鷲の鳥がはねをひろげ丸い輪と十字の模様が描かれた、インディアンのお話の書です。表紙の絵には不思議が存在します。鷲を愛でるインディアンの図象から、遠い記憶の中に琉球とのつながりが、鷲を通して波動を感じます。本の中に描かれた人物画に、なんだか

## 長寿の話

親戚のおばさんやおじさんの面影があったり郷愁を誘う本です。「聖なる儀式」「円を開く」での類似点として、西表島で祈るために聖地「まりうどの滝」で円を描きその中で結婚式を挙げ一晩そこで過ごしたお話がありました。琉球の建築物にはまだ、時折円形の図象を意図的に組み込んだものがあります。昔竜宮であったったかも知れない琉球の海で祈ってみます。──海にもぐりながら──。「祈る者」はこうして与えられるとの本からのメッセージのように、与えられたのは「潮水」のいやしと、可愛い小さな魚たちの群れのダンスでした。過去に手にした『B29に乗った少年』という書では、戦争の時海に投げ出された女性が、一週間丸太につかまり海面をただよったと書かれていました。後に米軍の船に救助されますが、海水はミネラルが多く、皮膚からも吸収されると言われ、その為一週間持ちこたえられたとの事です。南の島の暖かい海水だからかも知れませんが、潮水にはそのような効果はあるようです。

八重山には、鷲の鳥節という曲がありまして、「ばしんとぅる」と発音され、大変神秘的な歌です。

### 琉球国の無事を祈る

1609年には薩摩が琉球に進攻して来ました。それに対し5年ほど前からそのような情報は齎されたそうで、神人と呼ばれる方々は必死で琉球国の無事を祈ったそうです。そのような噂から5年間はなんとか、進攻が引き延ばされたと伝わります。（宮里朝光氏談話より）

仮庵のおばあさん

玉ぐすく

**八重山民謡「鷲の鳥節」**

綾羽ば　生らしょり　びる羽　産いだしょり　鷲ぬ鳥　世願ゆな　鷲
正月ぬ　早朝むでぃ　元日ぬ　朝ぱな　鷲ぬ鳥　世願ゆな　鷲
東かい　飛びちぃけ　太陽ばかめ　舞ちぃけ　鷲ぬ鳥　世願ゆな　鷲

要約：綾羽を生ましまし、びる羽孵化しまし鷲の鳥、世願う鷲、正月の早朝、元旦の朝、東へ飛び立ち太陽へ向かい　舞う鷲の鳥、世願う鷲

※1　ウィキペディア「蚕馬」より
※2　ウェブサイト「古代エジプトのエロティックパピルス」
※3　『白装束の女たち「神話の島・久高」』（昭和五十三年一月二〇日発行　宮城鷹夫著　写真・石井義治　プロジェクトオーガン出版局）
※4　「うちなーぐち講座」呉屋俊光・『読谷村史　読谷の民俗・下』読谷村役場発行より
※5　親泊康哲写真集『続アシャゲの遊び』より

### 長寿の話

# くんら（百済）

## 「くんのーら」と「こーれーぐすー」

**高麗ぐすー　高麗はあの世**
琉球に有る言葉「こーれーぐすー」を金達寿氏の書では、「高麗の薬」として解説されていますが、琉球では薬のことを「くすい」といい「ぐすー」とは後生、あの世のことをさします。「こーれーぐすー」とは、高麗はあの世、高麗は天国のようだという意味かも知れません。韓国の人の発音で百済を「くんら」と発音し、新羅を「しんら」と発音すると伺いました。それらから発想しますと「くんのーら」と呼ばれ「古見の浦」と書かれている八重山の古典音楽「くんのーら」は百済「くんら」として長い悠久の歴史の中で残されていたのかもしれません。この舞踊は大変美しく世にも類い稀なる舞踊であります。

夢と見まごう舞踊
**八重山古典音楽「くんのーら節」**
古見ぬ　浦ーぬ　八重嵩ヤウ　やいかさび　美与底ヤウ
　（囃子）「スリヌ　イツイン　ミブシャバカイ」ヨウ

桜花　ぶなれーまヨウ　梅ぬ花　美童ヤウ
　（囃子）「スリヌ　イツイン　ハナザカイ」ヨウ

袖振らば　里之子ヤウ　沈香伽羅　ぬ　匂い　しゅるヤウ
　（囃子）「スリヌ　イツイン　スマルニヲイ」ヨウ

美童ぬ　思いぬ　ヨウ　かなしゃまーぬ　情き　ぬヨウ
　（囃子）「スリヌ　イツイン　オーリユカタラ」ヨウ

見欲しゃらば　おーり見りヤウ　かなさらば　間やい　聞きヤウ
　（囃子）「スリヌ　イツイン　オーリユカタラ」ヨウ

「袖　振らば　里之子よー　沈香伽羅ぬ　匂い　しゅる」

この曲に歌われる 沈香(じんこう)、伽羅(きゃら) は、香木とよばれ大変高価であります。東南アジアやイエメンなどの歴史に通じる香料の歴史をインセンスロードと呼びます。琉球の大航海時代、乳香を五千斤中国へ朝貢したとの記録が冊封使の記した書にあります。首里城にある「おせんみこちゃ」は香をたきこめる部屋であったそうです。香料の歴史含め琉球には楽しい事象が多く見いだせます。

コラム
百済の花ちる美姫 百済滅亡の際、扶蘇山城の三千の官女が断崖の上から身を投じたという白馬江の対岸には威徳王が扶余に建立した王興寺がありました。西暦660年に唐と新羅の連合軍により百済が滅亡した時、後宮にいた三千人の官女達が、断崖の上から白馬江へ次々と身を投げ、その落ちていく姿はまるで色鮮やかな花びらが落ちていくように見え、落花岩の名がついたと言われます。高麗時代に創建されたといわれる皐蘭寺は、百済最後の王と錦江へ身投げした三千人の官女の霊を慰めるために建てられたといわれます。王興寺の塔の心礎の中に金、銀、銅の三種類の素材で造った鎮壇具の壺を納めたとされ、百済王朝は母なる大河錦江とその恩恵をうけた広大な美田の稔りによって華麗な王朝文化の華を咲かせたと伝わります。宮南池の周りには、しだれ柳や草花が植えられています。
百済はその後、新羅と唐の連合軍に破れ663年に滅亡しました。

百済の花ちる美姫 ※2

### 五感の気付き
沈香や伽羅とぼす御座敷 乳香、沈香の歴史を追って見えたもの…。
大航海時代、又それ以前からの大陸との交易は、乳香や沈香、伽羅を主体とし、イエメンその他中東の流れなども伝えられていると思われます。

### 琉球古典音楽「江佐節」
沈香や伽羅とぼす 御座敷出で 踊る我が袖ぬ 匂いの しゅらしゃ
エイヤー エイヤーエ
訳:沈香や伽羅をとぼす御座敷に出でて踊る我袖のしゅらしゃ(よい香り)
香木には、リラックス効果があり、アロマテラピーとして重宝です。

※1 ※2 ウェブサイト日韓市民ネットワーク・なごや

## 長寿の話

### 与那国のヨナ

大きな魚の中にいたヨナは神のお助けにより、ヨナ国へおりたったのかもしれない。ヨナはタルシシへ行く予定であったのかもしれない。タルシシ船をつくったのは、フェニキア人とされます。フェニキアは貝紫で染めた染物の特産地と伝わります。「フェニキアにおける伝承では、『メルカルト神が牧羊犬を連れて海岸を散歩していると、犬が戯れて巻貝を噛み砕いた。すると、海岸の太陽にさらされて貝の血で染まった犬の鼻先は紫になった。メルカルト神の愛人であったティルスのニンフがそれを見て自らの衣を染めるために紫の染料をねだったので、メルカルト神は愛人の願いにこたえてティルスにたくさんの巻貝を住まわせてやった』というものである。[※3]」

琉球では、紫に染めた布をシンボルカラーのように多く使います。まるで「フェニキアの紫を伝承しているのは、わたしたちなの。」と心で叫んでいるかのようです。

ヨナ書第1章　1:17主は大いなる魚を備えて、ヨナをのませられた。ヨナは三日三夜その魚の腹の中にいた。2:5水がわたしをめぐって魂にまでおよび、淵はわたしを取り囲み、海草は山の根元でわたしの頭にまといついた。　（口語訳旧約聖書）

※3 ウィキペディア/貝紫色

# かくれキリシタン

## 五感で受け取るいにしえからのメッセージ

**ある音楽研修にて**
古典音楽の先生が、お香（沈香や伽羅）はどこからきたかと悩んでいました。話してみたいけど話せないもどかしさ…。
「先生　それはエジプトあたりではないですか。
そしてイエメンや中東を通って、その甘い香りで踊る私達の祖先は、ルーツを歌に残してくれたみたいです。」とは話せませんでした。
第六感もあります。五臓六腑とかも。昔の人は、人の感性を熟知していたのだと今更ながら感歎。科学の発達は、便利を追求して人の大事な感覚というものを、鈍らせたような…。そのような濁流から生き残り、人の世を渡って行きたい今日この頃でございます。

**五感と気・波動・夢**
琉球古典芸能、民族芸能には、ヘブライ語が残されている。琉球古典音楽「作田節（ちくてん）」では、囃子言葉にツィーヨーン、ツォーンがあります。
〈Zion　エルサレムにある丘の名前。ヘブライ語では、Tsiyon（ツィーヨーン）と発音されます。シオン (Sion) はギリシャ読みです。古代イスラエル王国の王宮があった場所で、聖地の代名詞になっています。〉

**気で通じ合う宇宙の不思議**
合気道においては「他者と争わず、自然や宇宙の法則、気に和合することによって理想の境地を実現する」といった精神理念を含むものになった。（盛平は「合氣とは愛なり」と語っている。）合気道の創始者である植芝盛平氏はそよような理念を持ち合わせているそうです。
（参考：サイト合気道入門）　隣の猫とも気で通じ合うのが可能であるか挑戦する宇宙の不思議解明の日々なり。

**夢と潜在意識**
夢のなかに現実でない映像が現れる。それを調べる楽しみと潜在意識

## 長寿の話

ある牧師の説「マハナイム論」からインスピレーションを受け見た夢
金壷という定食屋さんの陶器のマリア像

### 赤く燃えていた炭火

あるとき、不思議な夢を見ました。大きなかまどの灰の中に燃え尽きそうな小さな赤い炭火がありました。かまどの灰をかき分けてみると、その炭火は赤く燃えていまして、まだ消えてはいませんでした。それは赤い二つの炭火でした。そしてその上の神棚のような棚には、陶器でできた観音様のような装いの白いマリア様の像がありました。そのそっくりなマリア様の像が台湾料理のお店に飾られていました。

### 白い陶器でできたマリア様の像

続きは夢ではなく現実のお話。ある時街裏にある定食屋さんに入ってみました。そこは台湾料理の店でした。その棚には夢で見た白い陶器で出来たマリア様の像が置かれていました。数年経って、あのマリア様の像はまだ有るのか台湾料理の定食屋さんへ見に行きました。そこには夢に現れたマリア様の像が、数が増えて何体か置かれていました。そしてその白い陶器のマリア様の像は、また隠れキリシタンの書にも写真が掲載されていました。これは不思議な現実でありました。

白いマリア様の画像 ※1

台湾のマリア観音

### 隠れキリシタンのおらしょ

琴曲六段とグレゴリオ聖歌クレド・日本伝統音楽とキリシタン音楽との出会い。琉球にあるお墓の形容が不思議で、どういう経緯でこういう形なのか知るすべも無く年月が過ぎたある日、長崎平戸の隠れキリシタンの本を手にしたとき、見えない先祖からの声を聞いたような気がしました。クリスチャンであったといわれるその知人の家系では、「何故か家に十字架はなく、教会へも行かず聖書もなく、基督について語ることもありませんでした。しかし日々の精

進、心の中での祈りの生活は聖書の教えそのもののような気がしました。」とのことです。そういう訳で近年のもろもろから乖離するとも、心の中で読めるものが、琉球のある一部には残されているのではと、気付きはじめました。

## 琴曲六段とクレド

題名のない音楽会「琴曲六段」と「クレド」。題名のない音楽会の番組を見て飛び起きた朝。琴曲六段とグレゴリオ聖歌クレドの旋律の一致。以前から時々サイトなどで、目にしていたグレゴリオ聖歌と琉球音階。吾輩は琉球音階は理解可能でありますが、グレゴリオ聖歌を知らず音源を探し求めました。一人琉球古典琴曲を弾く時、ときどき聖書にあることを、示唆しているような、そんな感覚にも驚きました。その話を聞いてくれる人は誰もいませんでした。友人に無理矢理聞いてもらい、また懸命に資料などを送付し話を聞いて頂いたこともありましたけれど、これほど明確にそのことを示唆した事柄が、日本で広く開示されていたとは、吾輩は井の中の蛙でありました。

コラム
瀧落菅攪　瀧落之曲発祥地　『「瀧落之曲」は尺八の名曲の一つで、本碑の200〜300m上流にある旭滝をモチーフとして、この地で作曲されたとされている。（参考：「瀧落之曲」その演奏は YouTube の「琴古流　瀧落の曲」などとして公開されています。）　大平神社に通じる狭い通路に旭滝と「瀧落之曲」についての説明が書かれています。
「旭滝は全長105メートルで、六段に折落しており真東を向いていることから、この名がつけられたという。ここは以前、功徳山瀧源寺という伊豆では唯一の普化宗寺院があったが、明治初年に廃宗となり同寺の本尊・木彫十一面観音菩薩立像と木彫不動明王坐像の二体は県指定文化財となり北条幻庵の菩提寺である金龍院に安置されている。また、尺八の名曲「滝落ちの曲」はこの滝から生れたといわれている。平成四年　修善寺町」
尺八 本曲　西園流瀧　西園流は浜松の普大寺所伝の本曲を中京地区を中心として伝承している流派。伝承曲は11曲。西園流から出た樋口対山（旧姓鈴木）はその11曲を基に京都で東福寺の庇護を受けつつ対山流明暗を興したとされます。

## 琴曲八段の調

琉球には、一段から七段まで存続。八段はないのです。よく聴きますと、琉球の七段と弦の弾き方は同じようでした。琉球の七段菅攪はもう少しシンプルです。亜熱帯の気候なので頑張らない演奏方法かも知れません。

## 滝落菅攪

菅攪とは、神の降臨を促すと言われます。[3]

※1 「カクレキリシタンとおらしょ」より
※2 Japanese traditional Bamboo Flute 伝承 西園流―明暗対山派　※3 八雲楽・菅攪

# 長寿の話

### 竹里館　王維

| | |
|---|---|
| 独坐幽篁裏　弾琴復長嘯 | 独り坐す　幽篁の裏　琴を弾じて復た長嘯す |
| 深林人不知　明月来相照 | 深林　人知らず　明月来たりて相照らす |
| 夜中不能寐　起坐弾鳴琴 | 夜中　寐ぬる能わず　起坐して鳴琴を弾ず |
| 薄帷鑑明月　清風吹我襟 | 薄帷に明月鑑り　清風　我が襟を吹く |

### 対琴酒

「琴はすがすがしい秋の泉の響きをひそめ、酒は龍鳳の池のようにたたえられている。しかし、これを手に入れながら十分に味わう者は稀である。ただひとり、奥深い竹林の中に座って、琴を弾いたり、長嘯したりする。深い森の中、だれもこの楽しみを知らない。やがて日が暮れて、月がさし上がる。」お琴とお酒は生ある時の素晴らしきものなのだそうです。台湾では竹里館のことをジュウリクァンと言い料理屋さんです。辻のじゅりの根源かも知れません。
音楽による身体への影響は、音の波動としてリラックス効果があげられます。長嘯とは息を長く保つ健康の為の歌唱法で作田節などもそうかも知れません。

### 長い人の道

一人の道ではなく遠い先祖からの人としてのつながりはDNAのなかに受け継がれます。ミルク神はそれを伝えようとしているのかも知れません。インドの信仰としてのシバ・リンガはリアルな体現を表現します。恋をすることへの楽しい若返りの逸話は、仙術として道教にいろいろと組み込まれていそうです。

### 琉球民謡「赤田首里殿地」で歌われる黄金灯籠

赤田首里殿地　黄金灯籠提ぎてぃ　うりが　明がりば　ミルク　うんけー
囃子言葉　シーヤープー　シーヤープー　みーみんめー　みーみんめー

### 土曜日の夕方からの安息日

ユダヤ教は土曜日にシャバットを行います。土曜日の夕方からは祈りの時間です。その夕暮れは女性が燭台にあかりを灯す風習です。なんとも赤田首里殿地の歌はそのシャバットを的確に表現しているような、そんな歌であります。夕暮れに黄金の灯籠にあかりを灯し「そのあかりが明がればミルク神をお迎えする」とそんな内容であります。そして囃子言葉のシーヤープーは、ペルシャ語のシャーとして、それは王のことを指します。ミルクという王をお迎えする琉球民族音楽とユダヤ教のシャバットはよく似ております。ミクルのお祭りは琉

球の地では白いお面をかぶり黄色い着物を着た、杖をもった神様が、後に大勢の子供達を引き連れ、にこやかに現れます。何とも聖書ルツ記のエリメレクのようでもあります。インドに至りましてはシバ・リンガとしてミルクをかけるお祭りがあります。ダビデが生まれる前のお話でもありました。

台湾の陶器でできたミルク神　　台湾の桃とミルク神

ルツ記第2章　2:1さてナオミには、夫エリメレクの一族で、非常に裕福なひとりの親戚があって、その名をボアズといった。第4章　4:13こうしてボアズはルツをめとって妻とし、彼女のところにはいった。主は彼女をみごもらせたので、彼女はひとりの男の子を産んだ。4:15彼はあなたのいのちを新たにし、あなたの老年を養う者となるでしょう。あなたを愛するあなたの嫁、七人のむすこにもまさる彼女が彼を産んだのですから」。4:16そこでナオミはその子をとり、ふところに置いて、養い育てた。　4:17近所の女たちは「ナオミに男の子が生れた」と言って、彼に名をつけ、その名をオベデと呼んだ。彼はダビデの父であるエッサイの父となった。（口語訳旧約聖書）

コラム
リンガの基本的イメージ
リンガはシヴァの男根。シヴァ・リンガ崇拝における、リンガに注ぐミルク（聖なる牛の乳）はシヴァ神と人間との性行為の儀式であり、未来に新しく生活を生み出して行く礼拝と考える。[※4]（ニューデリー博物館蔵）

リンガとヨーニ

琉球でのミルク神の始めは首里赤田から先島などへも伝わったとされます。

※4 『仏教伝来の道物語』池田勝宣著

長寿の話

# 竜神の住む宮殿

## 如意の珠を追いかける

**海神の國琉球**
隋書　流求国伝
流求国は海の中に位置する島。建安郡の東で、水行5日で着きます。田舎くさくて洞穴が多い。其王姓は歡斯氏、名は渇剌兜。その王となった由来は不明。彼を民は可老羊と呼ぶ。妻は多拔茶。
「流求國、居海島之中、當建安郡東、水行五日而至。土多山洞。其王姓歡斯氏、名渇剌兜、不知其由來有國代數也。彼土人呼之為可老羊、妻曰多拔茶。」

**メノウの勾玉に飾られた金の王冠**
学会の主流派からは長く認められなかった古代ローマ文化と新羅
「4～5世紀の朝鮮半島にあった新羅の王墓（慶州市在）の発掘で出土した金の太刀、王冠、装身具やガラス器・ガラス玉などについて研究されている。多くの写真をパワーポイントでスクリーンに映しながらユーラシア大陸の西に位置する古代ローマの文化が、大陸の東端である新羅まで到達していたことを実証的に語られた。出土品のメノウの勾玉に飾られた金の王冠は、古代ローマの樹木冠であり、黄金の太刀は、ドナウ川周辺のケルト人の巴模様で装飾され、金のネックレスや腕輪、指輪もイタリアで出土したものと共通性があることなど、美術史家の観点からの説明には説得力があった。新羅へのローマ文化の伝来は、シルクロードではなく、ドナウ川沿いのブルガリア、ルーマニア辺りから、クリミヤ半島を北上して、現在のシベリヤ鉄道の通っている草原ルートを東へ進み、中国の北魏の都であった大同で黄河流域に入り、平城を通って新羅に達していた。このルートは騎馬民族の通り道である。しかし、6世紀半ば以降はローマの混乱から途絶えてしまい、その後は、ペルシャの文物が中国経由で入ってくるようになった。新羅にローマ文化が来ていたという説は、学会の主流派からは長く認められなかったが、近年見直されてきた。また、韓国のKBSテレビも新羅とローマ文化の関わりを放送する由である。」[*1]

## 約一千年の歴史
韓国貴族のある方の系図は、一冊が7センチほどの厚さで、並べると1メートルほどの膨大な資料でした。それはハングル文字は読めなくとも、漢字や写真などで雰囲気はつかめました。約一千年の歴史あるその系図の持ち主の方の出自はチャイナで「鏡」という苗字から始まり、中間に李王朝が存在します。またその李王朝にある王と琉球の王とが、同名であったり、目を疑う夢まぼろしのような感覚でした。長いあいだの紆余曲折からたどりついた勾玉の歴史は、古代朝鮮と古代ロシア芸術が結びついていることだけは、感じとられます。

## 琉球の武寧王時代
韓国へ逃亡した南山王「中山王察度は一三九二年、李朝へ通訳の李善を遣わし、初めて礼物を献じた。倭冦から買い取った韓国人男女八人を韓国（当時の朝鮮）へ送り届け、翌々年同じく倭冦がさらった韓国人男女十二名を買い取り送り届けるとともに、韓国に逃亡している南山王子承察度の引き渡しを請うた。一三九八年南山王温沙道（承察度？）は、中山王に追われ、家臣十五人を率いて韓国の普陽（南東部）に仮寓した。流離者ということで、政府は衣服を支給し、ねぎらったが、八ヶ月後の十月には温沙道は客死した。※2
察度王は太祖李成桂に引き渡しを要求したが、太祖は自分を頼ってきた者を手渡しはしないだろう。南山王子も韓国で客死したのであろうか。沖縄の古書には韓国へ亡命した事は記されていない。承察度は、中山王武寧の代に韓国へ亡命している。※3」

## レキオスと勾玉
ガラス美術史からの解き明かしも、明確に語られる勾玉のロマンです。古代ローマ文明以前のローマにはリキヤ文明（のような）ものがあったようです。それはリキュア→レキア→レキオス→流ちゅう（虫偏に礼のネをとったもの）→琉球。大雑把にはこんな感じも有り得るのでしょうか。ミトラ教として牛を崇めることに関連するかもしれない「くてぃ（特牛）節」やジャイナ教との音の響きが似た「ジャンナー節」インドのリンガ関係（ミルク神）などが極素朴に琉球に片鱗が残されているのではないかと思います。琉球における勾玉はノロの祭祀用必須アイテムです。レキオの大航海時代と日本との関わりに勾玉は存在しているようです。八重山にはシュメール語と思われる言葉がいくつも感じられます。海外では、勾玉型のものはエジプトにおいては1つだけ出土したとされます。

## 長寿の話

クティ（特牛）のこと
**琉球古典音楽「クティ（特牛）節」**
常盤なる松ぬ変わるくとぅないさめ 何時ん春来りば色どぅ勝る（北谷王子作）

**琉球古典音楽「女クティ（特牛）節」**
御慈悲ある故どぅ 御真人ぬまぎり 上下ん するてぃ 仰ぎ拝む

**読谷間切大西の「くてぃ（牡牛）節」**
大西 ぬ こてぃや なぢぃち葉 どぅ 好ちゅる
我達 若者や 花どぅ 好ちゅる

訳：読谷間切大西のクティ（牡牛）は、やなづち葉が好み、我達若者は花（暗に美しい乙女をさします）がお好み。やなづち葉は、やなぎの葉かもしくは、牛の好きな牧草かもしれず、まだ解明されておりません。
「読谷村間切の大西集落には、物凄く強い牡牛がいた。この牛はやなぢぃち葉を好んで食べた。我々若者は花を好みます。」と伝わります。

コラム
「クティ」は「牡牛」
「牡牛」を表す「クティ」としまして、ミトラ教徒の祭典が行われる日「ナタリス・インウィクティ」があり、太陽神ミトラの誕生を祝ったとされています。

舞踊若衆クティ（特牛）節

舞踊女クティ（特牛）節

※1 『古代ローマ文化と新羅』由水常雄著
※2 『李朝実録』
※3 『首里城王朝紀』比嘉朝進著

## 新羅王　脱解

新羅本紀には「新羅第四代の王脱解はもと多婆那国の所生なり。その国倭国の東北1千里にあり」。『三国遺事』には「我本竜城国人也」と記されています。
注釈：『契丹日本史』（浜名寛祐著／八切止夫編）によりますと、多婆那国、龍城国は琉球と記されています。『龍城国即琉球』

コラム
謡曲　和布刈（めかり）　あらすじ
和布刈神社、長門国（山口県）早鞆の明神には、毎年12月大晦日に神職が海中に入り、海底の海布（め）を刈り、神前に供える神事がある。今日はその当日、神職達がその用意をしていると、そこへ漁翁と海女が来て、神前に供物を供え、神代は海陸の隔てがなかったが、火々出見尊が豊玉姫との約束に背いたため姫は龍宮へ戻り、それ以来、海陸の境ができたが、今日の神事には海中に陸路を造るのだと語り、海女は天女、翁は竜神の化身と明かし波の中に消える。やがて海女は天女となって現れ舞を舞い、翁は竜神の姿を現し潮をしりぞけたので、神職達は海底に容易に入ることが出来、海布を刈ったという。
神殿に見立てた小宮が一畳台上に据えられるが、神職は台上から海底を松明で照らし海布を刈る。「豊玉姫は関門海峡に宮（豊浦宮）を持ち、宮は龍宮とも呼ばれた。*1」

## 宝玲文庫

ハワイ大学マノア校図書館所蔵、阪巻・宝玲文庫
大戦後、膨大な資料を失った琉球は、唯一残された宝玲文庫を、管理出来ず、資産家の方が出資して下さり、ハワイ大学で保管される事になったと伝わります。その点、出資者に対して琉球民族として吾輩は深い謝意を持っております。イギリス人ジャーナリストのフランク・ホーレー氏が収集所蔵していたものや、阪巻駿三氏の個人蔵とをあわせて宝玲文庫と呼ばれました。1400年代から1960年代までの琉球・沖縄関連の文献です。

コラム
ホーレー文庫と仲原善忠先生
英人フランク・ホーレー氏（故人）のコレクション中、沖縄に関する文献が一括購入されてハワイ大学に保存されていることは、人のよく知るところである。この文庫は現在国際的な役割を果しており、沖縄、日本、アメリカから著名な学者が次々にハワイにやって来て、沖縄研究が一段と活気づき、光輝を添えて来たことは否定できない。ハワイ大学には阪巻駿三という歴史学の教授がおられる。その阪巻駿三博士が東西文化センターの仕事の一つとして、沖縄研究に目をつけ、その皮切りとして仲原先生と比嘉先生を招聘することにしたのであった。地元の有志の推薦もあって、二人の招聘が内定すると、その打ち合わせかたがた阪巻駿三博士は渡日した。その頃アメリカではナン・アメリカン・スタディーズが熱を帯び、ロックフェラー、フォードその他の有力財団がこれを経済的に援助していた。阪巻氏の努力によりホーレー文庫はハワイ大学の手に帰したのである。（一九六五年

## 長寿の話

四月、「沖縄文化」仲原善忠先生追悼号）（『ハワイ今昔ノート』山里慈海著より）

奥里将建氏の記した平家
『沖縄に君臨した平家』『琉球人の見た古事記と万葉』
親川光繁氏のお話　「仲宗根政善（琉球大学教授）1963年4月から64年の6月まで、私はハワイ大学の東西文化センターにいて、ホーレー文庫に閉じ籠って、日々を幸福感に満ちて過ごしていた。書架に並べられた三千余冊の琉球関係文献を見、如何に多くの先輩が琉球研究に従事して来たかを知り、自分の研究の微々たることがかえりみられて、これら先輩の業績に対し敬虔の念がわき頭がさがった。奥里先生に感謝の意をこめて御手紙を差し上げたら、さっそく御返事があり激励の御言葉に添えて、こんな事が書いてあった。『頑強な東恩納先生さえ亡くなられた。私のようなものは風前の灯火同然だ。』と。あれっきりだった。しばらくして奥様から先生が亡くなられたお知らせがあり、私は全く暗然とした。」

### 『沖縄に君臨した平家』奥里将建著より

「京の内の　のろ（祝女）　のろ　あよ（心）揃て　神楽拍子　みおやせ
精の君ぎゃ君　よしぎゃ　伊勢拍子響で　打ち上げれ
鼓の取る音頭に合わせて、歌を合唱することも行われていた。平家物語の暁方に康頼入道ちとまどろみたる夢に、沖より白い帆かけたる小舟一艘こぎ寄せて、小舟の中より紅の袴着たる女房二、三十人あがり、鼓を打ち声を調べて
　万の仏の願ひよりも、千手の響きぞ頼もしき　枯れたる草木も忽に
　花咲き実のなることそ聞け
と二返り歌ひ澄して、かきけすように失せにける（卒都婆流、覚一本）

### 李朝実録漂流談　黒糸威の鎧
国王御幸の時の護衛の軍士は三百余、皆鎧を着けて馬に乗る。前後に列を正して行進する。持っている武器は、或は弓矢、或は剣、或は形が鉤の如きもの（長刀か）。前後に列を正して行進する。国王は或は輦に乗り或は馬に乗る。行進する軍士は皆歌を歌っていた。」

### 『沖縄に君臨した平家』その2
『院政貴族語と文化の南展』奥里将建著によりますと、奄美その他を拠点に多くの平家関連の文献が残されていますが、壇ノ浦で滅亡したというカモフラー

ジュの平家は、その雅な文明を琉球に根強く残したと思われます。沖縄に残されている地名として、住吉、寒川、若狭など果てしない論証があります。その奥義はなんと琉球古典芸能に託されていました。

### 琉球古典舞踊「高平良万歳」
万歳の歴史をひもとくとき、日本古代の門付芸能とも類似します。その流れのかなり古いと思われる、はるかいにしえの芸能、風習、言語などが、「高平良万歳」一つにも見られます。源氏系あえていうなら、騎馬民族的な要素で、平の名を戴く豪族に敵討ちをするストーリーでもあります。

### 平家物語「まどろんだ夢の中」
「昔の内裏に勝る美しい所に、先帝をはじめとする一門の人々が居並ぶのを見て、ここはどこかと尋ねたら、二位の尼らしき人が竜宮城と答えた。ここに苦はありませんか？とたずねると、「竜宮の苦は、竜宮経に書かれており、よくよく後世を弔って下さい。」といわれて目が覚めた」（梅原猛「阿修羅の世界（平家物語）」『地獄の思想』所収）

### 悲しき平家物語
「夫婦は一夜の枕を並べるのも五百生の宿縁（五百度生まれ変わる前から結ばれている縁）と申しますので、先世の契りが深いのです。生者必滅、会者定離は浮き世の習いでございます。末の露もとのしずくのためしもあるので、たとえ遅い早いの違いはあっても、遅れ先立つ御別れを最後までしなくて済むというようなことがございましょうか。かの離山宮での玄宗と楊貴妃の秋の夕べの約束も、ついには心を悲しませるきっかけとなり、漢の武帝が甘泉殿に妻の生前の姿を描かせたというが、その恩愛の情も終わりがないということではない。今や夢昔や夢と迷はれていかに思へどうつつとぞなき。」[※5]

### 諸鈍シバヤ
安徳天皇のお話は、南走平家として琉球や奄美の地に多くの伝説が残されております。きわめつけは、奥里将建著『おきなわに君臨した平家』『院政貴族語と文化の南展』、親川光繁著『あゝ北山王国』『与勝離島の混血たち』それ以外に奄美や硫黄島などにもかなりの伝説があります。諸鈍シバヤは、平資盛（たいらのすけもり）一行が伝えたと伝承され、大屯神社はご祭神資盛卿が祀られております。南走平家として奄美や琉球へ来たであろう平家と思われる人達は、多くの歌や踊りも

131

# 長寿の話

残しました。
加計呂麻島 瀬戸内町・諸鈍において国指定重要無形民俗文化財である諸鈍シバヤは仮面をかぶった芝居です。この仮面劇をたどると韓国の金首露王や、金首露王の妃 許 黄玉（きょこうぎょく）の出自である古代インドや蚕のお話などにもつながります。金首露王の妃の故郷はインドのサータヴァーハナ朝でジャイナ教なども発展したとされます。ジャイナ教の音の響きは古典音楽ジャンナーにも似ております。
―ジャンナーとは昔のおだやかな平安―

**奄美といえば諸鈍**

奄美大島加計呂麻島の諸鈍は、何もない淋しい所です。琉球古典舞踊に残された「諸鈍」に対して見た幻は、高貴な公達が御供を引き連れ波とともに島を進む悲しき夢。それは遠い記憶の潜在意識に織り込まれた、いにしえの出来事でした。実に多くの平家の逸話が残された奄美の不思議。壇ノ浦での滅亡は、平家存亡の幻であったのかも知れません。現実には隠れ逃げ延び、琉球の舞天王になられたのが、安徳天皇であらせられるのか。物悲しい琉球古典音楽「諸鈍節」（しゅどぅん）は、後白河法皇と建礼門院の物語になぜか幻想が重なります。

琉球古典舞踊「諸鈍節」（しゅどぅん）

## 平家とペルシャ

「『ペルシア文化渡来考』著者の伊藤義教氏（1909〜1996）は、京大出身のイラン学者（古代ペルシアの研究者）文学博士で、実家である浄土真宗の寺をついだ住職でもあります。『ペルシア文化渡来考』では日本に伝わる文献や行事などから、古代日本にイラン（古代ペルシア・ゾロアスター教徒）の文化・技術を持つ人が渡来した証拠を見つけ出します。東大寺の修二会、お水取りの創始者である僧侶・実忠が「異邦人」を意味する中世ペルシア語ジュド・チフルを音訳して名づけたイラン系の人物とし、修二会がゾロアスター教の影響を受けた行事としています。」

## 八切止夫著『新平家意外史』より

「久米部族は、それではいつの間に琉球に定着したかといえば、慶長十四年（一六〇九）三月に薩摩軍が来攻した時は、既に中山王尚家を守って勇猛奮闘。『匹夫なりと云えど、その忠節はもって武人の鏡となすべし』と、島津家久をもって驚かせしめた程の敢闘ぶりを示した。
しかし尚寧王が、これ以上の抵抗は琉球全土が焦土に化そうと、忍びがたきを辛抱せよと降伏すると、彼らも王に従って帰順。そして王城の近くにハジカミを植えた一画を作り、『人垣』というか『埴輪』のように周りに住みついた。そこで土地の言葉でこの親衛隊のことは、『さしえそば（鎖え側）』といわれるようになった。
しかしヤマトの軍隊に蹂躙されたことへの抵抗なのか、その後彼ら久米部落の者は、かつての『三十六軍団』を『三十六姓』と改称し、ヤマト言葉は一切使おうとせず、やがて彼らは『唐栄』と言われるようになったという。

『みつみつし久米の子らが垣もとに、植ゑしハジカミ口ひひ（辛）く、吾は忘れじ　撃ちてやまむ』の久米の子らが、やはり武士団の『元祖』ということになろうか。

『尊王の旗をたて決起するも、臣その力及ばずして大御心を安じ奉るあたわず、一死をもって御許しを乞う』と遺書を残して自決をとげている事実すらある程である。この場合の王とは琉球国中山王である。さて、北京で自決した族長「林世功」は幕末から明治初年にかけて、中城王子尚典の侍講をつとめていたが、厳格に『良き鉄は決して釘にはならない。釘は屑鉄をもって当てます。人間も良きものは云々…。』と、語呂合せみたいな事を説いて王子を教育して

## 長寿の話

いたそうである。だからこの王子尚典は、船にのせられ東京へ連れてゆかれたが、あくまでも軍人になることは拒まれたそうである。日韓併合でわが国の皇族になられた李殿下も、やむなく軍務につかれた時代に、琉球の前王子だけが、あくまでも自決した林世功の遺訓を守り通したという。」

親川光繁氏の書
『あゝ北山王国』『与勝離島の混血たち』
南走平家は、硫黄島に落ち延び、伊平屋、伊是名を経て琉球王になったと記された文献であります。南走平家の格言「平家は名乗らず、身分を隠す。」とあり、安徳帝の硫黄島における痕跡が記載されております。奄美の諸鈍は、琉球古典音楽、古典舞踊にて「諸鈍節」として継承されており、平家の栄華を偲ぶもので恋の歌に託して、平家の栄華を懐かしむような歌詞です。

**食物と体型**
「神武天皇東征せらるるや、『設牛酒大響軍士』とあるに非ずや、牛酒は牛乳を以て製する所なり…。
『三才図会』を読むに『天武天皇詔 天下禁食六畜肉以来神社忌其穢仏氏最禁殺生故忌避餌取者不許同居同火以異姓氏』也。
上古以来食肉の変ぜずして今日に至らしめば、国民の体力骨格必ず卓然観るべきものありしならむ。惜しきは政治や宗教もこの風習を続け、国民の体力骨格をして矮小にしてかつ軟弱ならしめたり。[※6]」
神武天皇東征の時代では、牛乳を以て製する所の牛酒などを食していたとされます。醍醐は牛または羊の乳を精製した甘くて濃厚な液体としておいしい味を表した言葉。肉食であったけれども、天武天皇詔により、『禁食六畜肉』肉食は忌むべきものとされ長い年月菜食主義となり、骨格が矮小にして軟弱になったと記されています。人は食べるものの内容で体格などが長い月日の間には、変化していくようです。実際吾輩の祖父は大きな体格で次に叔母達も背が高く、だんだんと体格が小さくなってゆく過程を身近に見ました。
親川光繁氏の語る平家のお話の中に、『与勝離島の混血たち』があります。そこは津堅赤人という強くて筋骨逞しい大男のお話が記載されております。

**□津堅赤人(つけんあかひと)のこと**
「一八〇〇年代、赤人は資性豪放磊落六尺余りの筋骨たくましい大男で力飽く迄強く動作極めて敏捷実に天成の武人であった。国王の冊封時、赤人は公儀か

ら町の治安維持を仰せつかって、主として那覇の町の警戒にあたっていた。
或日町を歩いていた支那の役人が途中で出会った美しい娘を、無理矢理にどこかへつれ去ろうとするので、娘は声を限りに助けをもとめたが、誰も後難を恐れ娘を助けようとする者がいない。丁度そこを通りかかった赤人は物も云わずその支那人の腕をひねりあげて娘を逃がしてから、馬鹿な真似をするとただでは許さんぞと怒鳴ったが、津堅言葉だから分るはずがない。相手も支那言葉でチンプンカンプン怒鳴りながらなぐりかかってきたので、赤人はその襟首をつかんで、海端に引きずっていって、琉球の潮水を御馳走してやろうねと云いざま自分も一緒に海中にもぐり込んで深い処でつき放した。
後でこのことを知った支那の上役から琉球王府に対して直ちに犯人をつかまえて差し出すようにとのきびしい命令が出た。すると琉球の係官は『実はあの大男は琉球人ではありません。どこから来たのか分りませんが、時々町に出て悪いことを働く奴は琉球人でもあのような目に合わされます。あの男はいったん海にもぐりこんだら全く行方が分らなくなってしまう不思議な人間であります。だから折角のお仰せではありますが、いつつかまえることが出来るかさっぱり予想が立ちませんのでそのおつもりでいて下さい』と返事をしておいた。もともと支那人が悪かったのを知っていたのでそのままになってしまった。
又、赤人は暴風にあって朝鮮に漂流し、そこにいた時、某日猫、大猫と思って退治してもち帰ったら、それが、人々の恐怖となっていた人喰虎であった。と。―何れも勝連村誌から―[※7]」

### 琉球古典音楽「諸鈍」

枕並べたる　夢のつれなさ　月は　西さがり　冬の夜半(いり)

「妙齢の夫人がいにしえを忍び、恋人をなつかしむ。」という設定ですが、恋人とは、平家の典雅の頃を現しているような、そんな雰囲気の曲想です。琉球古典音楽にある大変気品の高い舞踊での歌詞は、やはり平家のいにしえを偲ぶ歌だったのでしょう。諸鈍節は切ないメロディではありますが、荘厳な曲想でもあります。望郷の念に茫然自失の女性、琉球で言う「魂(まぶい)」が抜けて虚空をみる目つきを、三角目付として高貴な方の空しい魂を表現しているように思います。この舞踊は、視線の動きが重要です。空を見つめる　せつない女の情念を表しますが、往々にして、秘めたる伝説は、恋人とのやり取りに置き換えて表現します。これは、都落ちした貴人の方々が彼の栄華を偲ぶ思いと受けとめられます。この一曲、一つの舞より、いにしえの平家というビジョンは奄美大島、加計呂麻島の諸鈍へ来た事を思いやったのでした。この曲を演奏すると

## 長寿の話

き、なぜか高貴であろう方々が豪華絢爛な衣裳のいでたちにて、舟で渡る場面が脳裏の中に映像のように浮かんでくるのです。人数は30名ほどで大切な幼い人を抱き乳母のような方、護衛の人々等、心の中に思うことを秘めながらと、そのように連想される曲です。霊魂は確かに音の中に生きていると考えます。

※4 ウェブサイト 関門海峡にある「和布刈神社」
※5 ウェブサイト平家物語10
※6 八切史学『天の日本古代史研究』八切止夫著
※7 『与勝離島の混血たち』親川光繁著

## ベトナム宮廷音楽と琉球御座楽

ベトナム宮廷音楽と琉球御座楽の共演が国立劇場沖縄でありました。
琉球古典音楽の楽譜は工工四といわれますが、ベトナムもそうだったそうです。ベトナム、フエの宮廷音楽と琉球御座楽はよく似ていてました。正倉院にある、夜雨琴は、ペルシャ産といわれますが、フエも琉球も楽器として使用していることは、文化の伝播の証明です。聖書の民が苦難の旅の道すがら足跡をつけていったのかもしれません。ケムビルであろうと感じさせるものもありました。文化や思想の伝播は文献だけが証明するもではないと感じさせられます。また人間とは感じ取る事ができる動物であるのかなとも。歴史的紐解きとヘブライ文化、イスラム文化諸々につながってゆく感がありますが、それは大変複雑であります。現在の所では、名桜大学教授上間篤氏の論文が、スペインの馬舞い「クラージュ」と琉球、辻の「ジュリ馬」によるウマメーサーの類似の研究、その他があります。また今帰仁城跡からはアラン人文明、騎馬民族の痕跡などが発見、発掘されております。
「元朝に仕えたアラン人」スペイン、イベリア半島、からのウマイヤ王朝の歴史やシルヤブの歴史などとても広範囲な歴史に琉球はかかわっています。
ジュリ馬に関しましてもスペインに類似したクラージュという芸能があり、スペインからの改宗ユダヤ人、イスラムへ改宗したヘブライ人その他、迫害の中を、生き延びた人々の隠された多くの歴史、また栄光の歴史の中から示唆される琉球の芸能でもあります。

ベトナムの馬舞い

辻のジュリ馬

## 長寿の話

沙羅双樹の花の色

琉球紅型

沙羅双樹の花の色は琉球紅型にあしらわれております。

**琉球と奄美に伝わる「しゅんどー節」**

シュンドー　諸鈍長浜に　ヨウ　ア　シュンドー
打ちゃい引く波ぬ　ヨウ　ア　シュンドー
諸鈍女童ぬ（みやらび）　ヨウ　ア　シュンドー
目笑れ歯ぐち（みーわ）　ワタチャンドゥ　ア　シュンドー
諸鈍女童ぬ（みやらび）　雪色ぬ（ゆちいる）　歯ぐち　いちか　夜ぬ暮りてぃ　御口吸わな（みくちす）

この曲は尚徳王が月夜の晩に浜で踊る女童（みやらび）の姿を見て賛歌したと伝わります。

古典打組踊り　醜童

**祇園精舎の鐘の声**

諸行無常と響くとされる平家の歌った「祇園精舎の鐘の声」と表現される音とはどのような音色だったのでしょう。平家とは八切止夫氏の研究によると、波斯とも書かれ、平はペイとも呼ばれるらしい。ペイや波斯は、ペルシャのことでもあると、昨今は研究されています。そのペルシャやタイ、ベトナムなどで共通する仏教伝来の鐘の音は、さまざまな要素を今に伝えてくれるものではないでしょうか。

ペルシャの仏教的な鐘の音、バリのガムランでの特大シンバルに似た楽器の重厚な響き、ベトナムの異国的な打楽器の音。それらは、電子機器を介さない物質の直接の音であります。この音は五感で受け取れるような、何か潜在意識を呼び醒す見えない何かを受け取ることができるような、そんな雰囲気です。

何を受け取れるか？ それは細胞に作用する心地よい何かです。それと同時に意識は瞬時に、いにしえの世界へ旅することができます。そのメロディの根底には何が存在するのでしょう。

はるかな、限りなくはるかな時代、きっと人々は幸せな心地で居られる環境にあったのではないでしょうか。科学は進歩しているように見えて、もしかしたら衰退している事に気付かないでいるのではと、ふと思ったりします。ロボットに人工知能、電子機器による無機質な巷の音楽、バーチャルな映像、それは、人がこれだけの物を造り出したのであるから、現代の科学は素晴らしいと賞賛し、ほとんど手のひらの中に納まる程度の液晶機器に、思考力も何もかもを捧げているかのようです。

ところで、手のひらの液晶画面やデスクトップのモニターから眼を離し、青い空を見上げてみる。潮騒の音を聞いてみる。地球の生まれたころの溶岩が固まってできたであろう、ゴツゴツした岩に寄り添う草花、平和の象徴と言われる、綾はべる（蝶）などを眺める時、これほどの環境は人には造れません。神様にしか造れないと、心の中の眼でまわりを捉えるとき、それがきっと神様との対話かもしれません。

**ユダヤの人の言葉「クンティータ」**

青い空は、果てしなく空です。何もないのですが気があります。それが空気で元気のもとを「クンチ」といいます。今では意味不明な琉球の言葉に「クンティータ」という言葉が祈りの時に使われるそうです。これはある人のお話では、ユダヤの人の言葉であるらしい。『炎のめざめ』の著者である喜屋武照真氏の説によると、座間味のルカヒやいろいろな所へ、ユダヤ人の痕跡があり、

## 長寿の話

その文明が共存することを述べています。

その書には「ヨハネの黙示録は琉球にある」とも書かれています。『炎のめざめ』の書を最初に眼にした時、何だかとても意味不明な、理解不能な内容ではありましたが、何か心にメッセージが届けられるような、いつも意識の片隅に存在する喜屋武氏の言葉はありました。その神秘的な本に書かれた、伊平屋島のくまやでは古来からの神事が行われたようです。随分と時に隔たりがありました当時はフェリーなどなく、エンジンを積んだ10人くらいしか乗れない小さな舟で、伊平屋や伊是名へ門中で祭事か神事を見学へ行きました。あの頃の海を1メートルもない舟の縁から見る海は大変美しく素晴らしい景色でした。

# 発見！ムー大陸

## ムー人の記憶は祈りの形で残る

**木村教授のメッセージ**
楽園生活と黄金の大陸、残されたムー文字は火山爆発と津波で海底へ沈んだ。木村教授による海底探査機なつしま、ドルフィン3Kを用いた海底探査報告がなされました。ジェームズ・チャーチワードは太平洋上にムー大陸があったとの説を唱えております。海底探査機ドルフィン3Kはケラマ海域で3300メートルの深さまで海底へ潜り海底を調査しました。（「発見！ムー大陸」2016/12/01公開）

**謎の線刻石板**
旧沖縄県立博物館の地下にはロゼッタストーン石板がありまた熱水孔（海底から熱水が吹き出しているエリア）は海底に火山活動があることを表している熱水鉱床であり、深海生物をひきよせます。深海2000で潜水調査した頃、ブラックスモーカーが見つかりました。摂氏700度の湯が含まれており金鉱床があります。ムー大陸には黄金伝説があり、久米島には金山跡があります。金に彩られた華やかな暮しをしていた沖縄が想像できると木村教授は述べています。

**トカラ沖海底でのサンプル採取**
1200メートルの海底からの石灰岩引き上げ。通常珊瑚は浅い所にいるとされます。これは陸が海底へ沈んだ証拠だと思われます。活断層が見え、海の中の断層はムー大陸の沈没をあらわし、沖縄海域では激しい地殻変動が見られます。

**中城湾の石灰岩**
1万数千年前の岩としての中城湾の石灰岩。港川原人の発見（1967年）と1万8000年まえの遺骨は大山盛保氏により発見されました。港川原人は四角っぽい顔、153センチくらいの身長で上半身はきゃしゃな人骨で、鎖骨は細くて短く、下半身はしっかりしており足腰は丈夫でがっしりしています。港川原人は東アジア、インドネシア人のワジャク人の骨格に似ています。進化して縄文人になったと考察され、またムー人は高度な文明を持っていたと考えられます。

# 長寿の話

### 拝所や洞窟、テラガマから出てきた石板
謎の文字が刻まれた線刻石板が発見されており、米軍基地の中に遺跡があります。森の中の洞窟、テラガマ、拝所から石板が出てきました。文字化された記号のようなものが彫られており、ムーの文字と言われるものに似ています。
44文字から出来ており、チャーチワードの言うムー文字かもしれません。
琉球は広大な陸地であったが水没しました。琉球王朝の王様は太陽の子、テダコと言われ、うずまく力で國を守ります。この世の大異変が起きて琉球列島は水没しました。
浜比嘉島の吉本シゲさんは謎の文字に出会いました。「神さまが手を引っ張られてつれていかれた。神様が夢枕にたった。山羊のミルクを飲ませなさいと神がいった。」はちまんの洞窟を5メートル下った後10メートル進むと、鍾乳石が成長していたので見えにくかったが、ムーのシンボルが岩にきざまれていました。明治生まれのおばあちゃんのハジチはムー文字がならんでいまして、おばあちゃんの右腕の内側には謎の石板と同じ文字がしるされていました。

### ドルフィン3Kが海底で発見したもの
動物化石らしきものを多く発見。水深600メートルから引き上げられました。
化石、牙かどうかはわからないけれど骨には間違いないとし、鹿児島大学古生物学教授 大塚裕之氏が研究をしております。化石は鯨であり、また陸上の四つ足の可能性もあります。ムー大陸には象が群れをなしていたといわれ、陸上動物の象、牛、犀の可能性があります。
知念村、ジーブー洞は絶滅動物の化石が多くでます。沖縄には洞窟が7000近くあり、リュウキュウシカの骨なども出土しております。ハブの種類の分布としての奄美、沖縄は、島の沈降、隆起がうかがわれます。ノグチゲラ、カンムリワシ、ヤンバルクイナも異変の名残。津波石も多くあります。

### 1775年の大津波
「大正時代八重山方面の海底火山が大爆発。与那国島にムー大陸の遺跡らしきものがあります。化石を発見した新嵩喜八郎さんは、ダイビングショップのオーナーです。『遺跡ポイントは神秘的なインカ帝国を見ているような遺跡です。』と新嵩喜八郎さんは述べます。アラカワバナの近くには、地殻の変動を見せる断層があります。沖縄の多くの海は珊瑚礁になっており、遺跡ポイントのある海底で、新嵩さんの指差したものは神殿に見え、塔のようなものも見えます。ムー大陸と沖縄の海を結びつけるものはもうすぐ見つかるでしょう。

島々は陸の沈んだ名残です。」
木村教授の一連の調査は大きな成果のもとに終了するとされます。

## 浦島明神縁起絵巻伝説
「ムー大陸がここにあったという実感があります。浦島明神縁起絵巻伝説では、楽園が海に沈んでしまったことを表わしています。ハーレー（爬竜船）はムー大陸の水没を無意識のうちに記憶しているのかもしれません。ハーレーの日は早朝から山嶺毛(さんてんもう)で祈りが捧げられます。[※1]」


コラム
「歴史ミステリー　沖縄海底ピラミッド王国を暴く」より
北谷の沖200メートルにあるピラミッド。扶桑　淮南子　謎の国　楚　ハイビスカス王国。ひじゃ川や嘉手納基地からも石板が発見されました。
北谷海底ピラミッドとソポタミア
線刻石板に書かれている文字。□に線がよこに描かれている文字は「エンキ神」水の神様。沖縄と地中海文明ギリシャなどで見られます。元はメソポタミア神話に由来するといわれます。※エジプトのナイル川を支配する神「ハピ Hapi」は水の神


※1 参考 ウェブサイト「発見！ムー大陸（65）」より

> 長寿の話

# 北風と太陽

## 奄美のヒット曲「島育ち」から

**北風のこと**
「赤い蘇鉄の 実も熟れる頃 加那も年頃」と歌われる田端義夫氏の「島育ち」に、朝はにしかぜ 夜は南風というフレーズがあります。この「朝はにし風」とは北風のことでありまして、南西諸島あたりでは北を、にしと発音しました。

**尚寧王 王妃のおもろ 王は てぃだ（太陽）の化身**
みーにしが まに まに ふきば あじすい てぃだ ぬ 御うに どぅ まちゅる
北風がそろそろ吹いてくれば 按司添てぃだ（太陽）の 御船を待ちます
※按司添てぃだ（太陽）とは国王のことをさします。
薩摩に行かれた尚寧王におきましては、長期に琉球を御留守になさいました。待ちわびる王妃は、みーにし（新北風）が吹き始めた季節を心にとどめ、尚寧王の御無事のお帰りを祈ります。吹き始めた風の気配で、「みーにしが まにまに ふけば」と北風がそろそろ吹き始めると、按司添てぃだ（太陽）と呼ばれる尚寧王の御帰りが近くなるのではと、その歌に心を託します。この「みーにし」は新しい北風。秋もおわりごろ、そろそろ北風が吹き始める季節に入っていきます頃。「まに まに」とは時おり、時々、そろそろ、ということで奄美の言葉などで、「汝きゃ まにまに いもりんしょり（あなた方、たまにはいらっしゃい）」のような表現で、まにまに、とか、まどぅ まどぅ、という言葉を使います。
季節風と潮の流れを見て航海していた昔は、風の吹き具合に敏感でした。西洋と東洋をつなぐ航海にも、またザビエルとアンジローの時代にも風待ちという事柄があったそうです。

ソロモン王のタルシシ船と孔雀
**エリュトゥラー海**
　『エリュトゥラー海案内記』では、インド洋に吹く季節風を利用した遠洋航海の記録があります。エリュトゥラー海とは紅海のこととありますが、ペルシャ

湾やアラビア、インドなどを広範囲に航海をしていたとされます。ソロモン王はタルシシュと交易をしていたといわれ、その交易品は、乳香や孔雀などもあったそうです。その孔雀は、八重山の小浜島に闊歩しておりまして、ほぼ野生化して元気に棲息しております。たんなふぁくるー（玉那覇黒）という御菓子を孔雀にあげたら、孔雀がもっと欲しいということで、巨大な孔雀に追われ、逃げたことがありました。昔の風流な庭造りには、琉球の岩礁を庭に配置し植物を植え、木陰をつくり、そこに優雅に孔雀が羽をひろげている構図が庭としてのステータスでもありました。

歴代志下第5章　5:2ソロモンは主の契約の箱をダビデの町シオンからかつぎ上ろうとして、イスラエルの長老たちと、すべての部族のかしらたちと、イスラエルの人々の氏族の長たちをエルサレムに召し集めた。（口語訳旧約聖書）

聖書で述べられるシオンは琉球古典音楽作田節の中で歌われる囃子言葉のツォンが聖書のシオンとしてヘブライ語で同じ発音であることから、シオンはダビデの町としてなんらかのつながりもあるような気がします。ダビデの子ソロモンのお話では、旧約聖書歴代志下の記述に、シンバルとラッパと堅琴その他の楽器が登場し、声をふりあげ歌う情景もあり、なんだか首里城での祭祀ととてもイメージがリンクする幻想の世界です。諸々はつながり日々の積み重ねが年代になり、歴史になり、それを結びつけるのが海の潮流と風であります。潮の流れとともに気配が感じられます新羅の第四代王である脱解尼師今の尼師今は、「ヤーウェの旗」と解説された書もあります。『古代日本とヘブライ一掃政策』より「主は我が旗、ヤーウェ・ニッシで、ニシキンとは、憐れみ深いヤーウェ様を表現したものであったのです。」と記されております。

海洋国家としてのつながりがあったであろう、スリランカで使われるシンハラ語のデーワ・ダーラは、松の木や菩提樹をさすとされます。これは『あじまさの島見ゆ』の書に記載された神の木、デーワのお話であります。古代の言葉の変遷は何かまだまだ見えない歴史が多く秘められていそうです。

## 長寿の話

小浜島のくじゃく

# 北極星に祈る

## 長寿を祈願　首里めでい孵(し)じやびら

### 飛(とう)び安里(あさとう)
飛び安里は、空を飛ぶ構想を考え、妻に紐をもたせ、手づくりの飛行機もどきで、空を飛んでみた。それを見ていた飛び安里の妻は、天女の所へ行ってしまうと心配して、飛び安里の飛んでいる物体の紐を強く引いた。そのため飛び安里は、せっかく空を少し飛んだが、わずかで落下してしまったと伝わります。

### 王莽(おうもう)曰く、酒は百薬の長である
中国の歴史に出て来る　王莽(おうもう)は、匈奴を偵察するために人を募った。その中に一日に千里を飛び、匈奴を偵察できるという人が出て来た。王莽はこれを試させた。その人は大鳥の羽を付け全身に羽毛をまとい紐でつなぐしくみで数百歩飛んで墜落したと『王莽(おうもう)伝下』で伝わります。その王莽(おうもう)曰く、酒は百薬の長であるとのことです。ただ、『徒然草』には「百薬の長とはいへど、よろづの病は酒よりこそおこれ」とも。ほどほどのお酒は体にはよろしいということでありましょうか。

### 自然醱酵したお酒
エジプト第五王朝のお墓には、ビールの製法記録が残されているとされます。BC3000年ころにはエジプトでビールは造られていたようです。焼酎は、猿酒がはじまりと言われ、岩のくぼみに蓄えた木の実が自然醱酵して酒になり、それを飲んで酔った猿を見て人間がまねをして、酒を造り始めたとされます。[※1]

焼酎の蒸留方法　『古代日本史の謎』加藤大門著より

※1　『古代日本史の謎』加藤大門著

## 長寿の話

### 泡盛と天上の拝礼

琉球には泡盛があり、やはり蒸留して造りますが原料はタイ米といわれます。この泡盛は長寿の要素があると言われ、御正月には首里城で「大通ーり」という行事の中で、ふるまい酒として琉球国王から庶民へふるまわれました。

かつての琉球国王は、正月三ヶ日「朝拝御規式」の儀式をなされ、民の安寧と国の平安を祈りました。「子之方御拝」では北極星に祈りを捧げ、神の霊力を身につけ、「天上の拝礼」という形で首里城正殿二階の唐破風の座から、姿をあらわします。国王の祈りにより神の霊力を身につけた、その聖なる「精霊」が民に行き渡る為の祈りの行事でした。民は新しい年を首里城正殿で国王とともに祝い「孵で変わる」のです。琉球での最高のご挨拶の言葉は「しじやびら」でした。それは「首里めでい孵じやびら（首里を愛でて、しじる・復活いたしましょう）」という意味合いになります。「しじる」は孵化するの意であり、蛹が羽化して蝶になるように、復活のことを御挨拶の言葉にしております。「すでぃかわり」は生まれ変わるなど、蛹と蝶の譬えで長寿を祈願いたします。琉球民族音楽「祝い節」では、うゆえ　ぐとぅ　ちじく　よ（御祝い事続くよ）白髪御年寄りは床の間にすわらせてと歌い、長寿のお年寄りを崇め、あやかる新年を祝いました。

首里城の天上の拝礼

### 天上の礼拝

ヨハネの黙示録第4章　4:1その後、わたしが見ていると、見よ、開いた門が天にあった。そして、さきにラッパのような声でわたしに呼びかけるのを聞いた初めの声が、「ここに上ってきなさい。そうしたら、これから後に起るべきことを、見せてあげよう」と言った。　4:2すると、たちまち、わたしは御霊に感じた。見よ、御座が天に設けられており、その御座にいますかたがあった。　4:3その座にいますかたは、碧玉や赤めのうのように見え、また、御座のまわりには、緑玉のように見えるにじが現れていた。　4:4また、御座のまわりには二十四の座があって、二十四人の長老が白い衣を身にまとい、頭に金の冠をかぶって、それらの座についていた。（口語訳新約聖書）

**民族の火は消えず**
琉球国の五百年来の中国からの冊封(さっぷう)。その見返りはとても膨大で民は喜び、唐から船が入る知らせがくると「唐船(とうしん)どーい」、唐から船が入ったといって喜び飛び跳ねて港へ船を迎えに行き、カチャーシーを踊りまくりました。

**琉球民族音楽「唐船(とうしん)どーい」**
唐船ドーイ　さんてえまん　一散走(はー)えーならんしゃ　ユーイヤナ
若狭町村ぬサー　瀬名波(せなは)　ぬ　タンメー　サーヨーセンスル　ユーイナヤ
首里に豊(とゆ)まりる　大村御殿(うふむらうどぅん)　ぬ　平松　ヨイヤナー
那覇に豊(とゆ)まれる　サー　久茂地　ぬ　這(ほー)いカジュマル樹(ぎ)

### 長寿の話

# 長寿であったころ

## アーマンチューメーは巨人

**与勝の混血たち**
体格が少しずつ小さくなってゆく不思議を記した親川光繁氏は、より詳細な平家伝を書き残しました。

**アーマンチューメーの巨人神話**
「大昔、天地は今日のやうに隔てゝなく一つになって居った。当時人間はあれにも立って歩けないので蛙のやうにはって歩かねばならなかった。
アーマンチューメーは是を如何にも不便と考へる。彼は或日堅岩の所に行き此を足場にして両手で天をさゝへながらエッイヤとばかりつゝ立ちあがって、天を高く押し上げた。是よりしてぞ天地はるかに隔たり人間は直立して歩けるようになった。彼が此の偉業をなした時、立って居た所はさしもに堅岩であったけれども丁度彼の足跡を残して凹んだ。今某所某所の大きな足跡は此のアマンチューの足跡である。[※1]」
海に囲まれた琉球は海産物が豊富で、また、亜熱帯の気候の為穀物の成長も早く、年二回お米が取れます。海の行事も農耕の行事も、神事を通して神に感謝の祈りを捧げながら多くの催しが芸能の中に残されました。

※1　『南島説話』佐喜真興英著

### 琉球古典音楽「いにまじん（稲真積）節」
今年むずくいや　あんきょらさよかて　倉に積み余ち　真積みしゃびら
訳：今年の作物（稲）はあのように美しく豊穣で、倉に入りきれない程で野積みすることにしましょう。

### 「早作田節」
なんじゃうすい（銀臼）中へ黄金軸立てて　ためし摺り増しゆる　雪ぬ　真米
訳：豊作になり、穀物は倉に多く積まれます。銀の臼の中へ、雪のような真米を入れ、黄金の杵で摺りましょう。
五穀豊穣を祈る予祝の歌で、神への豊穣の感謝の祈りをささげます。舞踊は稲真積節と早作田節の二曲で舞われます。

コラム
『続・与勝の歴史散歩』親川光繁著による終戦時のお話　開眼
著者の記録によりますと、宜野座村古知屋（現在の松田）で終戦（第二次世界大戦）を迎え、数日は山から小屋造り用材を切り出して運ぶ作業をしていたところへ、米軍政府から呼ばれたそうです。通訳の人も一緒で、「沖縄住民は敗戦で大変な生活危機に直面しているが、これからどうしていったらよいのか、との事であった。戦時中、作って食べる、作って着ることを信条としていた時代でしたので、戦争の為に（当時）沖縄の畑には作物が無い状態である。早く甘藷を作付けすること、衣服はイト芭蕉を植え、その繊維で作ることを進めるのがよいと思うと話した。OKとの返事を期待していたら、豈はからんや「何故食料や衣服をくれと云わないか」との言葉であった。全く感覚が異なっていた。」と書かれていました。昔から琉球人は自力で道を切り開く精神に富んでいたと自負します。

稲作と五穀豊穣の祈りとしての作田節に組み込まれたヘブライ語
### ヘブライ語の「ツォン」
作田節に歌われる囃子言葉の「ツォン」はヘブライ語の発音と同じ「ツォン」でありまして、いわゆるシオンをさしていると思われます。稲穂の束を持って踊る作田節は、囃子言葉で「ツォン」「ツォン」と稲穂をゆらします。

### 琉球古典音楽「作田節」
穂花咲ちじりば　ちりひじん　ちかん　ツォン　ツォン
しらちゃに　や　なびち　あぶし　まくら　ツォン　ツォン

レビ記第2章　2:14 もしあなたが初穂の素祭を主にささげるならば、火で穂を焼いたもの、新穀の砕いたものを、あなたの初穂の素祭としてささげなければならない。
（口語訳旧約聖書）

# 長寿の話

### 油を混ぜた沖縄の御菓子　サーターアンラギー
サーターアンラギーという御菓子も神への捧げ物であったのかも知れません。

レビ記第7章　7:12もしこれを感謝のためにささげるのであれば、油を混ぜた種入れぬ菓子と、油を塗った種入れぬ煎餅と、よく混ぜた麦粉に油を混ぜて作った菓子とを、感謝の犠牲に合わせてささげなければならない。（口語訳旧約聖書）

### ナントンスー
このお餅もヘブライ的要素があると述べる沖縄出身の方もいました。

作田節

ナントンスー餅

### 佐敷の長者は巨人
「長者の大主（うふしゅ）」は各地で現代でも継承されている芸能ですが、佐敷の長者は巨人でありまして、三メートルくらいの身長を表現した芸能です。
佐敷の長者は、アーマンチューメーとして五穀の種をもたらし、農耕を教えます。つい最近まで佐敷あたりは巨人の人骨がゴロゴロあったそうです。そしてアーマンチューメーは白い鬚をはやしたアカジシャー（赤肉）と伝わります。これは遠い昔の日に白人が来島したことの示唆でありましょう。エハン氏の語るバイキングのお話は何だかアーマンチューメーともリンクします。

### エハン・デラヴィ氏のバイキングのお話
バイキングは決して未開の野蛮人ではなく、高い文化を持った人達であったと、エハン氏は説明します。19世紀にアメリカ大陸で不思議な石などが見つかった件で、動画で詳細に説明しておりました。

コラム
テンプル騎士団（エハンさんの説）　計画されたアメリカ
19世紀にミネソタ州の移民牧場でスウェーデン人は、樹をたおした。樹の根っこには石があった。その石は自然の石ではなく、形をなしていて、何か描いてある。
1398年12人の友達と発見した石には不思議な文字が刻まれていた。
12人の内の一人であるオラフオマンさんは、その石と文字がフェイクだと馬鹿あつかいされて死ぬまで苦労しました。その石にはバイキングのルーン文字が刻まれていて、ケンジントンストーンと呼ばれます。ケンジントンストーンを世に出したオルターさんはその石と文字の科学分析をする。
フック付きエックスのルーン文字　11紀のヨーロッパの修道僧の暗号
エルサレムをとりもどすテンプル騎士団
聖バーナードはテンプル騎士団をつくった。
不思議な石
バイキングのルーン文字が刻まれた、不思議な石は800年前のもの。1362年にフィンランドからミネソタ州に来ました。と石に刻まれていました。
1492年にコロンブスはアメリカを発見した。コロンブスはテンプル騎士団のメンバーであった。
ミクマク族の伝説では、「男が東の方向から船に乗ってやってきた。」この人はスコットランドの貴族の王子、ヘンリー・シンクレアかもしれない。
8世紀にノルウェーから、アメリカに行ったケルト人は原始的なボート（動物の皮などをつかった）コラコルに乗って、アイスランドからグリーンランドまでいった。グリーランドからアメリカまできた。

## アメリカのインディアンと仲の良かったテンプル騎士団

エハン氏の説によりますと、遠い昔から航海は常におこなわれていたということです。地元アメリカインディアンは女神信仰でありました。テンプル騎士団は、地元アメリカのインディアンと仲良くしていましたが、1300年ころ、欧州で弾圧されて消されてしまいます。そこでテンプル騎士団はバイキングに相談をします。そのことから、バイキングのルーン文字が刻まれた不思議な石をニューエルサレムを建てる何百年の長い計画のもと、地に埋めたと、そういうことらしいです。その石はナビゲーションの役割があるとされます。

## エルサレム神殿とロスリン礼拝堂

ロスリン礼拝堂はエルサレム神殿と似ているともエハン氏は述べます。そのロスリン礼拝堂は最近、『ダ・ヴィンチ・コード』で有名になりました。そこの子孫の方は動画で見る事が可能です。

コラム
エハンさんのアメリカ物語
ニューエルサレムをアメリカにつくろう。1362年テンプル騎士団は帆に十字がある船でア

## 長寿の話

メリカへでかける。長期規模の旅で、船にはアストロラーベ古代天文観測器があった。そのナビゲーションは経度と緯度がわかり、アメリカの海岸までいける。目的地では石に三角を掘り、東西南北や三カ所に置き目印にします。

『ダ・ヴィンチ・コード』の最後の場所は、スコットランド・ロスリンチャペル礼拝堂、教会の地下。ロスリンの街にあるロスリンチャペル礼拝堂は、ソロモン神殿の設計図に基づいて完成までに45年かかった。シンクレアファミリーはテンプル騎士団。

ロスリンチャペルは15世紀の後半につくられ（1430年ころ）そこにはアロエとトウモロコシの石の彫刻がある。普通の人はアロエとトウモロコシの彫刻が目の前にあっても意味が解らない。

### オークニー島にある古いケルトの遺跡

オークニーのオーナーがニューエルサレムを造るために、ロスリンの土地を買いました。二回目のアメリカ行きはケルトとバイキング。テンプル騎士団は、リスペクトするために手をむすびます。インディアンの伝説のなかに白人の伝説がある。インディアンの持っていた印はテンプル騎士団の旗でありました。

### 心の中の女神信仰・マリア信仰

女神のためにアーサー王伝説が出来ます。ニューエルサレムには女神の象徴があります。

### 聖なる幾何学

ワシントンDCのオベリスクの影が、まるいもの（キャピトル）にかかるとき、男性と女性の交合を象徴します。男性性と女性性、それは春分の日にシャドーであらわれます。（それは古代エジプトのイシス神思想がもとになる。）

※『タリズマン』（ハンコック著）には説明がかかれているといわれます。

### テンプル騎士団はメイソンになる

スコットランドのメイソン、テンプル騎士団は上品であるといいます。アーサー王に近いアメリカ大統領はケネディと説かれ、深い意味がハムレット、マクベスとオセロ、シェークスピア作に示唆されているともエハン氏は述べます。心を浄化するしかない現世とケンジントンストーンの意味のお話でした。[※2]

### インカと琉球

スコットランド出身のエハン氏は琉球人から見ると、不思議なお話をたくさん伝えてくれますが、なにか彼のお話の中には、いにしえの琉球の出来事が、一本の糸でつながりそうに思える所があります。それはインカと琉球のことで、

山内盛彬氏の著した「義本王がインカで王になった」という書です。盛彬氏はブラジル滞在中にインカと琉球のいろいろなものが、とても似ている不思議を調査し、彼の結論として「義本王は筏に乗ってインカへ行って王になったのだった」と考え、それを纏めた書を残しました。残念なことに、その書は手書き原稿のまま製本され、図書館に眠っており、広く世に出したくとも、それは、かなわぬ思いではありました。それよりもエハンさんが、大変重要なお話を伝えてくれました。そしてその経路を辿ってゆくと、バイキングが船でやってきて、五穀の種を恵んだり、琉球では神として、アーマンチューメーとして、大切に言い伝えられて来たと個人的には確信というか、そうでないかと、心躍らせながら遠いいにしえの出来事について、アマンチューメーは巨人ということに思いを馳せます。

巨人アマンチューメーはまた、長者の大主(うふしゅ)として、芸能が琉球各地で伝承されております。御冠船(うかんしん)舞踊としての長者の大主もまた、存在します。

### 長寿を寿ぐ祝儀舞踊　長者の大主(うふしゅ)
大変おおがかりな歌劇で曲目も多く用いられます。中之島節として「親は百歳、子は九十九まで　孫の白髪のはえるまで」が歌われ、長者の大主が神に感謝の祈りの口上(こうじょう)を唱えるところからオープニング的に芸能がスタートします。

### 長者の大主(うふしゅ)口上(とーと)
嗚呼　尊とー　御(み)うみのけやびら（申し上げましょう）　首里天加那志(すいてぃんじゃなし)　天ぬ御願(うにげみ)召しょちゃる如に　唐の按司(あじ)お二所　渡り召しょちゃれば　首里天加那志　天の御祝事(てぃん)ばかり　神にげー（願）しち　居やいりて　あらば　何がながらめかんで　にげー（願）て居やびる　此の大爺と大媼や　果報(かふう)者だやびる　歳や六十一　繰(く)り戻(むどぅ)し戻(むどぅ)し　二かえり見やべこと　百二十に　なやびむ（なりました）　子孫　曾孫　玄孫　玄々孫　揃(する)て　三百三十人居やびむ　唐の按司加那志　御目醒(み)まちからめかち　御う目かけらんで　手揃ひ　足揃ひ　寄せろて居(う)やべもの　此の大爺　大媼　御祝　初めて　子孫に　能羽しめて　お目掛けやべら　尊(とーと)と。
※あーとーとー（あー尊い）　うんぬきやびら（申し上げます）

### かりゆしの曲
かじゃでぃ風節では翁と媼、若い夫婦、元服前の赤い衣裳の男子などで踊られ

# 長寿の話

ます。たのむぞ節、早作田節、坂原口説、与那原節、金武節、黒島節、稲摺節
と展開していきます。

**長者の大主で歌われる金武節**
首里親国習(しゅいうやぐになれー)や　御三味線聞きゅり　鳴子声ど（ヒョイ　ヒョイ）聞きゆる
わ山国や（ヤウンナ　ヤウ）　打ちならし（ヒョイ　ヒョイ）ならし
お伽(うとぅぎ)しゃびら（ヤウンナ　ヤウ）

**長者の大主クライマックスの稲摺節**
今年むづくいや　あんちゅらさ　ゆかて　蔵に積(ち)んあまち　まづむ　しゃびら
囃子　インニ　スィリ　スィリ　アラ　ユヰ　ユヰ
なんじゃうしぃ（銀臼）なかへ黄金軸(くがにじく)立てて　ためし摺(し)り増しゅる　雪ぬ真米(ゆちまぐみ)
気張(ちば)てぃ　摺(し)りよ　姉妹(うない)ぬきや(ちゃー)　しちゅま　しちゅま　かみらさや
※しちゅま（初穂）　かみらさや（頭上にかつがせましょう）
此の口上は、尚灝王、尚育王の時、重陽の宴躍り次第によります。

長者の大主で歌われる金武節の舞踊

## オークニーとナークニー

ところで、スコットランドや「オークニー諸島」の話題をいろいろ見ているうちに、なんだか更に琉球との類似として、妄想的思考回路からは、「ナークニー」に注目のランプが点滅しました。これは現在でも、よく歌われておりまして、いろいろな場所をさしてうたわれる琉球民謡「ナークニー」です。そして野国総管の記念碑の場所から、多数発掘された線刻石板は、ケンジントンストーンよりも更に古い時代のバイキングの御先祖様が残したものかもしれません。

それがアーマンチューメーと言われ神と崇められているアカジシャー（赤い肉）の白人、赤人の巨人であるように思えます。安里のフェーぬ島（南の島）踊りでは、赤い髪の毛を表現するために、赤い毛をかぶっての棒術が継承されております。北谷のフェーぬ島踊りには黄色い髪の毛をかぶって表現します。

北谷のフェーの島踊り

**瓢箪には神が宿る**
瓢箪踊りは「安里の南ぬ島」という踊りと一緒に伝わったようです。

### 民族芸能「安里の南ぬ島」（那覇市安里）
ヤーイヤ　ハッハ　ハッハ　ハッハ
すんじーなりたーやー百なーりー　ヒュー　昼はみこしにさぎらりて　夜や御側にうかさりてー　くるりん　ちんとかたちとねー　あのヒュー　このヒュー　ちーくちーたち　二十八日さゆいぐとみ　そーらーわーくぬ　おーたっさー正月　わーしんたーがうむいする世　あり君んさーまーさーじんとーがー　ならわー　シックリ　シックリ　しさしが　うしゆい
フワーニムードウチワーナーニム　ニトーチワー　たてたるみじわーがつてんがー　あーなかなかがつてんがー　あーがいカーミヌちゃんとしーてー　瓢箪ぬかわるがねー　うーちぬ　ウイター　うーむしるー　ヒューヨーヒュー　ヒューヨーヒュー　ヒューノーヒューノしん
かみーが　カチリンーヌーオーシタシタ　シタチラ　あんちぽーちぽー　てんてん　ボンボン　なにが　瓢箪　瓢箪の　からくるくるまぬシン
註：仮装の民族芸能で棒を持ち打ち合う。歌われる歌詞は意味不明とされます。安里の南ぬ島は瓢箪を持って踊られるので、瓢箪踊りともいわれます。

## 長寿の話

### 棒踊りと赤毛、金髪

琉球の芸能の中におきまして、随分と遠い起源を持つと言われる民俗芸能に、ふぇーぬしま（南ぬ島）があります。棒踊りとされる、棒の武術を継承したものでありますが、何故か赤い毛を表現するために、頭髪に長い赤毛の鬘をつけます。また11年に一度催されるという棒踊りは黄色い毛の毛髪の表現で、黄色の鬘をつけます。この毛髪の赤毛や黄色は白人系の人達の赤毛であったり、金髪であったりするものかも知れません。

書籍『沖縄の風習とキリスト教』知念金徳牧師のお話には、鬼のお話があります。その鬼の正体とは、赤毛や金髪の外人が山に隠れて住んでいたという事でした。琉球には黒潮の流れに乗っていろいろな人種の人達が来たことが思い起こされます。つい最近までの話題として、祖父がスペイン語を話していたという新聞記事がありました。これは移民帰りの方のお話ではなく、漁師でありましたので、スペインの近くまで漁に出てスペイン語を話すようになったのだろうか。との考察でありました。海に囲まれた小さな島国の琉球には、人やものも多く潮の流れとともに来た証しでもあります。

大変古い出来事に触れてみますと、ラクベリーの「西来説」があります。中国文明は西から来たであろうとの、ラクベリー説です。その中国文明と琉球は福建省や泉州（中国）などとも深い交流をしてきました。首里の赤田首里殿地（すんどぅんち）で歌われるミルクの伝承は、福建省から来たものであるとされます。長い年月の間に海を介して伝わったであろう諸々は、小さな島国故に多くの古いものが、錆び付かず、ピカピカに光ったままキープされていたような、時空をタイムスリップするような文化がつい最近まで残されていたのでしょう。

その古い話題の中の一つに、古代文字があります。アヒルクサ文字ともいわれ、袋中上人が『琉球神道記』として書き残しています。

民族芸能「安里の南ぬ島」

コラム
黄帝はバビロンより　ラクーペリの研究
「中国文明西来説」
孫 江氏（文化政策学部国際文化学科）ウェブサイトより

黄帝はバビロンから移住してきた

一八八〇年代から一八九〇年代にかけて、ラクーペリは一連の研究のなかで、黄帝は両河流域のバビロンから移住してきたのであり、ゆえに中国人（漢人）の祖先はバビロンのカルデア人であった、という仮説を提出した。ラクーペリは、ビクトリア時代のイギリス経験主義の学問的潮流のなかで注目されたアッシリア学研究から多くのヒントを得た。彼は中国語とカルデア語を比較し、文献と出土品をつき合わせて両者の共通点を見いだすという自らの方法を「言語科学」、「歴史科学」と見なしていた、その研究は当時のヨーロッパ一流の東洋学者から批判を受けた。

バク族のこと

紀元前二二八二年、両河流域のカルデア国王ナクフンテー（Nakhunte）はバク族（Bak tribes）を率いてカルデアを出発し、崑崙山を越え、幾度もの困難を経て中国西北部の黄河上流域に辿り着いた。その後、バク族は四方を征伐して文明を伝播し、最終的に中国歴史の基礎を打ち立てた。

NakhunteはNaiHwangtiとも言い、すなわち黄帝のことである。バク族（Bak tribes）は「百姓」（Bak Sings）の別の発音である。ここで注目すべきは、中国の歴史書において文明の始祖、帝王系譜の起点と崇められた黄帝は、遠い西にある両河流域のバビロンから移住してきたのであり、ゆえに中国人（漢人）の祖先はバビロンのカルデア人であった、というラクーペリの中国文明西方起源説である。

フランス生まれのラクーペリ

一九二〇年代、考古学の発掘と研究が進むにつれ、ラクーペリの「西来説」は再び注目を浴びた。ラクーペリはしばしば自分の祖先はイギリス人であり、一七世紀にイギリス南西部のCornwallからHavreに移住したと述べている。幼少のとき、ラクーペリは工場経営の父親とともに香港に移住し、現地で母語であるフランス語に匹敵するほどの流暢な中国語と英語を習得し、イギリス人の生活スタイルを身につけた。

ラクーペリはイギリスにおける中国研究の代表的人物ヘンリー・ユール（Henry Yule）から財政的援助を得た。ラクーペリは、ほとんどすべての金を『バビロンと東方記録』誌の編纂と出版に費やした。そのため、彼の死後、その未亡人は困窮な生活を強いられた。「西来説」に関する数十冊にのぼる本の出版はラクーペリの主要な業績であったといえるだろう。

『中国上古文明の西方起源』

「西来説」は、ラクーペリが当時ヨーロッパで盛んに行われたアッシリア学（Assyriology）研究に基づいて、その著『中国上古文明の西方起源』（一八九四年）のなかで提起した仮説である。四一八頁におよぶこの本は、主にラクーペリが一八八九年から一八九四年にかけて『バビロンと東方記録』に発表した論文をまとめたものである。

ラクーペリは中国の歴史を六つの時期に分けて、バク族が西アジアから移住してきたとされる時から後漢、三国時代までの中国がアッシリア・バビロン、エジプト、インドから受けた影響について、言語、習俗、出土品などの角度から論証している。それによれば、『周易』のなかにアーリヤ語（Aryan）の単語が含まれており、中国の占星術はカルデアの占星術や妖術に似ている。そして、中国の神話にはペルシャ、エジプト、インド、バビロンの神話の痕跡が残されている。バク族が中国の西北地域に居住してから発行した金・

# 長寿の話

銀・銅の貨幣の図案は、西アジアに起源をもつ母性のイメージに基づいたものである。これらは古代の三つの交易ルート　西方（新疆経由）・西南（雲南・四川経由）・東海（山東経由）を経て伝わったものである。

西王母と紀元前九八六年の穆天子西征に関する考察

ラクーペリによれば、現代と違って、古代文献のなかには西王母を女性として描く記述は見当たらない。西王母は黄帝がバク族を率いてトルキスタンを通った時見た花の国（Flowery Land）であり、堯・舜・禹はいずれも西王母と関わりがある。中国の古籍『穆天子伝』が描いたのは、穆王が長い苦しい旅を経て西王母を訪れた時の物語である。

カルデア語で王や富を象徴する Bak Sing

言語学と東西交通の角度から「西来説」を論じ、それによれば、「百姓」は「百の姓」という意味ではなく、カルデア語で王や富を象徴するBak Sing に由来した言葉である。黄帝が紀元前二二八二年にバク族を率いて中国に到着したとされる年から西暦二二〇年までの間における土着の中国人と外来文明の関係に関する年表である。以上がラクーペリ『中国上古文明の西方起源』の概要である。

文字を書くのに長けていたバク族

紀元前二二八二年、黄帝は即位十五年目にバク族の十六人目の首領として、部落の人々を連れて陝西の黄河流域に到着し、祭祀の儀式を行った。バク族は文字を書くのに長けて、金・白金や銀・銅・錫などで貿易を行っていた。ラクーペリは言語・文献・文物の三つの角度から「西来説」を論証した。彼は自分が用いたのは「言語科学」と「歴史科学」の方法であることに自信を持っている。」

「黄帝はバビロンより来たり

ラクーペリ『中国文明西来説』および東アジアへの伝播（その一）」より抜粋


## ナークニーetc.

渡久地から　上て 花ぬ元　辺名地よ　遊び　健堅ぬ　恋し本部
干瀬に居る鳥や　満ち潮　恨みゆい　我身や　暁ぬ　鶏を恨む
訳：渡久地から花の辺名地や健堅のある恋しい本部へいきたい心。干瀬にいる鳥は満ち潮が恨み　我は暁が恨めしい（夜明けはお別れだから）


## 琉球の地の巨人伝説

コラム
琉球の巨人神話　玉グスクの巨人

巨人が王子を産みました。その王子は辺野古へ落ちました。それ故辺野古には古代遺跡が眠っているのではないかと研究されている方も存在します。春秋時代（紀元前770年ごろ）琉球は大陸とつながっており、陸続きであったといわれます。

「沖縄の海底にピラミッドがあった」という調査のVTRで、琉球大学の名誉教授が話していた沖縄の巨人伝説では、沖縄には地域や島ごとに内容が異なる巨人伝説が残っていると述べられます。現代の沖縄の人より背の高い当時のこの巨人はフェニキア人ではないか、と木村教授により紹介されていました。

沖縄本島には独自のアーマンチュー伝説が多数あります。伊江島「カタンナッ

パ」、浜比嘉島「アマミチュー」。離島では、久高島「アマンチュ」、与那国島「サンアイ・イソバ」、竹富島「オヤケアカハチ」。
波照間島は「パイパティローマ」と呼ばれ最果てのローマの感じもします。

**遺伝子とネフリュム**
遺伝子と環境はその人の過去性、未来性が垣間見えます。韓国映画「観相師」にても同様なことわりが見えます。観相師とはその人を見て過去性、未来性を霊的に見極めることの出来る人らしいです。

創世記第6章　6:4そのころ、またその後にも、地にネピリムがいた。これは神の子たちが人の娘たちのところにはいって、娘たちに産ませたものである。彼らは昔の勇士であり、有名な人々であった。（口語訳旧約聖書）

琉球の地は巨人伝説が多くあります。聖書にあるネピリム、またはネフリュムは巨人であったといわれます。『フン族・アッチラ大王新伝』では彼等の骸骨がはるかにおおきかったと書かれております。『三国遺事』にも背丈が九尺の王様がいたことが書かれています。
※九尺（約272.727センチ）およそ３メートルに近い巨人。

※2 参考 エハン塾

長寿の話

# 貝　モーモー

## ゴホウラ貝と貝の道

**ゴホウラ貝輪**
いろいろな方が琉球についての事象を発信し始めております。そのなかにおきまして何と言っても木村教授のお話はロマンの香りが漂います。

沖縄の貝文化の中のゴホウラ貝輪についての木村教授のお話
**『南海の邪馬台国』から**
ゴホウラ貝で出来た貝輪は、貴重品の一つであったと言われます。「ゴホウラ貝の腕輪は、握り拳を通り抜けないかぎりは、つけられない。」と、木村教授の記した『南海の邪馬台国』木村政昭著では述べられます。そしてその貝輪は医学的には、十二歳前後に取り付けたようで、それはもう取り外せないということらしいです。イージマタチューと呼ばれる伊江島の中央から1986年、造りかけのゴホウラ貝輪が大量に出土したと調査されました。また、伊是名の無人島、具志川島では貝輪装着人骨が見つかったとのことです。木村教授は与那国海底遺跡や北谷の海底遺跡、その他多くの調査をした事象を文献になされ、いろいろと出版されております。

**おいしいゴホウラ、貝の道**
ゴホウラ貝は沖縄の海でよくとれたようです。フィリピンでは今でも、フィリピン産ゴホウラ貝の塩辛は少し前まで市場通りの丸市ミートで売っていました。芋貝の貝輪も沖縄産のほかに、オローラ島でも貝輪の形と芋貝そのままで出土したのがありました。謎に満ちたナン・マタール遺跡は「世界ふしぎ発見！ミクロネシア」で放送されました。古代史と貝の塩辛はお酒のおつまみによさそう。

ゴホウラの貝輪

## ナン・マタールの貝輪とハイビスカス

ナン・マタールでは「世界ふしぎ発見！」の番組で一瞬だけ、ゴホウラ貝輪の映像が映し出されました。このあたりを文献にした方はまだ、あまり見当たりませんが、十九世紀に外国の調査団がナン・マタール遺跡のさまざまなものを、船に積み込んで持ち帰ろうとした時、嵐で船が転覆し、それ以来あまり研究はされていないようです。1977年に出版された『呪いの遺跡ナン・マタール』（白井祥平著）では、ペインキテルと呼ばれる遺跡の中の墳墓から発掘された二人分の人骨シーバとソーバ、またはオロソバとオロシバと呼ばれるナン・マタールを築いた英雄、初代のデレウル王のことが書かれています。その方々は腕に貝の輪がはまっていたそうです。

## ハイビスカスの花とナン・マタール

ナン・マタールでのお酒つくりは、ハイビスカスの茎で原料を絞ると、TVで放映されていました。ハイビスカスの葉は殺菌作用があり、石で叩いて粘り気を出して、それでシャンプーにしたと沖縄では言われます。又、水が乏しかった頃、水汲みに行った入れ物の上には、ハイビスカスの葉を蓋のように沢山浮かべます。これも殺菌の要素があったのでしょう。

ハイビスカスの花に関しては、かなり研究されておりまして、徐福の探し求めた不老長寿の植物は、ハイビスカスではなかったかと最近言われております。

『山海経』に出てくる扶桑は、桑やハイビスカスでありそうです。『本草綱目啓蒙』の書には琉球産扶桑と書かれているそうで、徳川家康は琉球からのハイビスカスを喜んで受け取ったといわれます。いろいろ研究している方もおりますが琉球あたりのハイビスカスがベストな成分かもしれないとされています。

## 仏桑花・ぐそー花（あの世の花）

お墓のまわりに大切に植えられたハイビスカスは、仏桑花、ぐそー花といわれ、近年は不吉であると勘違いして、忌むべき目つきで見る方もありましたが、大変残念なことです。島倉千代子さんの歌ったデビュー曲は「この世の花」ですが、ハイビスカスは「ぐそー花」として「あの世の花」なのです。そしてそれは『山海経』にある不老長寿の花だったかも知れません。

桑科であることから、『山海経』では桑に関しての詳細があります。その桑は、琉球人にとって、とても大切な樹木でありました。怖い時のおまじないは「クァーギ　ヌ　シチャ（桑の樹の下）」です。雷が鳴った時の「クワバラクワバラ」と同じです。

# 長寿の話

戦前の国際通りあたりは、一面の桑畑であったそうで、養蚕も盛んでありました。その養蚕技術は明治以降、輸出品目としての絹織物の為に大いに奨励されたそうです。国際通りの裏には、当時の桑の樹が忘れられたように一本佇んでいたりします。

赤花のつぶやき
繰い戻し　みぶしゃ　花ぬ　浮世　　　戻してみたい花の浮世
雲上が　居めんせーる　世果報でむぬ　貴方がいてこそ果報な世なのです。

### 国際通りと桑畑

その昔、奇跡のイチマイルといわれる国際通りが出来る以前の一面桑畑。そこへご時世がかわり、県道を造る事になりました。県道が国際通りとなり、にぎやかな通りにはなりましたが、少し通りの裏側へ行くと、往年の名残の桑の樹が生えていたりします。悲しげに一本だけになった桑の樹は、精一杯に昔を物語っています。そしてその桑の樹のつぶやきを聞いてくれる人はもう、誰もいなくなりました。

### 琉球民謡「県道節」

県道　道つくてぃ　さよぉ　誰が　為になゆが
世間御万人ぬ　さー　為になゆさ　さよ　為になゆさ
二才小ハイカラや　さよ　分髪と金歯
姉小ハイカラやー　さー　晒し袴　さよー晒し袴

### 奇跡のイチマイル

琉球での一面の桑畑はいつしか失われました。琉球王朝も廃朝になり、最後の琉球国尚泰王は東京へ旅立たれました。東京での琉球国王は侯爵に叙せられました。明治天皇は国を富ますために養蚕や絹織物を奨励されたと伝わります。それにともない長野県にある信州師範学校を出て全国に養蚕を伝えることを生業にした琉球出の方もいました。国際通りは1933年に旧那覇市中心部と首里市を最短距離で結ぶ県道として整備されました。第二次世界大戦後は養蚕も廃れましたが、県道は奇跡のイチマイルとも呼ばれ賑やかな通りとなりました。

# 琉球の金工

## 汲めども尽きぬロマン・琉球の不思議

**天の星屑のように**
一般アカデミックの世界では、決して認めようとしない、琉球の多くの不思議は、汲めども尽きぬロマンとして、天の星屑のように、また浜辺の砂粒のように限りなく、民族の潜在意識にインプットされております。

創世記第22章 22:15主の使は再び天からアブラハムを呼んで、22:16言った、「主は言われた、『わたしは自分をさして誓う。あなたがこの事をし、あなたの子、あなたのひとり子をも惜しまなかったので、22:17わたしは大いにあなたを祝福し、大いにあなたの子孫をふやして、天の星のように、浜べの砂のようにする。あなたの子孫は敵の門を打ち取り、22:18また地のもろもろの国民はあなたの子孫によって祝福を得るであろう。あなたがわたしの言葉に従ったからである』」。（口語訳旧約聖書）

**琉球の金工**
その汲めども尽きぬロマンの中において、2000年10月10日発行の書『日本の美術No.533琉球の金工』（久保智康著）における琉球の金工には、銅鏡や、発掘された鳳凰橘柄鏡、千代金丸（刀）の鮮明な画像などが掲載され、キャプションをよく読むと、かなり詳しく謂れなど説明がなされ、先の大戦で破壊される以前の琉球の姿が思い浮かびます。その中にある第五図としての兜立物と説明されている樹枝を思わせる飾り板に「大きな円を太陽、下のとっきを三日月」と説明された首里城京の内出土物は、なんだか『山海経』に出て来る十個の太陽と神樹の絵柄に似ているように思えます。また、騎馬民族にとって太陽は鏡に光をあてることにより、馬が目をくらまされ制御不能となる要素があり、戦いに必要な秘密の物だったかもしれません。（アッチラ伝よりの考察）

首里城京の内出土の兜立物

## 長寿の話

### ももそ（百人）おものまいり（御物参）

首里城京の内では、3月のイベントとして「ももそ　おものまいり（百人御物参）」といわれる神女の祈りの儀式が再現されます。ゆるやかなテンポの御たかべ（祈りの歌）と穏やかな太鼓の音に合わせて、勾玉を身につけた神女の祈りの行列は、とても神秘的です。またいろいろな場所から出土する、意図的に割られたと思われる銅鏡の破片へ穴をあけ、紐を通してペンダントにしていたとも考えられる、その破片は、沖縄芝居「今帰仁由来記」においては、同族の証として、お互いに銅鏡の破片を秘匿し、同族と思われる方に遭遇した時、お互いにその割れた銅鏡の破片を見せ合い、確かめるという秘密の連絡手段が表現されておりました。

芸能に関しましては、極端にこまかく説明しない琉歌のような、詩に意味を込め曲に乗せて歌われる要素はかなりあります。それで同じ音曲であっても、歌詞が異なる節歌は多く存在します。その曲想や歌の意味などは口伝も多く、書にも記されず音曲として伝授される時に、やさしく説明されていきます。昨今では曲を教わるにしても時間の短縮というかビジネスライクになってきたようにも感じられます。「むかしはこうだったのよ…。」と優しく教え諭す風潮も薄れ、忘れかけてきて、簡略化された説明が舞台上演前のナレーション的に説明されるだけになりつつあり、幾重にも包みこまれた言葉や曲想に込められた想いも、忘れ去られようとしています。そして現実主義というか立派な学業を修めた方の論説だけがウエイトを占め、民間に伝わった優しいお年寄りの思い出や「ゆしぐとぅ（寄せ言）」なども徐々に消えていくこととなりました。

### おもろ首里親国

聞ゑ大君ぎゃ　とたけ勝り御坐ち（へ）見れども飽かん　首里親國

（巻三・三八『院政貴族語と文化の南展』奥里将建著）

### 琉球古典音楽述懐節

拝でぃ懐かしや　まづせめてやすが　別かてぃ面影の立たば　ちゃすが
別りゆるきわや　遺言葉も絶えて　袖に散り　落る　涙ばかり
何故が急ぎ召しおる　月も照り清らしゃ　暁よとむて　鳥も鳴きゅさ
涙白玉も　糸に貫れれば　別れゆる極ぬ　形見しゅすが

訳：あなたとお逢いできたことはとても嬉しいのですが、別れて後に面影が立ったらどうしましょうか。別れるときは云う言葉もなくなって、袖に散り落ちるのは涙ばかり。なぜにお急ぎになられますか。月が美しく照りはえ、鳥が暁

と思い鳴き出すほどの夜なのに。
流れ落ちる涙の白玉が糸に貫かれるなら別れの際の形見にでもしようものを。

### 琉球古典音楽「今風節」
語ゐたや　語ゐたや　月つぃ　ぬ　山ぬ端に　かかるまでぃん
訳：語りたい　語りたい　月が山の端に　かかるまでも

### 琉球古典音楽「長ぢゃんな節」
首里天ぎゃなし　とももとよちょわれ　う万人ぬまぎり　拝でぃ孵でら
ヨウ　ンゾウ　ジャンナーヨウ
訳：首里天加那志　十百歳までもいらせませ　御万人は拝み蘇りましょう。

### 琉球古典音楽「長伊平屋節」
波静ぬ　いひゃ（伊平屋）嶽や　浮ちゃが　てど　見ゆる
遊でぃ　浮ちゃが　ゆる　我玉黄金
訳：波おだやかな日の伊平屋嶽の美しさよ
我が子と遊びたわむれる日の嬉しいことよ

押風　ん　今日　や　心　あて　さらめ
雲晴てぃ　照す　月ぬ　清さ
訳：そよ風も今は何事もなく嬉しく　晴れ渡った空の月の美しさよ

### 琉球歴史のメッカ、伊平屋を歌う
伊平屋島は沖縄最北端の群島で伊平屋七離れとも言われました。

いひゃ（伊平屋）ぬ阿母加那志　童阿母加那志
いきゃし七離れ　うかきみせが
『琉歌物語』中原幸吉著では「凪の日に海上遥かに伊平屋嶽を見ると、普段よりも浮き上がって見える。我が愛し子は沢山の踊り子の中でも際立って美しく見える…」と解釈しています。伊平屋には琉球古典音楽の二つの大曲があり、その一つがこの「長伊平屋節」、他の一つは「うふだな（大田名）節」です。

### 天の岩戸伝説のある島
伊平屋島には、降神と称している無人島の岩山があり「くまやー」という洞窟があります。藤井貞幹と他の学者との話題にも上りましたこの伊平屋島には、

## 長寿の話

いろいろな行事が残されております。古典音楽の他に民謡や童謡、子守り歌も随分あり「おもろ」や古謡また、てるくぐち、しぬぐの行事、結婚、お産、葬式、あぶしばれ、毛遊び(もうあし)なども古い形式が継承されているといわれます。[※1]
※あぶしばれーは、害虫駆逐の儀礼。

伊平屋島のヤヘー岩

**伊平屋のクマヤ洞窟**

藤井貞幹の『衝口発』に記されたクマヤ洞窟で、随分以前に神事が行われました。それは雅楽のような祭祀でありました。何故に沖縄のこの伊平屋島の浜辺で日本的な芸能が行われているのかさっぱり解らなかったあの頃の謎は、長い年月を経ても不思議さは残ります。

伊平屋島の古い祭り

※1 『沖縄の芸能』月刊沖縄社

馬に乗る神女

コラム
長伊平の女踊
「女踊『長伊平屋節』は本部町の無形文化財に指定されています。女踊なのに男性が女装し演舞しているのは、伝統的には男性が舞台に上がり奉納する役目となっており、そのしきたりを厳守している事にあります。
『大願口説』は工工四（譜面）も存在しないといわれる程、他ではまず観たことも聴いたこともない伊豆味独特の二才踊であること。
この『長伊平屋節』と『大願口説』の２つを欠かすと不足が出ると言い伝えられている程に、大切な捧げものなのです。
※不足とは、神様が怒り、集落の人々に警告を告げる事」[※2]

## 御前で踊る御前風節
琉球国王の御前で五曲が演奏されまして、それを御前風とよびます。
かじゃで風節・恩納節・中城ハンタメー節・金武節・長伊平屋節
の五曲を演奏します。その五曲の中より『長伊平屋節』が『辺野喜節』にかわった昨今は、『長伊平屋節』が長いからという理由とされますが、時には『辺野喜節』を『長伊平屋節』にかえて演奏したりいたします。

## 琉球古典音楽「びにち（辺野喜）節」
伊集（いじゅ）ぬ　樹（き）ぬ　花や　あん　ちゅらさ　咲ちゅい
我ぬん　伊集（いじゅ）　やとぅてぃ　（囃子・ひやーるが）　真白（ましら）　咲かな
訳：伊集の木の花はあんなにきれいに咲いている。わたしも伊集の花のように真白に咲きたい。
一説には、ある王妃が美貌の愛妾に焼きもちをやいた歌とも伝わります。このような伝えには深い意味が込められていたりする場合もありそうです。伊集の花は毒がありまして、川魚釣りには上流に伊集の木を沈めておくと下流の魚が

## 長寿の話

痺れて浮いてくるとされます。本部の近くには伊豆味という地名の部落があり、4年に一度「長伊平屋節」を男性が踊る祭りがあります。伊豆味の地名は伊集とも関連し、また伊集院とも関わりがありそうな、御前風五曲(ぐじんふう)の中の「長伊平屋節」が「辺野喜節」に代替えして歌われるのも何か訳がありそうな、そしてそれを察せよと示唆しているようにも思えるミステリー的発想がよぎります。伊豆味の豊年祭の起源は300年以上前ともいわれています。伊豆味には操り獅子の芸もあり操り人形のような動きです。外にも様々な芸能があります。

※2 ウェブサイト「伊豆味の豊年祭（本部町）」より

# 琉球古代文字

## 神様の消した文字

**沖縄の古代文字**

「大昔、文字というものが未だ沖縄になかった時代に、天人が占ひの本(時の双紙)を携へてこの世に降り文字を人民に教へた。その文字は百餘あった。後の人が日柄の良くない日に家を造った時、天人はこれを見て、占ふ者を呼んで、「今日は大変良くない日だ。何故に彼をして家を造り屋根を葺かしめるのか」と御問ひになった。すると占ふ者は、これに答えて

彼の人は私の所へ来て尋ねませんから、何うにも仕方ありません。

と言った。天人は怒って、

彼は愚か者でかういふことを知らないのだ。汝は何うして彼の家へ行って教へてやらないかと言はれた。天人は遂にその占ひの本を奪ひ、引き裂き破って天に上って終つた。今の沖縄に残っているものは、わづかに十二支と十干だけに過ぎない。」

(『沖縄の昔話集』奥里将建著より)

**十二支文字**

『琉球神道記』は袋中上人によって書かれました。

『琉球神道記』の十二支文字について、竹内健氏が研究した論文はありましたが、図書館の奥深く収まり禁帯の書になっています。何でもこの十干十二支の文字は殷の時代以前の文字と研究されていました。(冊子迷宮3収蔵)

**十干十二支**

コラム
十二支

古代中国で考えられ、日本に伝えられた。十二支は古く殷の甲骨文では十干と組み合わされて日付を記録するのに利用されている。戦国以降、日だけでなく、年・月・時刻・方位の記述にも利用されるようになる。

# 長寿の話

### 琉球古字と阿比留字

竹内健氏のお話では、琉球古字から阿比留字に至る所謂〈神代文字〉とは、その遡源においては、殷代以前における十二干古暦の暦数符牒であったと、『1980年　SUMMER LABYRINTH 迷宮 Vol.3』の冒頭で述べております。

### 琉球古字と十二干の謎　竹内 健

「琉球古字から阿比留字に至る所謂「神代文字」とは、そもそもその発源においては、十二干古暦の符牒記号であった。琉球古字の源概念分析がもたらした結果の重要性はここにある。何故ならば、このことは漢字の起源がまさに暦数記号の創生と軌を一つにする事を示唆するからである。所でここに一つの暦がある。最近まで宮古島で使用されていた「砂川暦」がそれであり、この暦法符牒には、何とあの琉球古字が使われているのである。あの袋中のもたらした古字は、二十世紀に至るも生き永らえていたのである。」と竹内 健氏により記されております。また武蔵國西多摩郡の大久野白山社蔵の懸仏に刻まれた健長銘の干支は解読不能でありましたが、その異体干支には砂川暦と同じ琉球古字が使われていたことが分りました。

### 対馬節と花のかじまやー節

神爾として諸寺で多く使われているのは対馬の阿比留家所伝、阿比留字とされます。琉球には対馬節という、やまと風の曲が箏曲に残されており、いにしえからの交流も思いおこせます。昭和八年に青井貝次郎氏は漢字一元論として、S字文様からの発想にて「古今東西を一環する人類最高精神の徴象」ともいうべきは「卍」であるとされました。この卍も琉球においては、「花ぬかじまやー」として長寿の御祝いの歌にもなって、風車(かざぐるま)として残されております。

### 花ぬかじまやー節

花ぬ　風(かじ)まやーや　スリ　風(かじ)　ちりてぃ　みぐる
囃子　とぅんてん　とぅんてん　まんちんたん　うね　たい　うすめー　うみかきれ
訳：花の風車(かじまやー)は風と連れて廻ります。おばあさん、さあおみかけなされ下さい。

竹内 健氏は、琉球古字と砂川暦の関連から、十進法と六十進法の比較を、『山海経』にでてくる十個の太陽を撃ち落としたお話に関連づけております。「羿(げい)

が十日を射たと神話が語っているのは、古暦十二干と新暦十干の壮絶な確執を意味するものではなかったか」と、竹内 健氏は書籍『迷宮1980年SUMMER LABYRINTH』で述べます。

**青井貝次郎氏の漢字一元論と聖書にある世界の言語**

創世記第11章　11:1全地は同じ発音、同じ言葉であった。 11:2時に人々は東に移り、シナルの地に平野を得て、そこに住んだ。（口語訳旧約聖書）

**琉球と金銀島**
キャプテン・クルウゼンシュテルンの説に、金銀島は日本の南西岸より、約四、五日の航程であると告げた。
ギリシャ、ローマの著書に見えたる金銀島
金銀島が印度洋の島嶼であると、ギリシャ、ローマの書に記されている。ゴール人と呼ばれる者、あるいは琉球人の手で多量の金に関わるとされる。十六世紀初期の金銀貿易に関しては、カスタニューブ等は、琉球は金銀、生糸、陶磁器等に富めると記されている。
『日本と金銀島』昭和18年12月10日発行より

長寿の話

# 歴代宝案・隋書

## シュリー・ヴィジャヤ王国と『歴代宝案』

### 三仏斉国

「スマトラ島の東部パレンバンを中心に七〜十一世紀に栄えたシュリー・ヴィジャヤ王国。中国では唐代に室利仏逝、宋代に三仏斉と記した。琉球との往来は『歴代宝案』に宣徳〜正統年間の十通（本項の他、31、33、40、50、51、78、79、89、90項）が収められる。」（『歴代宝案』1-43-12） 琉球に関連したシュリービジャヤ帝国は母系ヒッタイト民族であるともいわれれます。

### 王相懐機(かいき)
琉球最古の金石文「安国山樹華木之記」と長寿寺(ちょうじゅじ)

尚巴志王代、明国人の国相懐機が首里城の外苑として、龍潭池(りゅうたん)を掘り樹華木を植え遊覧できる場所とし、そのいきさつを刻んだ碑が「安国山樹華木之記」。1427年製作。長寿寺はかつて沖縄県那覇市松山2丁目に位置した臨済宗寺院。王相懐機が冊封使を迎えるための長虹堤の建設にあたって建立。開山は満叟(う)。御伊勢(いしていら)の寺と称されました。

### 隋書

「各洞には小王がいて村々には鳥了師(うりょうし)がいる。武具はあるが鉄が少なく、多くは骨角を用いる。その土俗は山海の神々につかえて酒肴をもって祭る。女子は手に入墨をして虫や蛇の文様にする。音楽はすこぶる哀調をおび、女子は手を揺らして踊る。人種は深目長鼻で、西域の民族に似る。」 その中で天孫氏は二五代続いたと伝わり天孫氏の系図はみんとん御嶽の壁に貼られていました。

コラム

隋書巻八十一　列傳第四十六　東夷　流求國　人深目長鼻，頗類於胡，亦有小慧。無君臣上下之節，拜伏之禮。父子同床而寝。男子拔去髭鬢，身上有毛之處皆亦除去。婦人以墨黥手，為蟲蛇之文。嫁娶以酒肴珠貝為娉，或男女相悅，便相匹偶。婦人產乳，必食子衣，產後以火自灸，令汗出，五日便平復。以木槽中暴海水為鹽，木汁為酢，釀米為酒，其味甚薄。食皆用手。偶得異味，先進尊者。凡有宴會，執酒者必待呼名而後飲。上王酒者，亦呼王名。銜杯共飲，頗同突厥。歌呼蹋蹄，一人唱，衆皆和，音頗哀怨。扶女子上膞，搖手而舞。其死者氣將絶，舉至庭，親賓哭泣相弔。

## 冊封とその儀式
先代の国王の霊を慰める儀礼（諭祭）
後継者の世子を新国王にする儀礼
琉球の五百年来の中国への冊封(さっぽう)
その見返りはとても膨大で民は喜び、唐から船が入る知らせがくると、「唐船(とうしん)どーい」といって喜び飛び跳ねて港へ船を迎えに行き、カチャーシーを踊りまくります。

## 閩人三十六姓・久米三十六姓の事で「くにんだ」と呼ばれます
鄭・陳・蔡・梁・程・馬・金　三六の数字は多いという意味を表現します。

## 察度王
察度王は高麗王朝と通交を開始。硫黄・蘇木・胡椒・鼈甲などを高麗王に献じた。1389年には高麗から金允厚・金仁用らが返礼のため琉球を訪れる。

首里城での御座楽　楽器の種類
## 首里城の御庭(うなー)と御座楽

# 長寿の話

御正月の首里城

詩篇第100篇　100:4感謝しつつ、その門に入り、ほめたたえつつ、その大庭に入れ。主に感謝し、そのみ名をほめまつれ。100:5主は恵みふかく、そのいつくしみはかぎりなく、そのまことはよろず代に及ぶからである。（口語訳旧約聖書）

黙示録第1章　1:6わたしたちを、その父なる神のために、御国の民とし、祭司として下さったかたに、世々限りなく栄光と権力とがあるように、アァメン。1:10ところが、わたしは、主の日に御霊に感じた。そして、わたしのうしろの方で、ラッパのような大きな声がするのを聞いた。1:12そこでわたしは、わたしに呼びかけたその声を見ようとしてふりむいた。ふりむくと、七つの金の燭台が目についた。1:13それらの燭台の間に、足までたれた上着を着、胸に金の帯をしめている人の子のような者がいた。1:14そのかしらと髪の毛とは、雪のように白い羊毛に似て真白であり、目は燃える炎のようであった。1:15その足は、炉で精錬されて光り輝くしんちゅうのようであり、声は大水のとどろきのようであった。1:16その右手に七つの星を持ち、口からは、鋭いもろ刃のつるぎがつき出ており、顔は、強く照り輝く太陽のようであった。1:19そこで、あなたの見たこと、現在のこと、今後起ろうとすることを、書きとめなさい。1:20あなたがわたしの右手に見た七つの星と、七つの金の燭台との奥義は、こうである。すなわち、七つの星は七つの教会の御使であり、七つの燭台は七つの教会である。（口語訳新約聖書）

# 奏楽天使

## 黙示録「見よ、その方が雲にのって現れる」

ハンス・メムリンク作「奏楽天使」の楽器類と何だか種類が似ている気がしないでもない御座楽の楽器です。西洋と東洋の違い、又長い年月を経た出来事として、目を凝らして見ると遠い処に接点がありそうな不思議を受け止めます。

コラム
ハンス・メムリンク作「奏楽天使」
ベルギーのブリュッセルにある王立美術館に収められています。以前はスペインのナヘラ地方にある、サンタ・マリア・ラ・レアル教会の大オルガンを装飾していた三連作の中の一枚とされたものです。一見すると、新約聖書の「Majestas Domini（栄光の王）」（黙示録、第4章第1節～第11節）、または同じ黙示録の「見よ、その方が雲にのって現れる」（第1章第7節）などから発想をを得たように思われますが、むしろ、メムリンクはそれらのテーマを借りて、この時代の楽器を描きたかったのではないでしょうか。[※1]

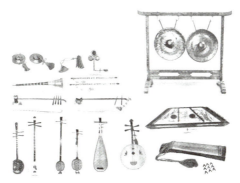

御座楽の楽器

※1 参考 ウェブサイト http://2style.net/misa/cover/cover_3.html

長寿の話

# 北谷の海底神殿

## 御嶽と蛇のルーツとフェニキア文字

### 御先世信仰の大聖地
北谷には海洋国家があったと、ある特別番組で語られておりました。

### シーサーの起源
琉球のシーサーは西安のピラミッドやスフィンクスが起原ではないかと木村教授は言及します。琉球の御嶽と蛇のルーツはフェニキアだとも述べられ、離島で見つかったクサビ文字はフェニキアと同じ物だと認定さています。

### 伊是名島のピラミッド
海上から見た伊是名島は三角錐で木村教授説ではピラミッドとされています。

蛇は脱皮することから、孵でぃかわり、生まれ変わり再生するとされます。御嶽には、線刻石板が埋められていましたが、現在は数が減少しております。

## 開封のユダヤ人と蘇軾

1066年ごろに蘇軾は開封にいたという。開封には「開封のユダヤ人」としての逸話がいろいろと文献に登場します。琉球に残された古典舞踊「柳節」は、蘇軾による漢詩、柳緑花紅真面目からとも言われ大変へブライの香りのする舞踊と歌詞であります。イギリスの研究家ジョセフ・ニーダム氏によると道教とヘブライ文化はリンクしているとされます。

コラム
開封のユダヤ人と蘇軾
中国故事288「絹の道（シルクロード）」天山の道を運ばれはじめた絹
張騫は使者として匈奴を討つ為に長安を出たが、匈奴に捕えられてしまった。張騫は匈奴の娘を妻にあてがわれ、子供までできた。十余年後西方に脱出し、天山山脈の南に沿ってタリム盆地から大宛国に着いた。今のフェルガナ地方で、葡萄酒と名馬を産する地である。崑崙山脈の北にそって帰る途中、ふたたび匈奴に捕えられた。一年余りして長安に帰った。西方の国からは葡萄や名馬、宝石、石榴、西瓜、楽器の琵琶等々が伝わり漢からは金や絹などが天山の道を運ばれはじめた。これが絹の道の始まりといわれる。※1

## 蘇軾の漢詩

海中方士覓三山　　海中の方士三山を覓む
萬古明知去不還　　萬古明らかに知る　去って還らざるを
咫尺秦陵是商鑑　　咫尺の秦陵は是商鑑
朝元何必苦躋攀　　朝元何ぞ必らずしも躋攀に苦しまん

方士たちは海中にある三山を探して旅立ったが、見つからないことは良く知られている。目の前にある秦の始皇帝陵がお手本。朝元閣も大きすぎて無用の長物になった。熙寧元年（1066）父蘇洵の喪が明けると、蘇軾は家族および弟の蘇轍らとともに都の開封に向かった。※2
中国には布馬舞があり、琉球のジュリ馬との繋がりが示唆されます。

饒平布馬舞
（参考：ウェブサイトhttps://kknews.cc/culture/6nmpov3.html）
※1 『史記』大宛伝　『漢書』張騫伝　※2 ウェブサイト「漢詩と中国文化」

長寿の話

# ライオンと猫

## 古代エジプトの猫崇拝・海を渡る猫

**太陽神信仰とライオン**
エジプトはもともと太陽神信仰が盛んで太陽の象徴としてライオンを飼育していましたが、飼育係が襲われることが多く猫にシフトしていったとされます。

**女神バステト**
「太陽がネコの目を通して下界を見るためだと考えられた。女神バステトは夜になって眠りこんだ太陽を蛇どもから守るために寝ずの番をしているという。紀元前1200年代、第19王朝時代の「死者の書」第17章には、太陽神ラーの化身である聖猫マトゥが、悪と暗闇の象徴である沼地の蛇アポピスと闘う図が描かれているとされます。紀元前525年のペルシアとエジプトの戦いでは、ペルシア軍が最前列に猫を配したために、矢を放つことのできないエジプト軍が大敗したと伝えられます。牡猫が太陽とオシリスに捧げられているのに対し、牝猫は月とイーシスに捧げられたようです。[※1]」

**猫による大儲け情報　鼠をひっぱたく役人**
「猫が乗った船がインドへついた。その国の珍事は卓上の皿ごとに棒を持った僕が一人づつその皿を守る。そこはインドの宮中でありますが、二十日鼠が多く、少しでも油断すればたちまち食物を盗まれる。それで猫をその国の王へ献じます。（猫は鼠を退治するので）王は大変喜び、御土産珍宝、女奴、貨銭その他を猫の主へ送り、その主はいただいた多くの珍しいものを他の国で商売をして大金持ちになりました。」と、南方熊楠氏の調べたる、猫の情報でした。

**大航海時代の猫**
古代の航海時代、船に積んである穀物を鼠に食べられない為にも、猫は大切に船でも飼われていたこと。ペルシャでは大航海時代における船に乗せられた猫、それがペルシャ猫であったといわれます。エジプトやペルシャで大切にされていた猫の出身地は、意外と与那国の猫かも知れません。なにしろ与那国海底遺跡の調査によると、大変ふるいヨナ、ギリシャがヨーナと名付けたのが与那国らしいのです。

180

その与那国や琉球では猫をマヤーと呼びます。古代ローマ帝国にネコという皇帝がいたそうですが、彼は鼠は捕れない皇帝だったと思います。

与那国のマヤーは、五穀豊穣の時には鼠が多くたちまわるので、それを退治するために、猫はそのお役目がありました。それゆえ猫や鼠は豊かな穀物の取れる時と相まって、鼠騒動や猫騒動は豊穣の、かりー（嘉利吉）の象徴に琉球ではなっています。

西洋での黒猫は、魔女の象徴として高い塔から放り投げられる儀式に参列させられ、何とも気の毒な話です。西洋のある時期、ペストが大流行りしたのも、鼠の蔓延によるものかもしれません。

その点、猫を大切にしていた東洋は、そのような凶事はあまり見当たりません。凶事を払う神事として、アブシバレーや、瓜をくりぬいた鼠用の船に鼠を乗せて海へ流す行事がむかしはありました。えんちゅ（鼠）も琉球ではうっかり蔓延はしなかったようです。それは猫という強い味方がいたからで、猫の代りのライオンでは無理であったのです。ライオンがえんちゅ（鼠）をとった話は聞いたこともないのであります。

**神猫図**

いかにして汝は猫の分際で「神」という名を戴いているのか。山口宗季（唐名：呉師虔 1672～1743）筆により描かれた、那覇市歴史博物館所蔵の絵画の猫は「神猫図」というタイトルです。

猫で大儲けをした富豪、戦に猫を連れていった大名、大佛次郎の猫物語、エジプトの猫、与那国の猫、魔女狩りとペスト、黒猫と魔女を関連づけて猫をないがしろにした中世の暗黒時代（鼠がはびこると流行病は蔓延します。）

青い瞳が何とも言えなく美しいペルシャから来た猫。（猫の恩返しは雀や昆虫を主人に犠牲の捧げものとして捧げます。）一連の猫との文化的つながりから見えて来た、猫と人との絆は最近断絶しつつあります。だが然し「ネコカフェ」なる新規ビジネスは繁昌しているようですし、心にいやしの賜物を与えてくれる猫は、険しい人の道を行く上でのいやしのトッピングであったかも知れません。最近家畜でない自然界で暮らす猫が子猫を産んだ、ひとしおの喜びに元気付けられもしましたが、親猫、子猫ともに野良猫を目の敵とする方々により肩身の狭い境遇に至り、母猫はげっそりと痩せ具合が悪そうでありました。父猫とみられる強そうなパパ猫も心配して、母猫に付き添う中に動物の愛情を垣間見ます。その胸が張り裂けそうな心地に、涙で眼が潤い鼻水をすすり上げながら、これも自然の摂理なのかと心を落ち着かせることに精一杯の日もあり

## 長寿の話

ました。同じことは七十数年前の大戦の出来事でもありました。とにかく心が萎むことに対しては、ある一つの心構えが必要ではあります。時は今しか無く、過去も未来も今ではないのですから。天地創造のマクロの世界から見れば人の命もまたカゲロウのようなものであります。

「ネコが幸せになれば人も幸せになり、世界も幸せになる」と語られるカメラマンの岩合光昭さんの言葉に夢を託し、世界が安寧に暮せるようになりますようにと、神猫に願掛けします。その近年の気の毒な野生の猫ファミリーのパパ猫はついに天国へ旅だってしまいました。それからしばらくして、パパ猫そっくりな強い猫がふたたび登場し、傷心のシャム猫とロマンチックな間柄になり再度、子猫がうまれました。不思議に思いは天に届くものです。猫にいやされつつ、また喜びを見いだします。

江戸時代、猫はつながれて飼われていたらしいのですが、何時の日か、猫を放し飼いにするようお達しが出て、猫を見かけたら餌を与えるよう、そのようなお達しもあったそうです。それから江戸時代の猫は人に溺愛される立場の猫も登場しました。現在でも猫は人間の言葉こそ話せないものの、人の営みの中においては充分に役立っていると、猫にかわり代弁してみたいものです。

### 浜辺の猫と民間外交

ほとんど媚を売らず、言語も解せず、通じるのは猫語だけなのであります。琉球語ではマヤーと言い、中国語ではマウらしい。浜辺でひっそりと若いけど、適当に疲れている愛しのマヤー。暗黙の了解とか沈黙は金とか黙して語らずとか、そんな難解なわざは要せず、ただ「ニャ～ン」と音声を発するだけ、そして態度と目線で波動を嗅ぎ分けます。

中国のパンダ外交はお金も稼ぐし大事にもされますが、おしむらく、浜辺の猫は最近、猫に関するもろもろのお達しにより、野生の猫の放浪生活圏も大変狭まり厳しいものになりました。この辺、マルタ島の猫とは大違い。

寒風吹き荒ぶ冬の浜辺へ、大気汚染から一時的にも逃れることが望みであろう、異国の旅人達が訪れます。そこに登場するのが野良猫マウなんです。マウを介した心の交流は暖かいともしびを、たましいの中に灯してくれます。さまざまな異国の旅人にも出逢うのだけれども、この外交はほとんど相手に対して、何のおもてなしもしない。ただあるのはマウと風と、PM2.5のない新鮮な空気だけなんです。それがきっと人には一番のおもてなしと自負してはいるのですが、願わくばこの小さな心のともしび外交が、世界を穏やかに、古きものも、若きも、また強きもの、弱きものも神の御加護のもと、安寧な時を紡ぐこ

とが可能な地球生命体となって欲しい。
そうであれば何も、ナサの発信するトップニュースのように、火星に移住しなくてもきっと、穏やかな地球にいられるかも、と黄昏時に思うのであります。
盛者必衰、諸行無常と落ち込まず、上善水の如く、足るを知るオノヨーコとジョン・レノンの息子さんのお勧めの言葉「ちょうどいい」のキャッチフレーズのように、少ない資源でささやかに、多くの人が安寧に、太平の世を過ごせたら、また遠い昔の琉球が取り戻せるかも知れない。そのささやかさが世界に伝播するとき、きっと琉球とは何であるかが、もっと心の中に響いてくるのかも知れないと、黄昏時のサンセットビーチで妄想は駆け巡るのであります。

### いじゅのターファークー
「鼓花くー」と書かれていますが、もしかしたら「太平歌」のことかもしれないともいわれます。太平な世の歌ということで、むかしから安寧な世界、太平なる世は待ち望まれているのでした。

### ふりむいてはいけない
創世記第19章　19:17彼らを外に連れ出した時そのひとりは言った、「のがれて、自分の命を救いなさい。うしろをふりかえって見てはならない。低地にはどこにも立ち止まってはならない。山にのがれなさい。そうしなければ、あなたは滅びます」。
（口語訳旧約聖書）

### ソロモンの空
伝道の書第1章　1:1ダビデの子、エルサレムの王である伝道者の言葉。
1:2伝道者は言う、空の空、空の空、いっさいは空である。
1:3日の下で人が労するすべての労苦は、その身になんの益があるか。
1:4世は去り、世はきたる。しかし地は永遠に変らない。（口語訳旧約聖書）

ソロモンの空と、琉球古典音楽「早口説（春の踊り）」の歌詞である「さてもこの世はあらたまの巡り廻りて新玉の…」と、歌われる内容は似ております。

※1 『猫の歴史と奇話』

## 長寿の話

猫

江戸時代の書物『信濃御道中御画願人控』では猫絵のいきさつが伝わります。

### 猫絵の由来　神坂次郎著『猫大名』より

「新田の猫絵は、生糸を生業とする上州、野州、武衆、信州などの養蚕の盛んな地の方々からは、霊験あらたかな護符として渇仰され、求められている。

その人達が何故、新田の殿様の描いた猫絵を求めるのか？

その発端は、住昔関東の野を黒つなみのように襲った鼠の大群からきている。」という。昔の猫は霊験あらたかな絵にも登場したのでした。

### 喜びの神・ネコ　大佛次郎著『猫のいる日々』より

パリのルーブル美術館にはエジプトの展示物があり、「供物を運ぶ女の化粧漆喰像」を見るために大佛次郎は十度は通っただろうとされます。展示物の美しさに目をみはり、また彼はエジプトのネコについて書きます。

「自分の大好きなネコの像が戸棚に一杯並んでいた。神さまらしく行儀良く威厳のある座り方をしているネコだけでなく、母親ネコが小ネコを並べて乳を飲ませていたり、胸でじゃらしている、可憐な彫刻もあった。耳輪をつけたネコや首飾りをさげたネコがいた。砂漠と大きさを張合う大きな建造物でなく小さいものの中にエジプトがある。護符や雑器の中にまで、エジプトがあった。あれだけの豊かな画をかくのに用いた筆を私はニューヨークで見た。ナイルの芦の茎を、歯ブラシのように先端を割っただけの、不思議としか思われない祖末な原始的のものであった。私はまたネコの像に出会った。神像や国王女王でない粉ひきの女や召使いの小さな像に、なんとも言えぬ生命観のこもった力ある美しいものを見た。ミイラの内臓をいれる雪花石膏のつぼの少女の顔は、何千年も後の中国の玉の細工でも見るようになめらかで、繊細で、かれんに生々としている。作った人間の喜びが品物からこぼれて見える。器械でなく生きている人間の手のものであった。〈昭和三十八年四月・朝日新聞〉」

### 琉球民謡「ひやみかち節」における羽の生えた虎

「ひやみかち節」の歌詞では、ネコ科の虎に、羽の生えた虎が登場します。

「わん　や　とぅらでむぬ　羽つけて　たぼれ　波路パシフィック　渡てぃなびら　ヒヤ　ヒヤ　ヒヤヒヤヒヤ　ヒヤみかち　起きり」と歌われる虎は羽を付けてください太平洋を渡ります。と歌われます。これはユダの獅子よ、起き上がれとでもいっているのかもしれません。琉球王朝絵巻では羽の生えた虎の旗が登場します。

帰ってきたパパ猫

シャム猫

神猫

中山世土

黄金花　首里城の御正月

旗頭 中山第一

王家の紋章

# 長寿の話

長老がひれ伏す

冊封の幕屋

ももそおものまいり

哨吶（ツオナ）

牛ぼら

天女橋

円覚寺

# 鳥と蝶

## 霊魂は鳥や蝶に憑く

**蝶になった衣の裾**
『捜神記』北宋太平寰宇記より
斉の宋康王（紀元前300年頃）に横恋慕された女性が青陵台から身投げする。護衛の者が衣の裾を捉えるが、衣は千切れて蝶となりました。[※1]
朝鮮半島の僧の儀式舞に胡蝶の舞があるとされます。八重山やその他にも胡蝶の舞があります。袖振舞とも似ているとされ、また霊魂は鳥にも変身する。

波の上の桃源郷　黄金の蛹から孵化する蝶 ゴマダラアゲハ　　八重山民族芸能 胡蝶の舞

鳥にも変身する霊魂
**琉球古典音楽「白鳥節」**
御船ぬ　高どぅぬ　に　白鳥　が　居ちょん
白鳥　や　あらん　うみない（御姉妹）　御精霊
訳：舟のたかどのに、白い鳥がいる。白い鳥ではなく、うみないうしじ（おなり神の精霊）

**白鳥とオナリ神**
白鳥伝説はマレーシアや東南アジア周辺から本土の大和タケルの命まで網羅する伝説です。「白鳥ではなく、オナリ神である」という白鳥節は、奄美ではよいすら節になります。マレーシアあたりでは古代、船の先に白い鳥の姿をかかげ守り神にしていたそうです。大和タケルの命は白鳥になったと伝説にあり、

# 長寿の話

これは黒潮海流、貿易風、季節風などでの海上ルートからの民族渡来が連想されます。民族渡来とともに伝わったであろう夜雨琴（ヤウキン）は正倉院にありますが、ペルシャにもあり、ベトナムにもあり、廃藩置県までは首里王府の御座楽として演奏されておりました。現在御座楽は復元され首里城で元旦に演奏されます。御座楽に似た演奏法に韓国霊山斎（よんざんちぇ）があります。これは、チベットにも似た音階がみられ、音による民族の旅をかいま見る事ができます。

## ハベラザバネ

千切れた衣は蝶となったとする、ことわりから奄美のシャーマンは蝶に似た色とりどりの三角の布をザバネに付けました。ザバネは鷺の羽根の頭飾りで、頭の左右から二本差すのと後下の髪に二本差すのがあり、後者をハベラザバネといいます。

玉ハベラと白サバネ

玉ハベラと首飾り※2

## 「すずなりがふなやれの節」おもろ

吾（あ）が　おなり御神（まぶ）の　守らてゝ、おわちやむ、やれ、えけ、又妹（うとぅ）　おなり御神の、又綾（あやはべる）蝶成りちょわちへ、又奇（く）せ　蝶（はべる）成りよわちへ

この「おなり神」は生きている守護霊のことです。おなり神が美しい蝶となりかわりました。とおもろにふかれる玉ハベラの三角布は蝶、はべる、おなり神をあらわします。※おもろは歌うことを「ふく、ふかれる」と表現します。

大昔節の一つ重厚な雰囲気の曲想に「んかしはべら（昔蝶）節」があります。
## 琉球古典音楽「んかしはべら（昔蝶）節」
みすとぅみてぃ　うきてぃ　みりば　綾はべる　無蔵が
あぬ　花　くぬ　花　吸ゆる　にたさ（憎らしい）
訳：朝早く起きて庭に目をやって見ると、美しい蝶があの花この花を飛び回って、花の蜜を吸っているのがねたましい。
この曲想は憎らしいというジェラシーが表現されています。しずかな歌い出しから高音になって、ジェラシー満載のような曲想であると思うのです。故に蝶は霊魂とともに、花と蝶の関係として思い人のことでもあるのでしょう。この曲は「昔はべらー」とよばれ難曲で後世に編曲されず残った歌といわれます。
はるか遠いいにしえの頃、フェニキアやアブラハムの時代、ハベル人という種族があったといわれます。琉球の、はべらー、ハベルの語源はハベル、ヘブルとして、ヘブル人、ヘブライ人でもあるかも知れません。「東に向かって飛んで行くハベル、すこしお待ち下さい。お手紙を託しましょう。」という表現の歌や、ハベルにかかわる多くの歌が残されております。

コラム
ハベル　ユダヤ人の先祖ハベル
「『考古学から見たオリエント史』フィネガンは次のように述べる。
ハベル　バビロン第一王朝時代にハベルとよばれる人々がメソポタミアで知られていた。ハベルはアマルナ書簡でも言及されている。ハビルという言葉が由来する言語として考え得るのは「通り過ぎる」とか「横切る」とかを意味する言語で、それは一地から一地へ通過する、つまり遊牧民を示唆するか、あるいは国境を横切る、つまり移民、外人、故郷を離れた人を示唆するかである。（ヘブライ語でイブリー）という語とも密接な関係がある。」

## 琉球古典音楽「いヰ（伊江）節」
あがり　うち　んかてぃ　とびゅる　あや　はびる
まづゆ　まてぃ　はびる　いやヰ　むたさ
訳：東に向かい　飛ぶ　美しいハベル　しばし待て　はびる　手お紙を持たしましょう

## 奄美島唄「綾蝶節」
あやはぶら（綾蝶）　はぶら（蝶）　何故なてぃど　はぶら（蝶）
吾島　ふり捨てぃてぃ　海越いてぃ　飛びゅり
囃子　待ちゅらば来よ　戻てぃ　来よ

## 長寿の話

要約：美しいハベル　なぜ　ハベル　故郷を振り捨てて　海超えて飛んでゆく
待っているから来いよ　戻って来いよ
奄美民謡「綾　蝶節(あやはべる)」の曲想は、新作ですが、大変ヘブライ的なメロディです。
新民謡（作詞：中村民郎、作曲：坪山豊）

東へむかうひとびと
イザヤ書第24章　24:15それゆえ、東で主をあがめ、海沿いの国々でイスラエルの神、主の名をあがめよ。第42章　42:10主にむかって新しき歌をうたえ。地の果から主をほめたたえよ。海とその中に満ちるもの、海沿いの国々とそれに住む者とは鳴りどよめ。
（口語訳旧約聖書)

※1 翁敏華「梁祝哀恋与民間文芸創造」
※2 『奄美、吐噶喇の伝統文化』下野敏見著より
※3 『ニギハヤヒ渡来の謎』鹿島昇著

# 長寿の花

## シュメール神話と琉球

### ギルガメッシュの長寿の花と蛇
シュメールの永遠の花、琉球の永遠の孵(す)でぃ水（復活の水）
蛇の脱皮と孵(す)でぃ変わい（生まれ変わり）
蛇は脱皮することにより、新しく生まれ変わるといわれます。

### シュメール神話と琉球の蛇
ギルガメッシュは苦労して長寿の花を見つけましたが、蛇が長寿の花を食べてしまった！　そして蛇は脱皮をして新しい生命が芽生えるのでした。
孵(す)でぃ水をかぶって永遠の命を得た琉球の蛇、新年の若水は長生きの水、神様は長生きの水と、死に水をもっていましたが、まちがえて蛇が永遠の命の水をかぶってしまいました。

### ギルガメッシュが失った生命の花
「紀元前三千年頃に出来たといわれる『ギルガメッシュ叙事詩』という世界最古の叙事詩では、永遠の命を求めて主人公の英雄ギルガメッシュ王が、すべての国をさまよい歩き、険しい山々を越え、すべての海を横切ったことが書かれています。
彼は海の底深くに潜り永遠の若さの植物（棘のある草）を得ます。しかし、ギルガメッシュが泉で水浴びをしている間に蛇がやってきて、この植物を食べてしまいました。（以上、矢島文雄、一九九一による。）ところがなんと、この話は琉球に古くから伝わる「雲雀と生き水」および「生命の水」などの民話とそっくりであることが、ロシアのネフスキーという学者によって指摘されている。[※1]」

### 大蛇退治
大蛇をなだめるために李寄は人身御供になります。
この娘の知恵と勇気で大蛇を退治した話を聞いた東越王（紀元前の中国の王）は彼女を召し出して后としました。『捜神記』十九巻

# 長寿の話

## 琉球にある蛇退治と人身御供伝説
屋良漏池(むるち)の蛇退治
屋良にある漏池(むるち)には底なし沼伝承があります。聖泉信仰では十二底を呈する世界最高の泉となる。「ムル」とは全ての人類「チ」は血水を意図とします。

## 屋良漏池伝説
北谷の漏池に大蛇が棲み、災害を招き農作物を枯らすので、人々は困窮します。占いにより十四、五歳の娘を生贄にすると祟りは止むとされ、王府は高札(たかふだ)を立て、生贄の希望者を募ります。その日暮らしをしていた姉弟が、母に内緒で生贄になるため申し出、姉は生贄になります。大蛇が火を吹きつつ娘をひと飲みにしようとしたところ、天から観音が降りて来て大蛇は退治されます。その場に馳せ参じた母と弟は、娘の無事を見て喜び合い、一家は王府から褒美が送られます。

## 組踊「孝行の巻」
1756年『琉球国志略』内「列女」に孝行の物語が記載されています。北谷に漏池という池があります。義本王の世、宋の淳祐年間に池にいた悪龍が暴風雨を起こし、害をなすので童女を生贄にし、龍を祭る事になりました。章氏の娘「真鶴」は身を捨てて母を救うために進んで生贄になることになります。
天神はこの孝を感じ、龍を滅ぼし災いを除きました。王は喜び、この娘を王子にめあわせました。

## 組踊「孝行の巻」頭取詞(抜粋)
出(いじ)様ちゃる　むぬや　伊祖(いそ)ぬ大主(うふぬし)ぬ　ものどぅやる　むろけている池に　大蛇棲でぃ　居とらてぃ　風ぬ根ん絶(に)えらん　雨ぬ根ん絶(に)えらん
時のト方ん　神ぬみずりん　十四、五なる　童(わらび)　蛇のえさ食わして…(略)
おたかべのあらば…(略)　百果報ぬ　あむぬ

## 古典音楽「うち泊節」
朝夕に　くりしゃ(苦しい)　うみない(姉)と　わ身(み)や
夢の間ぬ　浮世　暮しかねて
訳：侍の子である姉と弟は、父親に捨てられて一人居る母を養うことが出来ない。大原へ行き、稲落穂拾い、粟落穂拾い、死ぬる命救い、命継ぎ今日まで暮らしてきましが、明日はどうなるかわからないこの世界、渡りぐるしい。弟

は生贄の高札を見て、神の引き合わせだと喜びます。
大蛇の災いを祭る為に、命を差し上げれば…
余り泣くな。互いに親の為であるのだから…
後生ぬ旅　でむぬ　母一目拝んで　心やすやすと　別れぶしゃぬ

## 古典音楽「本伊平屋節」
捨てる我が命　露ほども思わぬ　明日は母親ぬ　泣ちゅらと思めば

## 古典音楽「比屋定節」
後生の長旅や　行ち欲しゃや　ねらぬ　母の為やてど　誇て　行きゅる
訳：あの世への長旅は行きたくはない。母の為なので　誇り行く

お祈り：御祭り御たかべします。風のわざするな　雨のわざするな　あ、とーとー
この時天より星下り四つに割れ、童の姿あらはれ、手に孝感滅蛇という四文字の旗揮り顕り給えれば　急ち蛇体皮肉分散して滅す。

## 古典音楽「屋慶名節」
親の為　しちゃる　肝（心）ぬ　あだ　ならぬ
神の御助け　ぬ　あるが　嬉しゃ
訳：親の為にしたる心の　あだならず、神のお助けのあるが嬉しや。

コラム
生贄物語　「これは生贄物語である。世に害をなす大蛇のために、娘が生贄となって祭壇に供せられ、あわやという時、神が現れて娘を救うのである。中山伝信録によると、義本王時代、もろけ（漏渓）の中に悪蛟が住んでいて、風雨を起こし害をなすので、童女の犠牲をなるものを募ったら、宜野湾の章氏の娘真鶴が母の為、身を捨て、募に応じた。しかして孝感天に通じ、神がみづち（蛟）を滅し害を除くことができ、王は大いに喜びこの娘を王子の妃に配したと出ている。これによって見ると、この劇は全くの作り事ではなく、幾分かの事実があったのを脚色したと見ることができる。」

## やらむるちとナーガ・蛇
蛇信仰が龍へと進化。インドの蛇神はナーガと呼ばれます。
屋良座森（やらざむい）　石垣（いしらご）ば（ヲ）　積（お）りあげて
千（と）百（もも）歳末（すへ）　勢軍（せいくさ）寄せるまじ

## 長寿の話

(おもろ巻十三・一八)

解説:このストーリーをよく見ますと、イサクを生贄として捧げたアブラハムに神が現れ、救いのお話に転回してゆく行程にほぼ準じます。屋良漏池の大蛇伝説と組踊の孝行の巻の大蛇のお話は、今日(こんにち)も語り継がれております。

孝行の巻　いけにえを捧げる祭壇と大蛇[※3]

※1　『太平洋に沈んだ大陸』木村政昭著
※2　『琉球芸能全集1』島袋盛敏著
※3　『琉球芸能事典』那覇出版社

# シュメール神話と琉球　2

## シュメール神話にあるエンキ神と琉球の線刻石板

ひじゃ川や嘉手納基地から線刻石板が発見されました。木村教授の研究による北谷海底ピラミッドや与那国海底遺跡は大変ロマンとミステリーに満ちあふれております。線刻石板に現れた文字の一つに、□の中に線がよこに三本か四本書かれている文字がありました。「それは沖縄と地中海文明（ギリシャ）などで見られる「エンキ神　水の神様」元はメソポタミア神話に由来する。」と木村教授は述べられております。[1]
エジプトのナイル川を支配する神（ハピ Hapi）もまた水の神。

コラム
インドから日本に辿り着いた古代船キエンギ号
シュメール船を復元する会
『消えたシュメール王朝と古代日本の謎』岩田明著
平成三年八月　キエンギ号建造をはじめ、インド洋から日本へ航海。久米島沖北西四十五キロ地点で古代船キエンギ号が二十六時間漂流。平成四年六月十八日救助されました。
これはそんなに遠くないお話でした。

## 噂話によるシュメール語

琉球において噂にのぼるシュメール語なるものがあります。学術的な検証は見当たりませんがとりあえず、シュメール語ということになっている語に、「ヌーヌ　イユ　ガル（何の魚か？）」「イリガザ（瘡蓋）」「チュンペ（唾）」「ガージュー（気が強い人）」「ガーラ（魚の名）」「ガーエー（雄叫び）」「ガーソー（多分、強がる）」「マーミナー（モヤシ）」「ヌーヌー（何々）」がありました。またウルはウルク（石と砂、ウルカ）があります。オロク（小禄）は漢字のあて事をそのまま読み、現在はオロクになっておりますが、以前はウルクと発音していました。女性の名前のウトゥはシュメールのお話にウツ（日神）として類似しておりまして、ウトゥおばーというお年寄りは確かにいました。火の神アグとしてはアグニ島があります。「てぃん　ぬ　むりぶし（天の群星）」のむりぶしは、シュメール語のムルムルでしょう。

コラム
古代の楽譜　1960年にメソポタミアの、シュメール文明の首都ウルの遺跡から発見された粘土板の中から、古代の楽譜も発見されましたが、カリフォルニア大学のアンネ・D・キルマー女史は、それを現代の五線譜に再現する事に成功し、その再現された音楽を評論家の岩田明氏がテープにダビングする機会がありました。

### 長寿の話

「私はこの古代のメロディを聴いた時に、初めて聴くにしては妙に懐かしいものを感じた。（中略）
もしかしたら日本の古い音楽と関係があるのかもしれない。そう思った私は、このテープを持って紀伊半島の熊野本宮神社の九鬼宗隆宮司を尋ねた。快く迎えてくれた九鬼宮司は、テープを聴きはじめたかと思うとすぐに中断し、『禰宜（神官）どもにも聴かせてやってほしい』と禰宜の方を集められた。
5分程そのテープの旋律を聴くと、九鬼宮司と禰宜の方達は異口同音に『当社で行う伝承雅楽と実によく似ている』と感嘆の声を漏らされた。」

**花の生命力と霊魂**
浙江省畲族の挿花娘娘の伝承
「むかし畲族の美しい娘は、継母により金持ちの家に嫁がされる。むすめは途中、崖から身投げした。道行く人は花で覆った。すると、その霊魂は花神に抱かれやがて花仙となった。（姜彬主編『呉越民間信仰民俗』）花の生命力への期待、霊魂が花の故郷へ帰るとする。

台湾の古都台南にある「臨水夫人廟」での道士による生育儀礼
女性は陰間に花園を持つが、養分が足りないと子が授からない。その補いに花園を強化するため、萎えた花が折り取られる。次に依頼者の女性の頭部に裁花をする。」
琉球古典舞踊のいでたちは、頭部に裁花をかざします。

## 琉球古典音楽「南嶽節(なんだきぶし)」

今日(きゆ)や 御行逢拝(うぃうちぇ)がでぃ いろいろぬ遊(あしゃ)び 明日(あちゃ)は 面影(うむかじ)ぬ立(た)ちゆとみば ヨウヰ シュラ ヨウヰ

押(う)す風(かじ)も涼(しだ)しゃ でぃちゃよ おしつれて さやか照(てぃ)る月(ちち)ぬ影(あし)に遊(あしゃ)ば

訳：今日は御逢いし、拝謁いたし いろいろな遊びをいたします。明日は面影の立つと思えば…。（名残惜しい心）

コラム
「南嶽」のこと　『捜神記』竹田晃訳より
「四つの鑊(かく)　漢の武帝は南嶽の祭りをする場所を廬江郡（安徽省(せん)）灊県にある霍(かく)山の山頂に移したが、ここには祭りに必要な水が無かった。すると、神廟に四十斛はあろうかと思われるような大きな鑊(かく)が四つ置いてあったが、祭りのときになると、いつのまにか水がいっぱいにたまっている。それを祭りに使うと、十分に足りて、祭りが終ったときには、からになってしまう。からになっても、土ぼこりや木の葉などがたまってよごすようなことはなかった。それから五十年たって、それまで一年に四回していた祭りを三回にしたところが、鑊の一つがひとりでに壊れてしまった。
注：南嶽　五嶽の一つ。衡山あるいは霍山のこと。一節には衡山即(すなわ)ち霍(かく)山といわれる。
鑊(かく)　足のない大鼎。煮炊きに用いるなべの類。」

## 琉球古典音楽「貫花節(ぬちばなぶし)」

りちゃよ うし ちりてぃ あたい 花 むいが
花や 露(ちゆ) かめてぃ むいや ならん
囃子 えいやよー ぬー ひやるがひー
白瀬走川に流れゆる桜 掬(しく)てぃ恩(うみさとう)里に 貫(ぬ)ちゃい はきら
赤糸(あかちゆ)貫ち花や 里に うちはきてぃ 白糸(しるちゆ)貫ち花や ゆ得(ヰ)り 童(わらび)

訳：つれだって花を摘みにいきましょう。でも花は露をいただいているので、摘むことはできません。白瀬走川に流れる桜の花びらを掬い集めレイを作って愛しの彼にかけましょう。赤いレイは彼に。白いレイは子どもが貰いなさい。

## 舞踊での「南嶽節」

打ち鳴(な)らし 鳴らちょー 四ち竹は 鳴らちょー さーさー すらよい きゅ あしび なんだきよ
鳴らす四ち竹(ゆだき)の音(ぬうとぅぬ)のしほらしゃ（四つ竹の音がすがすがしい）
今日や いちぇ うがでぃ いるいるぬ あしび 明日や面影ぬ 立つとめば
鳴らす四ち竹(ゆだきぬうとぅ)の 音にまぎれてど おやぐさめあても 御側(うすば)寄(ゆ)たる
あしびぶさあても まどに 遊(あし)ばりみ すいてぃんじゃなし（首里天加那志）
うゆゑ（御祝い）やてど

## 長寿の話

※「すいてぃんじゃなし（首里天加那志）」を「きゅ（今日）や大主ぬ（うふぬし）」にかえる時もあります。

四つ竹を手に打ちならす、その音は場を清め、除霊、浄化し神を迎えるとされます。貫花節に歌われる花は、あたい（各自の家庭内畑）に咲いている花を摘みに、誘い合っていきましょう。けれども「その花は露を含んでいたので、摘むことが出来ない」と歌われ、花の露は潤いとしても捉えられたのでしょう。

※1 参考：ウェブサイト「歴史ミステリー 沖縄海底ピラミッド王国を暴く1
　https://www.youtube.com/watch?v=hnxCk7UXFtI」より
※2 『日本超古代王朝とシュメールの謎』岩田明著
※3 『東シナ海文化圏』野村伸一著

# 御声明の音色

## 日本の声明と韓国の踊るお坊さん

### 「仲節」「十七八節」

琉球古典音楽昔節「仲節」「十七八節」などの昔節を年少の頃「耳ぐすい(聞いて命のかてにすること)」する機会がありました。また随分以前に、東京国立劇場で「日本の御声明と韓国の踊るお坊さん」というサブタイトルでの公演を見ました。毎年旧暦の5月5日(端午の節句)に韓国太古宗奉元寺で三日間ほど行われるという行事は、シンバルやラッパのようなもので音楽を演奏したり、八重山のアンガマの時の花笠のようなのをかぶった形式がありました。曲想は首里城正殿で演奏される「御座楽」によく似ていました。韓国の踊るお坊さんの曲想は御声明にも似ていますが、動きや全体は、なんと琉球御座楽、路地楽と対をなすものではないでしょうか。

六本木乃木坂近くの教運寺は芝増上寺の流れとされますが、その東京のお寺でのお施餓鬼で聞いた御声明の音色は、琉球古典音楽「仲節」や「十七八節」「今風」の曲想になんとなく似ていると感じました。その御声明と韓国太古宗奉元寺で行われる霊山斎が双方、韓国と琉球に似たかたちで残されているのも不思議なことです。

### チベットの曼荼羅

琉球御座楽、路地楽での楽器やその音色、雰囲気はまたチベット仏教の音楽にも似ている所がありました。世界で最も美しい映画というキャッチフレーズにて「クンドゥン」というチベットの映画がありました。それに伴い一緒に来日したチベット歌舞団の芸能を見たとき、時の表現、時間の経緯を表すときの円を描いて廻るその表現自体が琉球の組踊の表現とまさに同じでした。

演奏家としての曲想「仲節」のこと
阿波根朝松の「琉歌新釈」に「原歌は古語を用い、古格を保ち風韻荘重である」として語訳が加えられています。

コラム
十七八節のこと　「曲中女絃の連続音が座主の打つ鐘の音と相似していることなど、こ

の節のもつ声明の雰囲気は抜き去りがたい。古典音楽家の間では阿弥陀如来四十八願中の十七願・十八願に由来し、人生の臨終にあたって阿弥陀仏の来迎を待ちわびる悟りの歌だと考える人が多い。山内氏は『声明の音曲に琉詞を付けて三弦楽とした。』と解し、少々表現はきついが、『音楽家は気が狂わない限り十七 八節の曲想に恋愛と信じつつ唄い得る心臓者は先ず一人も居ないであろう。(山内盛彬著作集第三巻)』
曲想を抜きにして、平板に文学的に解釈すれば、日が暮れて愛しい人からの使いが来るのを待ちわびる心境を歌っている。島袋盛敏『琉歌全集』もናፖ根朝松『琉歌新釈』も恋の歌との解釈であるが、歌う側としてはこの解釈にどうしても馴染めないし、納得がいかない。[※1]

**エジプト死者の書**
エジプト死者の書は、挿絵付き呪文集。死者を呪術的に導き、喜びの内にあの世へ行けるよう、来世と現世を自由に行き来して、この世の楽しみを味わいに墓に戻って来ることが出来るようにすることにあった。[※2]

琉球古典音楽「仲節」の歌詞はお目出度い時に歌われる「かじゃでぃ風節」と同じ歌詞です。
**球古典音楽「仲節」**
きゆぬ ふくらしゃ や なうに じゃな たている
ちぶでぃ ゆる はな ぬ ちゆ た ぐぅとぅ
訳：今日の誇らしさは何にたとえよう。蕾んでいる花が露を受けたように。
歌詞は喜びの言葉の表現ではありますが、曲想は大変重く重厚であり且つしめやかさが漂います。これは新しく生まれかわる前兆としての、その前の死出の旅立ちを祝うという複雑な心の状態におけることわりのようでもあります。
永遠の命を願ったもので、エジプトの死者の書に通ずるものがありそうです。

琉球古典音楽における「十七 八節」は死出の旅を歌ったとも伝わります。
**琉球古典音楽「十七 八節」**
ゆしずみ ぬ なりば あ 居(い)ち うらりらん
玉黄金 ちけー（使い） ぬ 来ら とぅみば（と思えば）
「仲節」も「十七 八節」も仏教の御声明から来た音曲であるといわれまして、特に「十七 八節」は葬儀の時に流されます。「十七 八節」の歌詞の「よしずめ」夜のしじまは、夕暮れのことで、何故かこの時間帯になると幼いこどもは淋しく泣きたくなる時間帯であると言われます。人生の終焉を夜のしじまと言い表し、もうすぐお迎えがくると思うとそわそわして、心が落ち着かないと、そのお使いを「玉黄金(たまくがに)ちけー（使い）」と表現しています。現世とのお別れ

は、新しい旅立ちとして捉えられていたようです。

コラム
「十七八節(じゅうしちはちぶし)」は「宗教的に深い精神性を宿したもの」といわれます。「弥陀の本願」「無量寿経」にある弥陀の四十八願の中で重視される十七願、十八願、阿弥陀仏は、全ての衆生を救ってあげたいとする願いを立てたとされる。※3

### 昔節
「十七八節」は、仏教的曲想です。また、「十七八節」「仲節(なかぶし)」「暁節(あかちちぶし)」などは昔節といわれます。韓国の踊るお坊さんのさまざまな、音というか、舞というかは、仏的な音、そのあたりから御声明と、仏教的八重山の風俗、琉球王府の御座楽などのつながりが感じられました。これは霊山斎(ヨンザンチェ)というCDにより、音は聞く事ができますが、映像を見る事が不可能であり残念です。

### 韓国の霊山斎(ヨンザンチェ)
#### 燃灯会、八関会、霊山斎(ヨンザンチェ)
「これは梵唄(唄、楽器演奏、踊りを伴う)密教的な儀礼により死者霊を成仏させる法会。大きな掛仏を据えその前で僧侶が信徒を導きつつ儀礼、舞をする。この形式はチベット仏教などと共通点がある。霊山会相乃ち霊鷲山で釈迦が説法する法会を意味する。衆生は歓喜に包まれ天地は振動し、天から天花が下り、諸天は伎楽で供養したという。梵唄や霊魂済度儀礼は新羅にすでにあった。(金ジョンイル「燃灯会、八関会、霊山斎(ヨンザンチェ)」)
梵天、帝釈天などの神衆を招き道場を浄化する。掛仏が掲げられ仏菩薩、神衆、諸霊への供養(「観音施食」観音の力により往生させること)などがあり、この間僧舞がたびたび舞われる。※4」

コラム
インドラ(因陀羅)・帝釈天(たいしゃくてん)(漢訳)インドラへの讃歌は『リグ・ヴェーダ』の約4分の1を占める最大の神。金剛を右手に持つインドラは、悪竜ヴリトラを殺す英雄神、インドラはアイラーヴァタという象に乗り、東方を守護する。この神の信仰が仏教に取り入れられ仏教の守護神、帝釈天となる。※5

琉球古典音楽昔節「仲節」「十七八節」と寅さんで有名な葛飾柴又帝釈天、芝増上寺
### 葛飾柴又帝釈天と芝増上寺
霊山斎(ヨンザンチェ)の儀礼では、「梵天、帝釈天などの神衆を招き道場を浄化する」と説明されております。琉球の古典音楽昔節にある、「仲節」「十七八節」の荘厳な

## 長寿の話

曲想と、芝増上寺系列のお寺で行われるお施餓鬼会での御声明は、遠く韓国の霊山斎(ヨンザンチェ)の儀礼の中に曲想の類似が見いだせます。(琉球古典音楽の方は少々しめやかではありますが)チベットのマントラの中にも雰囲気はつかめますが、なんといっても帝釈天などの神衆を招き入れる、という箇所が重要です。これは、八切止夫氏校註『契丹日本史』366頁記載「脱解は本と多婆那国の所生なり。不可解な多婆那は琉球であらねばならぬ、倭は遠く廣東海にもあった。龍城國は即琉球であって、龍と琉との國音同一なるのみならず、もし万葉式に音訓兼ね用いたる者ならば、龍城、琉球是れ同語である。小琉球は即台湾のことで更に其の奥に大琉球ありと思惟されたのであった。二十八龍王あり(云々)」と書かれております。脱解は第四代新羅王であり、『三国遺事』などには神話として帝釈天の末裔と記されておりました。

### 昔節の音

霊山斎(ヨンザンチェ)における韓国のお坊さんは、よく踊ります。長い袖の衣裳を着て、リズムもあまり暗くはありません。テンポはなんとなく楽しい感じも受けました。この音の響きは、琉球古典音楽の大昔節としての「仲節」や、「十七八節」にも雰囲気が似ております。琉球古典音楽野村流の故幸地亀千代先生と奥様の故幸地ナエ先生の演奏の音では、仏教音楽のシンバルのような音を、琴の音で再現したようなフレーズも感じられます。また、霊山斎(ヨンザンチェ)の音となりは戦後復元された御座楽に相通じるところが多く受け止められます。

霊山斎(ヨンザンチェ)の演奏法は、チベット仏教のマントラにも音の波動が似通っておりました。音から歴史を探ることは、大変楽しい驚きであります。そして長い年月を経た人と神の道を再現した音は、生きている人の心をも救うことが出来るかもしれないと思えます。心や魂が健やかであれば身体もそれにともなうということなのでしょう。この音のつながりは、ベトナムフエの宮廷音楽にも連想され、またチベットのマントラとも潜在的なものが受け取れます。

足利時代、寧波とのつながりで、お坊さん三千人の読経というか、御声明でお迎えを受け入れるという内容の書を読んだ記憶があります。琉球古典音楽「昔節」を百人ほどで舞台音響装置無しでの演奏時、大変感動的でした。まして三千人の御声明であれば、どのような音の響きであったであろうかと想像します。

夕暮れになると心がそわそわとおちつかなくなる。
「ゆしずみ ぬ なりば あ 居(い)ち うらりらん 玉黄金 使(ちけー)い ぬ 来(ち)ゅらと 思えば(ちゅらとぅみば)」

もうすぐ命が静まろうとするとき、観音様が雲に乗りお迎えに来て、縁の紐を何本もつなぎます。まるで、船が出るときの五色のテープのようです。船出のそのとき物悲しい蛍の光とドラがなりますが、遠い昔に、三千人くらいで、昔節の曲想で御声明を唱ったとしたら、旅立ちは夢の世界です。

## 江戸上り、芝の増上寺と琉球

将軍の代替わりごとに、使節・慶賀使が江戸へ赴きました。その行程におきまして、江戸に着きましたら最初は芝の増上寺へ参詣したと伝わります。最近江戸上りの行程を唄った舞踊が「上り口説」のメロディに乗せて舞う、大変すばらしい舞踊を拝見する機会がありました。

## 琉球芸能「江戸上り口説」

神と君との道しぐに　誠船出の嬉しさや　風もまともに　吹きつめて
波も静かに収まれば　走らち　三月ぬ　祝ぬ日に　山川港に　はい入れて
船ぬ検め　済まち又　直に前ぬ浜乗りまわち　琉球　仮屋に安堵しち
う城上いや　其々の　務済まして　遥々と　東の彼方に　立ち出じて
旅のよそいは　華やかに　袖の錦を輝かし　急ぎ急ぎに　川内川
小早に竿差し　久見崎に　下り下りて　関船に　登る程なく　満帆引きば
瀬戸や灘々　なだやしく　いざや大阪　おざ船の　玉のお城に　乗り移り
楽や船歌賑やかに　勇み気おいて　川登り　月を伏見に　仮寝して
心豊に　日の本の　光仰ぎて　大阪の　関も閉ざさず　道広く
明け方近く　大津から　共に打ち出の　海辺過ぎ　瀬田の唐橋　打ち渡り
名にし近江の湖も　暫し眺めて　行き行けば　名所旧跡　数知らず
富士の白雪　兼ねてより　聞くに勝りて　珍しや　さよの中山　箱根阪
登り下りも　安々と　花のお江戸に　早着きて　「エイ」
雲井遥かに　立登り　君の玉章　奉り　光　仰ぐぞ　有難き

## ミルク世果報

江戸上りで、琉球の慶賀使が訪れた芝の増上寺は、シバ神に関連しているとも言われます。琉球では、ミルク神と呼ばれる豊穣の神の逸話が多く語られ芸能も盛んです。またミルク世果報として、太平な世を乞い願う唄や、説話が多く残されております。ミルク神信仰は福建省から伝わったとも、ベトナムから伝わったとも言われます。

## 長寿の話

※1 『沖縄三線節歌の読み方』大城米雄著
※2 『ラメセス2世』ベルナデット・ムニュー＆吉村作治著
※3 『改訂歌三線の世界』勝連繁雄著
※4 『東シナ海文化圏』野村伸一著
※5 「カトマンドゥ博物館蔵」 ウェブサイト『仏教伝来の道物語』池田勝宣著より

# 蘇軾(そしょく)と漢詩

## 禅語

禅語 「自然や宇宙そのものにはそもそも善も悪もなく、ただ無限に変化し続ける中立的な現象そのものがある。」　蘇軾 柳緑花紅真面目

### 蘇軾と「レッドクリフ」
『孔子は仁を説き、孟子は義を説いた。大切なのは命よりも仁義です。』諸葛孔明「レッドクリフ」より。映画「レッドクリフ」では、最初の場面で馬を一瞬にして、気を失わせる術が登場します。このわざは、ハンガリーでも見られました。首里王府で王の護衛の為のわざとして、馬でなく謀反人へ対処するわざとして現在でも伝わるとされます。

### 赤壁の戦い
「赤壁の賦」を書いた蘇軾(蘇東坡)は、海南島へ追放されました。蘇軾はそこでブタの角煮(トンポーロー)としての豚肉料理について詠じたとされ、琉球の料理にも繁栄されております。琉球ではラフテーになります。

### 石鼓文(せっこぶん)
強尋偏旁推點畫　　強いて偏旁を尋ね点画句を推せば
時得一二遺八九　　時に得る一つか二つ、十中八九は遺る
我車既攻馬亦同　　我が車既に攻く馬も亦同じ
其魚維鮪貫之柳　　其の魚は維鮪、これを柳に貫くと
古器縱橫猶識鼎　　古器・古代青銅器慇周時代の物が縦横にあり鼎が識別可能
衆星錯落僅名斗　　衆星の錯落たるに僅かに(北斗七星の)斗が名づく
模糊半已隠瘢胝　　模糊として半ばは已に瘢胝(はんち)に隠れ
詰曲猶能辨跟肘　　詰曲(きっきょく)たるは猶能(なおよ)く跟肘(こんちゅう)を弁す
娟娟缺月隠雲霧　　娟娟(けんけん)たる欠月(けつげつ)雲霧に隠れ
濯濯嘉禾秀稂莠　　濯濯(たくたく)たる嘉禾(かか)稂莠(ろうゆう)に秀でたり
漂流百戰偶然存　　百戦に漂流して偶然に存す
獨立千載誰與友　　千載に独立して誰と与(とも)に友たらん

## 長寿の話

上追軒頡相唯諾　上は軒・頡を追うて相唯諾し
下揖氷斯同彀鶉　下は氷・斯に揖して彀鶉を同じゅうす

**現存する中国最古の石刻文字資料**

石鼓文は唐初期に陝西省鳳翔府天興県で出土した10基の花崗岩の石碑、又はそれに刻まれた文字をさします。現存する中国の石刻文字資料としては最古のもので出土した当時から珍重され、現在は北京故宮博物院に展示されています。

蘇軾が石鼓文をチェックして見るに、ほとんど良くは読めず、およそこうだろうとの推測しかできないという。その中で、取れた魚を柳の枝に通すとか、無秩序に並んだ鼎だけが識別できるとかを語ります。また北斗七星の斗だけがそれと名ざしうるようなものであります。（中略）それは千年の月日を戦乱に会いながら不思議に生き残り、唯独り、友となりうるものがあったろうか。その字の素晴らしさは、文字を作った黄帝、蒼頡のあとを追い答えあう程だし、李陽水・李斯に対して子を養う親鳥の関係にあります。※1と蘇軾は漢詩で残しています。この石鼓文の内容が、どうも琉球古代文字にもあてはまるような感覚でもあります。

『琉球神道記』袋中上人の残した書には琉球古文字のことが記されています。

**椎茸を干す**

禅者の生活は何事にせよ、他人の力を借りず、また明日に延ばさずその日にやる。「他人は自分ではない」、「今しないと、いつするのか」と思慮する。※2

若狭での干物づくり→

※1 『蘇東坡詩選』小川環樹・山本和義 選訳 岩波文庫
※2 ウエブサイト「霊隠寺」から

# 地保奴とモンゴル

## モンゴル馬と 馬走セー(ンマハラ)

### 竜虎山の天山陵

「道教の本山、竜虎山に眠る尚巴志　竜虎山の天師に尚巴志の崩御が伝えられ、竜虎山の天山陵に葬ったことを報告したことが琉球王府の外交文書を記録した『歴代宝案』に見える。」『歴代宝案』は昭和に至るまでは一般公開されませんでした。　浦島太郎と同じくロマンなお話になりました。

コラム
尚巴志の墓は首里の小高い丘に天山陵として造られた
「国相懐機は尚巴志の薨去を道教の本山、竜虎山の天師に伝え、天山陵に葬ったことを報告した。読谷村旧伊良皆部落近くの佐敷森(サシジャームイ)に尚巴志、尚忠、尚思達三代の墓があるといわれます。天山陵墓が焼き討ちにあう前に、家臣〈平田之子〉と〈屋比久之子〉の手によって守られてきた。第二尚氏、金丸のクーデターの際に焼き払われたといわれる天山陵墓は首里にわずかに残るが、王相府王相として尚巴志から尚金福まで仕えた懐機は尚巴志の薨去を道教の本山、竜虎山の天師に伝え、天山陵に葬ったことを報告したことが琉球王府の外交文書を記録した『歴代宝案』に見える。【第一集巻43-20】
　(1439年)　「琉球國王相府王相懷機、天師府大人座前。深感蒙恩。前符□已受、不幸國王尚巴志近蒙薨逝請葬陵于本國都城外天齋山縁。(略)」(琉球国王相府王相懐機、天師府大人の座前、深く恩を蒙るを感ず。前に符□はすでに受けるも、不幸にして国王尚巴志、近頃薨逝蒙られ請いて本国都城外の天齋山縁に葬陵す)天師府大人とは道教の天師教の張天師のこと。この時の張天師は第45代の張九陽である。明の時代、天師教と全真教の二大勢力があったが明の太祖朱元璋は天師教を治世に利用した。[*1]

### 第一尚氏と地保奴(ちぶぬー)

子供の国の馬はらせー(走らし)は、優雅さを競う
今帰仁のアラン族は元朝皇子のおともをして琉球に来島したのであろうか。

### 第一尚氏王朝をひらいた尚巴志のお墓の台座

尚巴志のお墓は天山陵であり尚巴志が地保奴である可能性がある　(明朝実録)
『地保奴が琉球へ流される前、琉球からの使節により南京で儀式が行われた』との噂もあり、地元の人にもあまり知られていない、第一尚王統の陵墓に「天山陵(てんさんりょう)」があります。

# 長寿の話

コラム
地保奴　北元后主脱古思鐵木兒的次子。1388年春、明朝大将藍玉在捕魚儿海大敗北元军、脱古思帖木儿以其太子天保奴、知院捏怯来、丞相失烈门等数十騎逃走、余众包括次子地保奴及后妃公主五十余人、渠率三千、男女七万余，馬駝牛羊十万，全部被俘虏。明太祖賜給地保奴等鈔幣、命有关部门供給他的生活。有人说藍玉和脱古思鐵木儿的后妃私通、明太祖大怒、后妃慚懼自殺。地保奴口出怨言、被明朝远迁到琉球国安置。（明朝実録）
地保奴を琉球国へ行かせたことが朧げながらつかめます。

## シュリービジャヤの金の花と真穂梁夢

尚巴志の神号は、せじたかのまむん（勢治高真物）「尚巴志」球陽に伝う。巴志生まれて身体倭小、高さ五尺に足らず、故に俗人皆佐敷の小按司と称す。と伝わりますが、異論も存在します。巴志の父が按司であったため、巴志は按司の子で、子按司と呼ばれ、それが小按司にいつの間にか変わってしまったという内容も伝わります。沖縄一千年史には真穂梁夢のお話が掲載されております。また『歴代宝案』とともに、シュリービジャヤの話題なども含まれます。シュリービジャヤでは、金の花、銀の花を飾る風習があるとのことです。

首里城における黄金花

※1 参考ウェブサイト「沖縄旅行案内」

# 明けもどろの花

## 水平線を指で計ってみる

### 水平線から昇る太陽

過去七十数年前琉球の地において、まだ沢山の建物が現在のようには無かった頃、大戦で破壊された事柄をも含めいろいろな場所から水平線や、水平線に沈んで行く太陽、逆の場所東側では水平線から顔を出して昇る太陽がよく見えました。

### おもろ　明けもどろの花の咲い渡り

天に鳴響む　大主（とよむうふぬし）　明けもどろの花の　咲い渡り　あれよ　見れよ清（ちゅ）らやよ
又　地天（じてに）鳴響む　大主（うふぬし）

### 水平線の長さ

見慣れた水平線の横の始点、左右の距離感がどうも、亜熱帯の場所である琉球の水平線と、城ヶ島「利休鼠の雨が降る」と歌われる場の水平線の横の距離を比べると、城ヶ島の水平線は何だか少し短いように思え、手のひらをひろげ計測を試みました。「ゾウの時間　ネズミの時間」など発想、始点を変えると原因は究明可能であるかも知れません。水平線の距離はともかく、太陽の高さも昔は手で計ったようです。

# 長寿の話

### 脳みそか素粒子か

『生物学的文明論』の著者、本川達雄氏は「脳みそか素粒子か」ということで、三十年も沖縄の地でなされたシカクナマコの研究は、プラトンやギリシャ哲学と同等に、地球上での生物のあり方としても興味深いものでした。1948年生の本川達雄氏は、団塊世代に降臨したメッセンジャーであります。大戦後の破壊された環境から、豊かになる為に一生懸命頑張った団塊世代の中の一人として、他の方とは異なり、何の役にも立たない研究をしてみようと志した方です。物作りとは飽和状態という現象に行き着くのでしょうが、何の役にも立たない研究というのは、逆転の発想として地球上では、いつか必要とされる大自然への回帰として、役立つかもしれません。

昨今は人工知能が賞賛され、道を間違えたとしたら、脳みそは使わなくなった分衰退し、何億年か経た後、原初の脳みそのないシカクナマコにフィードバックしているかも知れない。そのためには先輩であるシカクナマコの生活もインプットしておいた方が、備えあれば憂いなしの先人の知恵のようです。何故なら盛んに開発している核という抑止力名目で争っていて一歩間違えてしまえば人類消滅。かろうじてアメーバ状態からやっとナマコまで進化していく過程を踏まなければいけない太陽系惑星になりかねないと思うのです。

### 「脳みそ・カニみそ」＆うしゅみじ（潮水）

人間関係を円滑にするための構想にジョークは必要であります。ナマコ的思想の吾輩の「脳みそ」には「カニみそ」が詰まっており、疲れた時には「カニみそを食べると元気になります云々。」こういったジョークは殆ど通じない荒涼とした世界。故にナマコ同様常々浮いています。また健康の為に浜で海水にも四、五分浮いております。難民となったパレスチナの陽焼けしたおじさんは、羊が病気の時は地中海の潮水に浸けると元気になると、TV放送で述べておりました。現在は地中海へは政治的関係で行けないので地中海の塩を羊に舐めさせているとのことでした。羊の為にも早く平和になって欲しいと祈ります。

海水浴と日光浴

オクシリンコスで魚にのみ込まれた男根
## ナマコとオシリス
古代において、どれくらい古代かは分かりませんが、オクシリンコスで魚にのみ込まれた男根とはナマコの原型、ナマコの生態にも似ているかも知れません。海に投げ込まれたオシリスの男根の話題や、ギリシャ神話のクロノスが海中に投捨てたウラノスの性器から湧出した泡からアフロディテが誕生したとか、そういう神話がありますが、その男根、なんとナマコの生態研究論文をみるとよく似ています。それがきっとオシリスの男根に符合するものだったのかもしれません。オシリスの大切な男根は、琉球の海ではナマコとして、また食料にもなったのかも知れません。

コラム
「ベッティ・パピルス」エジプト神話
オシリスが帰ってきたとき、木棺にピッタリ入った者には褒美が贈られるという催しがあった。木棺はオシリスの体に合わせてセトらが作らせた物であったが、何も知らないオシリスはピッタリした棺に気持ちよく横たわった。するとオシリスが抵抗する暇もない間に蓋がかぶせられ、隙間には鉛が流し込まれた。そして棺はナイル川に流されることとなります。オシリスの妻であり妹でもあるイシスはオシリスを探します。
イシスはパピルスの舟で遺体の破片を探し出し、オクシリンコスで魚にのみ込まれた男根を除いてつなぎ合わせた体を強い魔力で復活させましたが、不完全な体だったため現世には留まれなかった。そうしてオシリスは冥界の王として蘇る。
セトにバラバラにされたオシリス
オシリスの亡骸は、男根の部分だけが見つかりませんでした。それは魚にのみ込まれていました。オシリスの妻イシスは魔法でかわりの物をつくってオシリスのすべてをつなぎ命を吹き込みました。オシリスの男根が代替品であったので完璧な蘇生とならず、オシリスは人間界ではなく、冥府の神になりました。イシスはオシリスが冥府にゆく前に子を身ごもりました。イシスはホルスを産みました。トトがやってきてセトから逃げるよう諭しました。イシスとホスルはトトの言いつけの通りに逃げ出し、戦いの後ホルスは王位につきました。[1]


セトが手にしている「アンク」（Ankh）は琉球のサンにも類似します。また、オクシリンコスの賛歌は現存するキリスト教音楽で最古の音階とされますが、琉球の音階のイメージにも似ていると思われます。


※1 オシリスとイシスの伝説・ウィキペディアより

## 長寿の話

黒島口説(くるしまくどうち)に歌われる歌詞に不思議な歌詞があります。
**八重山民謡「黒島口説(くるしまくどうち)」**
さてむ変わらん黒島や　島ぬ流りや　鼎かた　祝う寿　その景色
　（囃子）いやいや豊かなる世ぬ　印さみえ　雨や十日越風や静かに　作る毛作い満作しようてぃど　仲本　東筋　伊古　保里村　保慶や宮里　番所宿々花ぬ遊びや　歌や三味線　テントンテン　面白むんさみ　今ぬやはしに口説ゆみゆみサァッサー

村ぬ有様見渡しば　天ぬ四宿に形取りば　千代も豊かに民遊ぶ
　（囃子）いやいや昨日の綱引きさみへ　西ぬ大将　東ぬ大将　皆々揃ゆてぃ　足や松本　腕や黒金　ゆしくばゆしゅしゅし　いーやいやーチヤント切りたさ　負きやん負きやん袖ゆいうすびばサァッサー

節ん　たがわん雨露ぬ　恵み深きにこの御代は　老も若きも諸共に
　（囃子）いやいや弥勒世果報ぬ印さみえ　我んどさばくい家ぬウヤンチャーがどシクぬ干しタクけえ取て　前ぬ高岳登とて　うんぶいかあぶい月やながみてうかしやんちゃさみ　やかりマヤー（宿借猫）がミヤウミヤウ　アハーちゃんとぬぎたさ　今ぬ囃子に口説読み読みサァッサー

さても替わらぬ黒島や　島の流れや　かない型　祝う寿その景色「島の流れや鼎型」と、まるで上空から黒島の地形を眺めることが可能なような歌詞です。ゼカリア・シッチン氏が古代文明とシュメールのお話を多く書に記しておりますが太陽やニビル、アヌンナキの神々が登場する中で、これらの神々は異星から飛来したと示唆されています。上空から黒島の形を見る事が可能な異星人が天の浮き舟などでつぶやいたような幻想に近い歌詞であって摩訶不思議です。

**琉球民謡「海のチンボーラー」**
海ぬチンボーラーや　逆かなやい　立てば　ひさの　先々危なさや
海ぬさし草や　あん美らさなびく　我身(わみ)ん里前と　うちなびく
辻やインド豆　中島やとうふ豆　恋しわたんじ　いふく豆
辻ぬインド豆かでぃんちゃんな　かでやんちゃしが　味やうびらん
かーぎぬ悪さや取てぃ投(とう)ぎ投ぎ
要約：海のチンボーラー（貝）は、逆さまに立ち、足の先々に危ない。海のサシ草はみごとになびく。わたしも彼に強烈になびきます。辻のはインド豆、中

島はとおふ豆、恋しい渡地（わたんじ）の豆はいふく豆。辻のインド豆をたべてみたいか？食べてみたけど味は解らない。器量の悪いのは取って投げ投げ。
注釈：辻、中島、わたんじには遊郭がありました。
海のちんぼーらーは、成人向けの隠喩が多く、お酒の席などでも昔は楽しく歌われていたとされる曲です。海にある、ちんぼーらーとは、小さな貝ですが、「形が悪いのは取って投げて…」と、投げ捨てられます。辻や中島に昔妓楼がありまして、その妓楼の女性自身を表現しているようです。どこどこの妓楼はえんどう豆、逆さにしてみる。とか、男性同士でお酒の席で盛り上がったようです。多分替え歌になってしまったのかも知れません。
琉球においては、日本からの廃藩置県や世界大戦、また皇民化教育による琉球文化の否定などで、琉球文化の奥義が多く失われました。海のちんぼーらーを歌って楽しんだ、歌の意味をも受け取れなくなった最近の方々が、保育園園児の運動会に、海のちんぼーらーを踊らせ、また、小学校の運動会でも確か踊らされた記憶もあるのです。よく吟味してみますと、保育園児があそこの妓楼のお姉さんのあそこはエンド豆みたいだった。と、そのようなスタンスは何だか異次元的でもあります。そのちんぼーらーは、ごほうら貝をも含んでいるのかも知れません。
「ごほうら貝」を深く研究すると「ちんぺいほーら」など、随分と古代史に登場し、学術的に難しい論文形式にて報告されるようになりました。いにしえの人々が学術論文を作成した訳ではなく、古代はおおらかでシンプル、そして楽しい世界であって、発想が豊かであっただけのことだと思います。
それゆえ「ごほうら貝」の中には、太陽が休みに来る「ティーダ　ヌ　スー（太陽の巣）」という発想、神話がうまれたのかも知れません。
メキシコのピラミッド的遺跡の中にトンネルがあり、そこに大きなホラ貝がおかれていたと、TV番組で見た事があります。このメキシコの大きなホラ貝も、琉球の神話と同じく、きっと「ティーダ　ヌ　スー（太陽の巣）」または「ティーラ　ヌ　スー（太陽の巣）」のための巻貝であったかも知れません。

### 中国の行医

古の中国では人の行いを見て、我が身を正す。というのも、もし相手にやまいが生じた時、「どのような経緯で具合が思わしくなくなったかをチェックします。そしてそれを行わないように心掛ける。」
行医の概略はざっとこんな感じとされます。小さな島国である琉球人から、この行いを鑑みたとき、なるほど中国は大きな国で、人も大勢います。それゆえ

## 長寿の話

大事に至らないよう、石橋を叩いても渡りあぐねる琉球人とは異なり、何に対しても勇気のある人が様々な試みをしてみる。多分マンモスを狩っていたであろう遠い昔、原始の時代のことであろうか、何が毒で、何が薬か解らない時代、試しに何か食してみる。皆がこれを見守っている。その結果当人が元気になれば、それは良きもの。そうでなければそれは受け入れられない。何十年か前によく眼にした「はじめ人間ギャートルズ」の光景が目に浮かびます。

その悠久の時を経た健康法は、ある意味「てげ　てげ」「てーげーなー」つまり、日本的には、「たいがいにして」大雑把のような感覚もあったのかも知れません。「ネーネーズ」現代版の民謡に、「てーげー　やさ　てーげー」と歌う曲が流行ったりするように、琉球には「てーげー」という言葉があります。ある意味「いいかげん」、「適当」と解釈される時もありますが、その根源を探る時、孔子の教え「中庸の功」になります。

「無理するな　浮世(うちゆ)　情け　びけい」と仲間節の歌に歌われるように、「過ぎたるは及ばざるがごとし」あまり熱中しすぎると己を見失う事態もあるのかもしれません。

**免疫の誤作動**

原因不明の痛み、たとえば膝が痛い時、免疫の誤作動という現象もあるとTV番組「ためしてガッテン」で放送されていました。そして後に何故か好きな植物の匂いを嗅いだ時か、またはネバネバ系の野菜（オクラなど）を食べた次の日あたり、不思議に膝の痛いのが消えていて、ついつい痛みがあったことも忘れていたのです。それを思い起こして、何が原因で痛みがとれたのか試したりしたものです。完全に痛みがとれた訳ではないのですが、多分に免疫の誤作動も関係するのかと考えました。個人的に好きな植物として、竜舌蘭の匂いでした。このあたりは人それぞれですので万人に同じように効くという訳ではありません。たまたま竜舌蘭に取りつかれている昨今でありまして、それによるストレス解消が痛みのとれた原因かも知れません。竜舌蘭に関しましては、どうやって繊維を取り出すのか、誰にも教わらずに試行錯誤しておりました。何故なら一番最初に竜舌蘭から繊維を取り出した人も、最初は試行錯誤したであろうからでした。幸いなことに知人から同じ趣味の人を紹介されまして、今は竜舌蘭の繊維の取り出しや、桐板(とんびゃん)の織物の復活の夢を追い求めております。

ネバネバ系の野菜（オクラその他）に関しての研究として、ハイビスカスを長年研究している方がいます。この方は、ハイビスカスのネバネバがもしかしたら、体に良い作用をするのではないかと、追求しそれに付随し、オクラや雲南

百薬なども調べたりしております。
ネバネバ違いの歌、プラターズの「ユー ネバ ノー」沖縄的に訳すると、貴方はネバネバを知る。ユー　ネバネバ　ノー。

## 琉球古典音楽「仲間節」
我が身　ちでぃ　んち　どぅ　人　ぬ　意や　知ゆる　無理するな　浮世　情け　びけい
訳：我が身をつねって人の痛さをしる。浮世は情け　無理するな。

## 古き時代のなれー（習わし）
歴史に登場する平敷屋朝敏は、あまり詳細な情報は記録されず時代の中で歴史の露と消えてしまいました。朝敏の妻は「いちはなり」に島流しになります。「いちはなり　むん　しらし　どぅくる」もう、ものを知りましたゆえ、もとにもどして　たぼり。とのことで、宮城島に歌碑が残されております。
尚貞王の時代、「琉球の古典芸能は田舎臭い古いものであるから、そのような文化は止め、やまと風のものに、シフトするように」と強要された時代があったそうです。古来の琉球人の秘策としまして、辻の妓楼にある女性の方々へ、貴重である琉球民族音楽は伝承されたとも伝わります。この伝えられた民族音楽や女性の嗜みや、古き時代のなれー（習わし）は、辻の妓楼の女性の方々へ託されたようです。その中の古典音楽を湛水親方は、まわりの人に軽蔑的な批判をされながら、辻に残された琉球古典民族音楽に携わり、伝承は途切れる事なく後の世に継承されたとも伝わります。
唯一その妓楼であったころの最後の雰囲気を継承している料亭が一軒残されました。そこでは現在辻の妓楼の中で華やかに受け継がれた「じゅり馬祭り」を伝統的に継承し、細々と「じゅり馬神事」なども執り行われております。
どうも、この一連の辻の文化は、第一尚氏から第二尚氏に変わるおり、さまざまな世に公には難しい文化のようなものを残す為に、いろいろな秘策が講じられた気がします。この辻の妓楼は一般的には遊郭でありまして、現代の感覚でとらえると、虐げられた逸話が多くありますが、歴史を深く詮索してみますと、ヘブライ文化や道教の中でリンクしたさまざまな教えが、省略されたり変化したりして残されているような気がします。何百年もの過去、封建時代における貴賤の差が大きかった頃、いわゆる「ゆかっちゅ（身分の高い人）」と呼ばれる方々は、ゆーべー（二番目の奥様、いわゆる御妾さん）を持つことは、男性としての経済力などの象徴であり、その豪族の身分である家庭の奥方は、そこの主人が別の女性を囲ったりしても、髪を振り乱し眼を吊り上げ狂乱にな

## 長寿の話

るようなことは大変はしたないという風潮があったようです。

それも多分儒教のなかの女大学、女三界に家なしの男尊女卑の逸話を有するのかも知れませんが、それだけではありません。道教とヘブライ文化が融合した時代の文化の中での健康法に、日光浴、呼吸法、食事、閨のことがあります。その中の閨の部分が妓楼の役割でもあったかもしれません。これは大人の問題ではありますが、宗教でいうところの、性善説などと符合します。

聞得大君の就任式の神婚式は太陽の妻になることで、日光感精、太陽の子を孕むということわりであるらしいのです。その太陽の子を孕んだ霊力を国王に授けます。これが国王の戴冠式にのぞまれたようですが、同じ原理が古代朝鮮にもありました。

学術的文献や学者の論考は読むのが大変ですが、芸能の中に、見せる、聞かせる、演じる。という設定においては、時代考証、衣裳や音楽、身体の動きなどからの表現で歴史はとても把握しやすいです。この件に関しては数年前に古代朝鮮と琉球国王の戴冠式の表現ということで舞台で共演されました。

### 道教と不死の霊薬

不死の霊薬として、鼎（かなえ）の中で薬をつくる丹としては、女性から採取するということになるとしています。体内でつくる丹を内丹といい、道教的長生術の主流として、「房中」に大いなる思想が存在したといわれます。道教的ユートピアとされた別天地が、洞窟を通って行った先にあり、そこは桃源郷だったとしています。その事は「他に話してはいけない。」そうすると消えてしまうとのことですが、このお話は中国の遊仙窟の出来事のようでもあります。辻、中島、渡地（わたんじ）は、いわゆる桃源郷でもあったのでしょう。

騎馬民族系は道教的と考えられ、琉球の地は道教も大いに継承されております。ハンピ（乾燥蝮・まむし）と鹿の角は滋養強壮として道教とともに珍重されたとします。まむしはあまり聞きませんが、ハブは泡盛の瓶のなか。鹿は遠い昔沖縄にいたらしいのですがケラマ鹿として離島にわずかに棲息していたようです。驚いたことを「しかんだ」といいますが鹿の事かどうかは不明です。

コラム
青山洋二の『おきなわ小話今昔』（那覇出版社）より「閨物語」抜粋…。
「昭和三七年文芸春秋から『母なる訓』採録： 常の心として・女性は性純にして礼儀正しく恥あるを淑徳と致し候 閨の御慎み事・閨中に入る時は必ず幾年の末までも始めての如く恥しき面色なければ、妾の如くなりて、其品格失ひ、用事済みて必ず殿御の心に嫌気起こり、度重なるに従い、必ず愛想つかされ申すべく候云々　青山曰く現代の賢夫人は如何に対処あられるか、御伺い申し度く所存に候」

## 琉球民謡「ナーシビ節」

なりよ　なり　茄子　しとぬ家ぬ茄子　ならそて　茄子　嫁名たつみ
うみはまり　はまり　うみはまてぃ　ぬすが　明日や出ざさりる　嫁ぬぐれぬ
要約：茄子よ熟れ熟れ　家の茄子　頑張れ　頑張って何をするのだ？　明日は出される嫁かもしれぬ「子なきは去らねばならぬ嫁」は、頑張らなければいけないと言っているような気配。

## 恋なすび

創世記第30章　30:14さてルベンは麦刈りの日に野に出て、野で恋なすびを見つけ、それを母レアのもとに持ってきた。ラケルはレアに言った、「あなたの子の恋なすびをどうぞわたしにください」。30:15レアはラケルに言った、「あなたがわたしの夫を取ったのは小さな事でしょうか。その上、あなたはまたわたしの子の恋なすびをも取ろうとするのですか」。ラケルは言った、「それではあなたの子の恋なすびに換えて、今夜彼をあなたと共に寝させましょう」。30:16夕方になって、ヤコブが野から帰ってきたので、レアは彼を出迎えて言った、「わたしの子の恋なすびをもって、わたしがあなたを雇ったのですから、あなたはわたしの所に、はいらなければなりません」。ヤコブはその夜レアと共に寝た。30:17神はレアの願いを聞かれたので、彼女はみごもって五番目の子をヤコブに産んだ。雅歌第1章　1:1ソロモンの雅歌　1:2どうか、あなたの口の口づけをもって、わたしに口づけしてください。あなたの愛はぶどう酒にまさり、1:3あなたのにおい油はかんばしく、あなたの名は注がれたにおい油のようです。それゆえ、おとめたちはあなたを愛するのです。（口語訳旧約聖書）

## ジョゼフ・ニーダム氏と道教

『中国の科学と文明』（ジョゼフ・ニーダム著）には、道教のことが書かれていまして、道教の健康法のなかに、男女の陰陽道的な健康法もあると、述べていました。つい最近までの沖縄のお年寄りが健康だったのは、男女間の事を聖なるものと捉え、宇宙の摂理と陰陽道みたいな感じで、五穀豊穣と同等に考えていたこともあると考えます。それはクニンダ（久米三十六姓）の亡くなったよそのおばあさんに、そんな感じのことを教えてもらいました。

明治維新で西洋的になってから考え方が変わったようですが、東洋の叡智をもう少し掘りおこして調べようとも思います。ジョゼフ・ニーダム氏の研究による道教とヘブライ文化のリンクによる健康法には、いろいろな要素が含まれているようです。開封のユダヤ人のお話や蘇軾の生きた頃はそういう時代であったのでしょう。

蘇軾の漢詩「柳緑花紅」は、琉球古典音楽「柳節」に継承されております。「柳節」の囃子言葉である「エイヤー」は「エイ（叡）ヤー（ヤーウェ）」と

# 長寿の話

も受け止められ、ヘブライ語での祈りとも思われるフレーズが感じられます。

### 北斉一首
一笑相傾國便亡　一笑して相傾くれば国便ち亡ぶ
何勞荊棘始堪傷　何ぞ労せん　荊棘にして始めて傷むに堪うるを
小憐玉體橫陳夜　小憐の玉体　横陳する夜
已報周師入晉陽　已に報ず　周師　晋陽に入ると
美しい人が一笑すれば、一つの国など即、滅ぶもの。都がいばらだらけになってから滅亡を悲しむ。そんな手間などいらない。（『李商隠詩選』川合康三選訳）房中書というか、長寿の為に国を失うことになるまでは、行き過ぎという先人の忠告的美女談。

### 春江花月夜
四時長春　一年中春
奄美大島におけるある時代、とおい昔のことですが、楽しみが夜這いだったとかで、けっこう類似元素種子的方々にお目にかかります。沖縄にはアラブ人とみまごう人やチャイナ系、いろいろな方がいらっしゃいます。長い歴史から突然何代も前の遺伝子出現かもしれません。一千年の系図をもつ、韓国のあるお宅の方は先祖がチャイナだとかで、でもなぜか沖縄に似ている人達が居ます。トカラでもヨボエ（ヨバイ）やネトマリ（通い婚）が戦後まであったそうです。島の習いだから別にはずかしいことはないのだそうです。そのようにお年寄りの方が過去に話しておりました。

ところで奄美での「只今参上」的ごあいさつのことばに、「きょーろ」があります。よそのお宅を訪ねるとき、玄関口で「きょーろ」と声をかけます。来ましたと候のとりあわせで、来よーろとなるのでしょう。この言葉がなんと地球の反対側、ニュージーランドのマオリ族の言葉にもありました。

日傘踊りと諸鈍の枕
恋と闇の健康法
### 琉球舞踊「日傘踊り」
御状（ぐじょう）　ぬ　ちゃんてぃん　我が　うてぃちちゅみ（落ち着きますか）
囃子　ヨイシー　ヨイシー　かたみてぃ　ヨイシー
枕ならびてぃ（並べて）　いち（言って）　ちかさん（聞かさなければ）　むんぬん　我が　うてぃちちゅみ（落ち着きますか）

要約：枕を並べるというキャッチフレーズで（どちらかというと…）愛しい方からは、手紙でのお知らせでも、心は落ち着かない。「枕を並べて、言って聞かせてくれて、やっと落ち着きます。」ということでして、お二人は枕を並べて話し合って、心も何とか落ち着くのであります。
この枕、色々な神事でも引用されます。

ロマンスの後の没落
### 「諸鈍節」
この物悲しい曲は平家の没落。「枕並べたる　夢のちりなさ（つれなさ）」「月や　いりさがり　冬　ぬ　夜半」　あの頃の時を思い起こす茫然自失の体、今は何もない諸鈍の浜には、でいごの大木と白波だけが昔の栄華を伝えているようで、まさに諸行無常であります。
### 組踊
執心鐘入では、宿の女が「冬の夜を語りあかしましょう」とかきくどきます。この時は枕を並べることもなく、主人公の中城若松へ「をとこ生まれとて恋しらぬものや　玉のさかずきの　底も見らぬ」に対し、「女生まれとても　義理知らぬものや　これぞ世の中の　地獄でむぬ」と返事をして辞退します。
冬の夜を語りましょうとのお誘いを断わり、中城若松はお寺へ逃げて行くのですが、日傘踊りの歌詞でも、語るというか、言って聞かせなければ落ち着かない、女性のことが歌われます。それも枕が必要であったのです。ここのとこ重要なのは枕だと思われます。
聞得大君は、斎場御嶽で黄金の枕を神の為に用意して添い寝します。

収納奉行へのおもてなしと道教的健康法
### 琉球古典音楽「収納奉行節」
ぱーぱー　や　美童ぬ　頭　んぱどー（いやだ）　んぱどー（いやだ）すしやちび　どぅ　すぐらりんどー　　（抜粋）
要約：村へ税を取り立てる御奉行さんが来ます。おもてなしは、美童です。年寄りのかしらである　ぱーぱー（婆）は　あれこれ若い娘にはなしを持ちかけますが、皆、いやだと逃げ回ります。いやだ、いやだと逃げたら、お尻をぶちますよ。どじん（胴着物）　借らさわ　行ちゅみ　かかん（下袴）借らさわ　行ちゅみ　と大騒ぎののち、ことが終わったあと、御奉行さまの御土産の自慢話に変わってゆきます。

# 長寿の話

### 道教と健康法

夜のお伽は、今で言うおもてなしでもありますが、それほど罪悪感はなかったようです。お伽は、道教では健康法の一つであったようです。

村の田舎娘のおもてなしとは異なり、辻のじゅりの方々は、大変品格があり優雅であったそうです。尚貞王の王女が辻の開祖（今のところそう伝わります）として辻に下るお話が伝わります。辻では琉球古典音楽や様々な芸能、料理、作法など、いにしえからの琉球の伝統が伝えられてきました。第一尚氏から第二尚氏にかわるころ、なにかと大和風を強いたらしいことに対し、琉球士族は一計を案じ、辻のじゅりの館へ諸々を託したのかもしれません。辻のじゅりのお姉様方は、身を挺して琉球の歴史に残る多大なる貢献をしたのであります。

美味しい料理と上品なじゅりのお姉様方と歌、さんしん（三味線）の芸事、豊穣な泡盛、男性にとっては桃源郷のようなところだったのでしょう。辻のじゅりに通いつめる男性を昔の奥方は容認しました。それは女のたしなみであったそうで、女同士の髪のつかみ合いの狂気はあまりなかったようです。それは奥方のたしなみとして恥ずかしいこととされておりましたのが、琉球の上流階級の女性であったそうです。辻の方々はその旦那となる方のお屋敷で法事などがあるときはお手伝いに出向くのがなれー（習わし）でもあったそうです。

### 恋なすびと失われた曲の復活

芸大において、そよそよ節が復活、再現されました。この曲想もなんて聖書的な感覚を彷彿とさせるのでしょうと感じさせる聖なる曲想でした。

その中で歌われる「くわでぃさ　の　お月さま」まど　まど　ど照ゆる　よそ目間ど計て　しねで　いもれと歌われる歌詞は、お月さまが、くわでぃさの葉に隠れて見えなくなった隙に、私の所へしのんで来て下さい。との恋の歌ではあります。聖書には、恋なすびのことが書かれていますが、「なれよ　なすび」と歌われるこの曲想も、ほんとうに聖書的な曲で、かつ心が平安になって行く想いであり、この曲が復活されたことは大変素晴らしい出来事です。

「楚與々節（そよそよ）」
なれよ　なれ茄子　姑の屋の茄子　ならなしゅて　嫁名 立ててくぃるな

「伊江早作田節（いえはいちくてん）」
弥勒世の昔　繰い戻ち　さらめ　十日越しの夜雨　時もたがん

### 「コハデサ節」
くわでぃさ　ぬ　御月　間ど間どど　照ゆる　よそ目間ど計て　しぬでぃ　いもれ
訳：くわでさの樹の間から時々照るお月様がかくれて、見えなくなったときにこっそりしのんで来てください。と恋人へのメッセージです。
茄子やミロク世は豊穣につながっていくと考えます。

### 「久高万寿主」
美しい御妾さんを見つけた久高万寿主の「今宵のお話は大変面白い。」と、エイサーの曲などで歌われますが、美しい御妾さんのいる久高万寿主は、はつらつと、いきいきとしている様子が伝わります。この楽しい恋心はきっと長寿の秘訣、なくてはならない秘策ではあるのでしょう。このあたりが道教の健康法の一つであります閨の健康法に関連づけられてゆくと、考えられます。なんでもギリシャ神話で、不思議なお話がありました。かつて人は男性と女性は一人の人間であったそうです。それを神様が二人にわけました。それから人は自分の片割れをいつも追い求めるようになったと、なにかのコラムで読んだ事があります。人は過去において想像を膨らます自由、夢見る自由を有すると思うのです。理屈はぬきに恋が芽吹き楽しい春を謳歌するのは、何も鴬や猫だけに限ったことでなく、人としても当然の権利、現象でありましょう。この辺を楽しまなくては人類は増え広がらないので、昔の年寄りは年頃の若い男女を結びつけるのに、心を砕きました。そのあたりは昔は良い時代であったのでしょう。

座を清める四つ竹の音
### 「踊い　くわでぃーさ節」
うちならしならし　四つ竹はならし　今日は御座出でて　遊ぶうれしや
訳：四つ竹を鳴らすことは、神に合図することに等しい。
神社で柏手を打ち、神に振り向いてもらい祈る柏手と同じ四つ竹の音。
祝いの座敷の最初に場を清めるときに踊られる。
神のご降臨のあとに祝い事を始める。
清められた御座敷にいでて　遊ぶことは嬉しい。

### 呼吸と心の饒舌
人は生きている間は呼吸をします。最も呼吸法の秘策は、息を長くする呼吸であるとも、多くの書にありました。その点、昔の琉球の人はゆっくりな会話で、呼吸も長くゆったりとした態度で生活していました。

# 長寿の話

全てではありませんが、全体的にはゆったりしていました。また心の饒舌、心の中で多くの思いが交差することを沈めることも長寿の要素でもありそうです。その為に一番簡単なテクニックが朝の海水浴で、大抵の煩悩的なものは海水が洗い流してすっきりとします。パレスチナの難民となってしまった、陽焼けしたおじさん。「いる、いる、こんな感じのおじさん」のように琉球に昔はよく見かけた陽焼けしたおじさんが、羊が体調を崩した時は、海水につけていたそうです。

道教における健康法の一つ、恋の感覚は豊穣の祈りにつながります。

### 宮古民謡「豊年の歌」

今年から始みしやよー　サーサー　ミルク世ぬ　実らば　世は直れ　サーサー
ヨイティバ　ヨイティバヨー　サーサー　揃いど美さぬ　世や直れ

### ゆーなちもーもー（世直しの貝）

さー　明きしゃるぬ　さー　新にしぬ　あがり　大主（うふぬし）よー
みぐてぃ　明（みー）がい　世直（ゆのー）さ　御拝（うがま）びら　綾蝶（あやはびる）　舞ゆる（め）　御代なりば
潮水（うしゅみじ）　あまん世（ゆ）　連（ち）り　みぐる　みるく世果報
赤馬（あかんま）　天（あま）かき　天（あま）うりしらちゃに　甘酒端盛らち
ゆらてぃ　遊びや　ちゅらさ　ちゅらさ　嗚呼尊尊

訳：北風吹きすさぶ夜明け　太陽の大主（うふぬし）があがります。めぐりて輝く世直し拝謁　綾蝶舞う御代になりたまい　潮水とともに連立ちて　上代の豊でありました　みるく世　果報な世の中になりました。赤馬が天を駆け稲穂はあまおりいたしましまし　集い遊ぶ　嗚呼尊いことです。

### 土帝君と紫微鑾駕

琉球においても、所々に土帝君の祠や、紫微鑾駕のお札を見かけます。紫微鑾駕は天の星を祈りの対象にしたもので、妙見信仰とリンクするかもしれません。七つの星と北極星を崇め七つの星を、にぶとうい星の形にそって歩く所作もあったようです。「てぃんさぐ　ぬ　花」に歌われる天ぬムリブシはシュメール語のムルムルのことらしく、何故か琉球にシュメール語的な雰囲気の佛はいろいろあります。にぶとうぃとは、柄杓のことで北斗七星を表わします。

コラム
中国起源の呪語であり、紫微鑾駕は道教でいう北極星を神格化した北極紫微大帝がきて家を守ってほしいとの意味だから、除災招福の呪語である。『沖縄大百科事典』より

また北斗七星を神格化し「北斗真君（北斗星君）」、にぶとぅいぶし（柄杓と水を取る星）とも関連付けられます。
土帝君
唐帝君信仰の祠は各地に存在しますが、せそこてぃーてんく（瀬底土帝君）は国指定重要文化財になっております。中国古来の土地神を祀る施設で、唐からやってきた土地神、土帝君信仰の依り代。

## 火ぬ神

火ぬ神は台所に祀られ、竃の神ともいわれます。竃の神にもいろいろお供えものをしたり、お祈りをしたりします。ペルシャあたりのガーマドが訛ってかまどになって、竃の神と火ぬ神がリンクしたのかも知れません。ペルシャのゾロアスター教は拝火教でもあったらしく、また、鳥葬というお葬式の形式もゾロアスター教にはあったとされます。
鳥葬の極めつきはチベットです。「世界で最も美しい映画」というキャッチフレーズであったので、どのように美しいか見に行った映画に「クンドゥン」がありました。この映画にも鳥葬のことが少しありました。その火ぬ神は年末になると、昇天し天の神様へいろいろと下界のことを報告に行くそうです。これを御願ぶとぅちといいます。

## 螺鈿の不思議

螺鈿細工は大変美しい七色の光を放つ螺鈿の貝で細工をしたいろいろな物ですが、織田信長は、螺鈿のイコンをヨーロッパに輸出していたと言われます。あの時代に琉球の専売特許と自負した螺鈿細工と、信長がヨーロッパへ輸出したイコンというキリスト教のつながりについて、随分と何かわからないものを探しまわったものでした。

## 十把一絡げの鬼

琉球の大航海時代も倭寇の頻発により、明朝の海禁対策として航海や交易を縮小してゆくなかで、次第に琉球の交易も下火になって来たおりから、次に登場するのは、海外から遭難したと、本当なのか、どうなのかよく解らない口実にて、時折外国人が流れ着きます。信長の時代にも、何人かの流れ着いたという口実の外人が居たようですが、琉球あたりにも、流れ着いた見た目も異国の人と解るような方々、そのような人を十把一絡げに鬼と呼んだこともあったようです。その中でどこの国の人かは知りませんが、「しゅったる」というお坊さんがいたそうです。長い航海の間に着ているものも潮風と海の塩分により、見窄らしくなった「しゅったる」という偉人であったろうお坊さんを奄美の人

## 長寿の話

は、陰で「しゅった、しゅった」と言います。これは見窄らしいことの代名詞で「しゅったる」のことを言っているようです。流れ着いた外国人は鬼だったり、見窄らしいしゅっただったりと、いろいろと揶揄されながら次第におおらかな国の中に同化して行ったのでしょう。その中の一つの例に、唐招提寺の如宝のお話があります。

如宝は碧眼であったらしく、彼は碧眼を隠す為に編み笠をかぶり、尺八を吹いて歩く修行槽のようななりをしていたそうです。

その編み笠をかぶって尺八を吹く曲に古琴菅掻があります。琉球にある一段から七段までの琴曲は段の下に菅攬がつきます。熊野大社八雲楽の琴曲では、菅掻の曲は神の降臨を促すとされています。琉球における「段の物」の一番先に演奏される「渡りぞう」は、この辺から考察しますと、「神が渡ってこられる。」ということになるのではとも思います。

コラム
旧約外典シラ書　17:22　人の行う施しは、主にとって、印章のように貴重であり、人の親切を、主は、御自分の瞳のように大事にされる。
マタイ7:3　ルカ6:41　なぜ、兄弟の目にあるちりを見ながら、自分の目にある梁を認めないのか。（口語訳新約聖書）
琉球の諺　慶良間や　みーしが（見えるが）　睫毛や　みーらん（見えない）

### 遠い昔、大陸と陸続きだった頃の琉球

琉球は小さな島ですが過去において、大陸と地続きだった時代があったと言われます。「『やんばるいもり』は、大陸とつながっていたころに琉球の地に来た。」と研究者の方が述べております。

琉球のアイディンティティとか小さな島民の暮しとかは現在でも、悠久の歴史がその中に織り込まれているのではないかとも考えます。その主立ったものの中に、言語があります。現在も芸能を演じる上で字幕のテロップをつけないと、往々にして解せないものがさまざまにありそうです。

### 琉球語のヒーロー「比嘉光龍（ふぃじゃばいろん）」

比嘉光龍さんは、米国白人と琉球人のハーフの方です。父親が米国人だということで、イングリッシュを学び米国へ行ったそうですが、何かしっくりこない。それで琉球に帰ってきて、ある場所で琉球民謡のメロディを聞いて衝撃を受けたそうです。それから比嘉光龍さんは「米国人のハーフでも己は琉球人」だとの自覚を持ち、琉球語の普及と琉球民謡に傾倒します。よく動画でピリンパラン琉球語でトークをしております。

## 笑いのヒーロー「じゅん選手」

じゅん選手という芸名の彼も、「なんでも琉球語で話してみたい」ということにチャレンジし、いろいろと動画もUPされています。代表作と思えるものに、じゅん選手 コント「未だに戦争中と思っている男」があります。戦争があった頃の前後、大いに威圧的であったえらい人が、ぼろぼろの出で立ちの琉球人にいろいろな命令を出します。主人公は小野田少尉と同じように、戦争があるので山原(やんばる)に隠れ、終戦になったのを知らずに街に出てきます。カメラを向けられても、ピストルと思い怯える。若いじゅん選手の発想は笑いの中に、琉球の置かれている立場を表現します。

その点比嘉光龍氏もじゅん選手も天才的表現力の持ち主だと思います。どのような表現であれ、笑うということは体に良いことだけは認識可能と考えます。

## マレガ・プロジェクト

「ザビエル以前の日本の基督教史」では、ユダヤ・基督教的賛歌と声明が似ているとマリオ・マレガは指摘します。マレガ神父が戦前に大分県で収集し、戦後バチカンに送った史料群(マレガ・コレクション)は2011年のバチカン図書館の再整備の折に発見されました。[※2]

## 大秦寺(だいしんじ)

大秦寺は、中国における景教(中国に伝来したネストリウス派キリスト教)の寺院(教会)の一般名称です。唐の時代、長安に存在した大秦寺が有名。[※3]

## 阿羅本が伝えた景教

大秦景教流行中国碑　長安の大秦寺に781年建立。古代キリスト教関連の古碑ということで世界的に有名です。[※4]

## 道教の雨乞い

道教において、雨乞いの時、山頂にいる竜のかわりに、一羽のアヒルの鼻の穴に紐を通し、山頂から村の後方までひっぱってくるというお話があります。

気の毒なアヒルは国際通りのお土産屋さんにもぶらさがっており、造りものではありますが、お腹をおしてみると何ともいえない気の毒な叫び声をあげます。

# 長寿の話

### グレゴリオ聖歌
ユダヤ教の習慣に由来する、キリスト教の司祭たちが行う最も古い祈りの儀式とされます。

### 柳節と蘇軾の漢詩
蘇東坡＝蘇軾「柳は緑、花は紅、真面目(しんめんもく)」　その時代はヘブライ文化と道教がリンクした時代であったようです。参考ジョゼフ・ニーダム著『中国の科学と文明』

### 地のすべての初物
申命記第26章　26:1あなたの神、主が嗣業として賜わる国にはいって、それを所有し、そこに住む時は、26:2あなたの神、主が賜わる国にできる、地のすべての実の初物を取ってかごに入れ、あなたの神、主がその名を置くために選ばれる所へ携えて行かなければならない。（口語訳旧約聖書）

「地のすべての実の初物」と表現された初物としての、梅や紅の花や柳を籠にいれて…。自然や宇宙そのものにはそもそも善も悪もなく、ただ無限に変化し続ける中立的な現象そのものがある、と思うわけです。禅の教えより…。

### 古代の契丹
古代の契丹という国、シンボルは牡丹のお花と獅子のようです。高倉健さんの唐獅子牡丹的ではありますが、古層の人達に伝わった契丹の面影は、琉球の首里城ではお正月の準備として牡丹の絵を新しく描くそうです。現在の琉球は大陸であったころの琉球が沈没してしまったその一部かもしれません。太古から海に沈まなかった場所が現在の琉球と思われます。400年まえは大切なものは殆ど破壊されたようなお話もありましたが、断片的に残された伝承をつなぎ合わせていけば沈んだ大琉球の歴史が浮上するかもしれません。

浜名寛祐著『契丹日本史』は八切止夫氏が復刻した本です。八切止夫氏は満州から引き揚げ時に契丹古伝の原本を荷物ごと押収され紛失したため、かろうじて浜名寛祐著で解説をしたと書かれております。また第二次世界大戦後、こういうたぐいの本を焚書にしたこともあったそうです。

テンプル、ヨハネ、アラン族、花郎と馬　映画「ゴッドファーザー」のベッドの中の馬の首
**騎士団**

アラン族は埋葬時に馬の首も一緒に埋葬されました。映画「ゴッドファーザー」のベッドの中の馬の首で驚くシーンの意味がやっと解けたような気がします。キリストの墓で有名な青森にあるそのお墓を管理している沢口氏のインタビュー動画がありました。沢口家の家宝である砥石のような石は、今帰仁で発掘された、アラン族の粉挽き臼とほぼ同じようであります。

ミステリーハンターの言う、「テンプル騎士団のようだ」とのコメントはかなりの要素を有する意味では、賛同にあたいします。縦横同寸の十字架は、二千年前のキリスト教以前のものである可能性を今、アラン族の研究からの論文が存在します。

そのアラン族と花郎のつながりは、膨大な資料によって解明するものと思われ、今後の研究に期待します。花郎とアラン族のつながりを追っていくと、元朝の歴史、ヨーロッパ、ローマの歴史に関連してきます。古代ローマを護衛していたアラン族、中国語でア・スーは元朝を建てた騎馬民族、フン族、モンゴルあたりに戦いでやぶれ、モンゴルが建てた王朝、元朝のもとに忠実なる僕として仕えることになります。その元朝が滅亡するにあたり、元朝最後の皇子である地保奴は、朱元璋の慈悲により、財宝を多くもたせ琉球に流されたことが明史にありました。

第一尚氏にはこの系譜があるようです。元室に使えていたアラン族は今帰仁から多くの痕跡が出土されています。琉球に流された地保奴とアラン族は、その歴史を今に紡いでおります。

現在の沖縄こどもの国は、地保奴の領地であったといわれ、最近は馬ハラセーなど、可愛いモンゴル的な馬での競技が、復活されました。

朱元璋が地保奴を琉球へ流した、この意図とは先祖を祀れるようにする為の配慮であり、国が変わっても憎悪の連鎖を断ち切るという、究極の国家建設の手法だと考えます。一つの国を滅亡に追いやり、その征服された国の人々を壊滅させることは、人の恨みを買い、新しく国を建てても長い平安は保てません。いつ寝首を搔かれるか、恐怖心と猜疑心の入り混じった煩悩満載では、晴れやかに神の御加護を祈願するにも、心に曇りが生ずるのでありましょう。心を健やかにするには、他に対する配慮は必要です。長い歴史の中で編み出された冊封体制とは、このような理も存在するのではないでしょうか。

心晴れやかに、世の安寧、太平の世を謳歌することは自ずから人臣、民の繁栄、喜び、さらに長寿につながって行くと考えます。その中から色々な芸能は生まれ、琉球には多くの先人の教えが歌舞の中に残されております。

歌詞の中に心のあり方や多くの教えが託された舞踊に松竹梅鶴亀があります。

# 長寿の話

### 客家の音楽

国が安泰に長い太平の世を保つには、治める国の王の資質も多いに関係します。古代ユダヤ民族であるといわれる客家の音楽では大変古い、古箏の曲があります。その中で国が乱れ災いの多いのは、王の徳が足らないのだと自覚した王は自ら身を投げることもあったといわれます。

その長い歴史の中での太平の世の作り方は孔子の教え儒教や、多くの偉人の残した文献を学び模索して行くしかないのかもしれません。国家とは、その国の王や頂点に立つ立場だけでは機能しないのでしょう。人間は一人の力は大変弱いものです。そこには忠実なる家臣が国を共に支えて行くことがベストだと、数々の教訓から感じ取ります。その中での花郎の要素は忠誠心そのものです。

誠を貫き、忠誠に命をかける。それ故戦いにおいては、死ぬ覚悟で挑むのであり死に対しては、その死顔が美しく見えるよう決死の覚悟の出陣には化粧をすると言われます。琉球王朝時代の士族は化粧をして浜千鳥を踊るのが必須であった理はここにあります。そして王府をとりまく家臣の最大の心が忠誠、誠実、誠だと考えます。王と家臣の心の絆は、ここにあります。国王は治める国の民を「たから」として民の平安を祈ったものです。柳の葉に民をたとえた曲、「青青となびく柳は民の姿」と琉球古典音楽「ずず節」では歌われます。

### 命の水

柳は水をとても必要とするといわれます。ユダヤの祭りである仮庵の祭りで使われた柳は、水を与えないとすぐにしおれてしまう柳を人民にたとえ、ホザーナと神に祈ります。水は命の水として人の一生には大変必要なものです。奈良の東大寺二月堂お水取りでは、御声明をとなえる祈りの儀式は天空の神がおりて来るような感覚を覚えると、さる方、その場の臨場感を経験した方からお伺いしました。

お水取りの行事はゾロアスター教の要素が見られるとのことですが、祈りの場に対する歴史の変遷は、様々に時と状況に応じて変化して行くと思われ、また厳格過ぎる教えはある対立を生む原因になるかもしれません。地球上で人類の安寧を保つにはある意味情報開示も必要ではありますが、また対立を避ける為、情報を伏せることも有りうるかもしれません。

それは人には個人差があるように、この星、地球にて生存していく為の多くの知恵は必要でしょう。動物の習性を見た時、弱肉強食の自然の摂理などを鑑みたとき、小さな琉球における、至極の教えは、口述や文献よりも先に芸能に託したと思います。

それも心が楽しくなるような、明日への希望が持てるような、そして長生きできそうな要素を多く含ませた、心と同調する脈拍にそったような、太平に安寧に音に酔いしれ、幸せの極みに到達するように、長い時を重ねて編み出された天空の音楽かも知れません。

## 馬と骨

長い歴史における騎馬民族としての花郎やアラン族の馬に対する思い入れは、琉球においては、骨身に染み入るほどに成り立っています。巷で言われる「何処の馬の骨」という諺もあるほど、馬と人との生活は密接でありました。

過去に血汗馬といわれる、血を流しながら走る馬の話がありました。遠くユーラシアを席巻したであろうア・スーといわれる軍団は十日も馬で走り続けたといわれます。食事もせず、栄養補給は馬の血管を切ってその血を飲むと言われます。その馬で長距離で走る為には各場所に替え馬が用意されており、用意された場所まで辿り着いたら、疲れた馬を取り替え、又走るということで、ユーラシア大陸やヨーロッパまでも駆け抜けたのでした。

昔の戦いの勝利の方法に、斥候（偵察）相手の状況をチェックする重要な行いがありました。その時馬が人目につかないように、馬を横にしてねむらせるわざがありました。これは現在のハンガリーにて、観光用に馬を横にしてねかせたり、起こしたりするわざを披露しています。このわざが映画「レッドクリフ」で、最初の場面で表現されていました。

琉球の場合、王の護衛の武術を身につけた武人は、国王の行列に不測の事態があったとき、相手を一瞬にして倒す武の秘伝はあったそうで、その秘術を継承している方は今も健在だそうです。さまざまな秘術や心情、人格形成において、その濃縮されたものが、琉球芸能の中などで数多く発信されます。

## 契丹古伝の書

明治期に渋沢栄一氏と九州、琉球も関わり日本の国を富ます計画の中に、養蚕がありました。絹織物で国を富ます為であったそうです。その役割の中における渋沢栄一氏は浜名寛祐氏へ資金を提供し、中国における色々な物事を調査する為に、中国や世界各地へ出向いてもらったとされます。当時は戦争中であった為、中国へ行っての調査も大変な苦労をしたようでありますが、その浜名氏は、中国のお墓の墓誌の巻物からの解読ということで、契丹古伝の書を著しました。八切止夫校註の『契丹日本史』が現在残されております。八切止夫氏の遺言により、その書は「すべて、版権フリーにします。」と記され、さらに日

## 長寿の話

本人であれば、奇書といわれる日本四大奇書、藤原王朝前日本歴史、天皇アラブ渡来説、高天原・富士宮下文書の研究、浜名寛祐契丹史の四書をそろえて歴史を把握するようにとのことがありました。その中における、『契丹日本史』に龍城国即琉球という言葉があり、これを詳しく調べてゆくうちに、大変驚きの内容であることを琉球人としては把握しました。

こういった古い時代の文献と相まって契丹国（遼）といわれる国が三韓の中に次第に浸透して行く過程が見えました。その三韓の歴史をいろいろなぞる内に、三韓の時代に闕智という人物が登場します。この闕智、何故かローマの歴史に登場し、醜悪な人相のアッチラとして表紙になっていました。琉球のある知人にその表紙を見せたところ、「あゝ、こういう顔のおじさん。いるいる。」ということになり、ローマの歴史に登場するアッチラ王と三韓の歴史に出てくる闕智は微妙にリンクするのでした。そのアッチラのローマでの一連の物語の中で、『新説・アッチラ大王』において、彼の食事は粗食であったそうです。長生きに対する粗食の要素は含まれているとは考えます。残念なことにアッチラは、憧れの美しいお姫様との結婚の日に、血の海の中に亡くなったと、物語では書かれています。

そのアッチラの要素、アラン族も時折登場するAD400年代のヨーロッパの歴史と東洋の歴史のリンク。その中でアラン族は次第にテンプル騎士団やヨハネ騎士団に変遷して行きます。そしてイギリスと関わり合いも出て来るマルタ騎士団などにもリンクして行くような気がしますが、その騎士団の第一のモットーは、忠実なる騎士団であったということを固く信じているものです。

### 「万国津梁の鐘」琉球の役目

三韓の秀を集めたと「万国津梁の鐘」には刻まれております。「琉球は中国、日本、韓国の架け橋となる役目がある。」とも鐘には刻まれています。その「万国津梁の鐘」が掲げられた当時の琉球は、大航海時代がありまして、フィリピン、マレーシア、シュリービジャヤなど、大海を己の庭のように走り回ったものでした。その交易品リストは冊封時代の朝貢品リストにさまざまに掲載されております。

現在一般的に考えられているよりも、さらに昔の航海は大規模であったようで、その一つの例に中国では鄭和の航海があります。鄭和はペルシャ人らしく、中国の奴隷になり、宦官になったのですが、イスラムの航海技術などを身につけ、アフリカまでも、航海の為大きな船を仕立てて行ったようです。その航海時代のキーポイントに、鄭和の船には野菜を栽培することが出来るとのこ

とでした。航海で困るのは壊血病などらしいのですが、新鮮な野菜を取ることでそれは、回避されたようです。また久高島のエラブー（海蛇）の薫製も海を行く上での栄養補給に役立ったと言われます。人の歴史は身体の健康を主に据えなければ成り立たないのがこの辺から把握できます。

その大航海時代に付随する様々な宗教において、アラン族の奉じたギリシャ正教があります。現在でもグレゴリオ聖歌など、宗教的音楽は音から受けとる神の足音のようにDNAか、ミトコンドリアや大脳皮質、また前頭葉、松果体などに良好に作用すると考えます。ギリシャ正教などにおける聖歌を聞く時、本当に神の臨在を感じます。これが音が伝える神の波動というものでしょう。この感覚的な音階というか、音響に湛水流があります。

湛水流の赤田花風節は、女性数名で琴で演奏され歌われます。この赤田花風節などは、聖書の教えを伝える古い教会で歌われる聖歌と一瞬イメージが交差するほどに精霊が降りて来そうな清らかな演奏です。

# 長寿の話

### 那覇にある福州園
中国における景教の寺院、大秦寺とよく似た建物があり、その塔の石壁には、いろいろな教えが絵として刻まれております。

### 「捜神記」の「南嶽」
漢の武帝は南嶽の祭りをする場所を廬江郡（安徽省）灊県にある霍山の山頂に移したが、ここには祭りに必要な水が無かった。すると神廟に四十斛はあろうかと思われるような大きな鑊が四つ置いてあったが祭りのときになると、いつのまにか水がいっぱいにたまっている。という伝説的類似形の鑊。

道教とあひる

## アメリカ・インディアンは退屈ではない

銀河系で、海の潮水、空の青さ、新鮮な空気の大自然の中で、太陽の上がり下がりや美しい風景を日々眺めていたアメリカ・インディアンが暮らしていた頃、ある人物が「退屈ではありませんか？」と聞きました。アメリカ・インディアンは「退屈って何？」という感覚であったそうです。日長一日大自然の中で宇宙の営みを見つめ続けていると、ごく自然に、自ずから太陽の動きや地軸の回転、夜空の星々、またある星は太陽の周りを楕円形にまわっているとか、ポールシフトとか、彗星が近づきつつあるとか、何億年か前の潜在意識とかをキャッチ可能なのかも知れません。何もしてないように見えても、思考回路はフル回転していて、自然のなかから体に良いものをふんだんに見つけ出して暮らしていたアメリカ・インディアンの知恵を、学ばなければいけない現代社会ではないかとも思えるのです。

## にわとりのメッセージ

日々の暮しの中で鶏と共存していた頃、鶏と意思疎通可能でした。亜熱帯の暑い日に犬のように口を開けてハーハーしながら暑いと訴えていた鶏に、涼しくしてあげる為にホースで水をぶっかけてあげます。そのおり鶏小屋で大騒ぎした鶏より「僅かに涼しい」とのメッセージと卵をキャッチしました。その当時よりももう少し前の大戦中、那覇や首里の人達は戦争の真っ最中、避難の為、山原あたりに荷物を持って疎開する中、タウチー（闘鶏・闘う鶏）を抱えて避難列に加わった方もいらしたそうです。

## 地球上で生存するテクニック

生物としてのナマコや鳩、鶏、人も含め、生きている時という中で、女性、母としての女性性は、大地に大変必要であり、それを教えてくれるのが子を産んで母親になった家畜でない若い猫です。この現世でのお金がないと生活が困難な地球上での生存において、飼い猫でもない若い猫が生きて、子供を産み育てるたった一つの方法は愛情です。人も愛情を持ち合わせていれば、きっと「何とかなるかも知れない」ということで、琉球では「なんくるないさー、てーげーやさ」との言葉があります。きっと神様が後押ししてくれる教えがあったのでしょう。神様や仏様もそのことを説いてくださっていると思うのです。それは長寿の要素もかなり含まれていることでしょう。

## 思いわずらうな

マタイによる福音書第6章　6:26空の鳥を見るがよい。まくことも、刈ることもせず、倉

## 長寿の話

に取りいれることもしない。それだのに、あなたがたの天の父は彼らを養っていて下さる。あなたがたは彼らよりも、はるかにすぐれた者ではないか。 6:27あなたがたのうち、だれが思いわずらったからとて、自分の寿命をわずかでも延ばすことができようか。 6:28また、なぜ、着物のことで思いわずらうのか。野の花がどうして育っているか、考えて見るがよい。働きもせず、紡ぎもしない。 6:29しかし、あなたがたに言うが、栄華をきわめた時のソロモンでさえ、この花の一つほどにも着飾ってはいなかった。

（口語訳新約聖書 1954年版）

### ダライ・ラマの言葉

『我々は、生まれたその瞬間から、両親の加護とその思いやりに、頼らなければなりません。さらに、後の人生においても、年を老い、病にさらされた時、再度、他人の思いやりに頼らなければなりません。我々の人生の始めとおわりに、他人の思いやりに頼らなければならないのに、何故、人生の中間において、他人に対して思いやりを持たないで、済まされようか。

ダライ・ラマ　ティンレー・ギャツォ』

### 千年に一回の脈拍

地球にある海の潮水、海水は果てしなく波が繰り返しますが、これは地球の脈拍で、千年に一度が地球の脈拍であるとウェブサイトのどこかで目にしました。果てしない宇宙から見たマクロとミクロの世界に鑑みると、それも有り得るかも知れません。人間の心の中の思考が大自然に影響すると、古代の人は考えていたようで、大洪水などの災難は地球の浄化の為に起こるとか、偉大な方のメッセージはあったそうです。その不思議な事象の中にスターピープルがあります。

### スターピープルは浜辺に居た

佐治芳彦氏の著書『龍宮乙姫の謎』には、ある方が手かざしで良い結果の影響を及ぼす内容が記されています。主人公はある時沖縄の女性と知り合います。その沖縄の女性はやまいで亡くなりますが、佐治氏曰く主人公は何故か不思議な手かざしで医療的効果を上げることが可能になったということです。最近浜辺での猫の生態研究のおりから、同じ浜辺で不思議な人に出会いました。

かなり霊的であり、どこか痛い所があった人に手かざしをして「きっとなおるヨ」と言いながら、不思議なわざをして見せます。それを近くから眺めマヤの人達と同じ要素を琉球の人も持ち合わせているのだと感じたことがあります。
『SKY PEOPLE』（アーディ・S・クラーク著　ヒカルランド社刊）では、古代のスピリット「アリュクス」が登場します。「アリュクス」なんだか琉球でいうキジムナーによく雰囲気が似ております。「アリュクス」には神秘的なパワーがあるので、彼らに気にいられるように食べ物や飲み物を少し残しておくという風習がマヤ人にはあるらしいのです。琉球でも同じ風習がありましてお酒の封を切った時は、少し神に捧げる為に地にまいたり、料理も最後の少しは、お皿に残したりします。またそれは五感で感じ受け取るものだそうです。

**琉球古典音楽「垣花節」**
円覚寺御門の鬼仏かなし、わんぞよこすしや（目張り口張り）おどち たぼれ
円覚寺の仁王様は失われましたが、八重山島の桃林寺の仁王様が現存します。円覚寺の仁王様はアラン族に登場するイエ・スー・タイ・エルのようでもあったのでしょう。

**琉球古典音楽「茶屋節」**
をがで のかれらぬ　首里 天ぎやなし　あそで のかれらぬ　お茶屋おどん
宮里朝光氏（御茶屋御殿復元期成会会長）とともに、琉球民族は御茶屋御殿の復元を待ち望んでおります。朝光氏の語る琉球のいにしえの事柄は大変琉球民族にとって大切な内容を多くふくみます。平成21年開催の御茶屋御殿復元期成会主催『新春の集い』の冊子に記された何点かのトピックスのなかにおきまして、医術としての麻沸湯のことがあります。「麻沸湯（医術）　中国三国時代の神医華陀の秘伝で麻沸湯と膏薬の秘法である。麻沸湯で全身麻酔して治療の後縫合し膏薬を塗って癒着させる医術である。1688年、魏士哲高嶺親方徳明が進貢使の通事として福州滞在中に福建省汀洲府上杭県の黄会友に会って二十日間の実地指導の下に実験を重ね十分の確信を得、秘伝書一巻も与えられた。翌1689年に帰国し、王世子尚益の欠唇を治療して成功した。在番奉行の命で徳明は、薩摩医師に伝授し、秘伝書も召し上げられた。華岡青洲は徳明が秘伝書を薩摩に伝えてから七十年後の生まれである。」　宮里朝光氏は齢90歳を過ぎておりますが、末永くご健在であることをお祈りいたします。

※2 参考：ウェブサイト 貴重なキリシタン史料、バチカン図書館「マレガ・コレクション」をめぐるシンポジウム　※3 ※4 ウィキペディア

## 長寿の話

いにしえの御茶屋御殿

いにしえの円覚寺

桃林寺の仁王様

シーサー

宮里朝光氏

# クバ島の山羊

## 「ポンポン船」でクバ島へ

**魚や鳥や山羊や人の世界であった島**
海にかこまれた琉球では、海に関するいろいろな出来事があります。昨今話題のクバ島では、大戦後調査団が「ポンポン船」に乗り、上陸して島の状態を調べた記録があります。海鳥が人を人とも思わず無視した生活を謳歌している中、海には豊富な餌があり、魚を取っては雛に餌を与え大繁殖していました。そのおり雛の為に魚を取ろうと海面を飛んでいた鳥を、大きな魚がジャンプして逆に魚がその鳥を海の中へ引きずり込むという「魚が鳥を捕まえた」話もありました。その魚はカジキマグロで、跳力が強く口先が鋭く危険です。奄美の海でくり船で海の散歩をしていた時、横から飛び出してきて危ないので、頭を抱えながら、くり船で遊んだことがありました。クバ島はで山火事があり、子山羊をかばって亡くなった山羊の親子のお話も伝わります。

今はミサイルだのパック3だのの世界ですが、むかしは魚や鳥や山羊、人の世界であった尖閣列島でした。

**ヨーゼフ・クライナー氏と加計呂麻島**
大自然と共存していた、つい最近までの琉球には、まだかろうじて昔の面影が少々残されておりました。加計呂麻島を調査したヨーゼフ・クライナー氏は、アレクサンダー・スラビック氏（1900年生／チェコの人）の日本研究をもとに、住谷一彦氏や他の方々とともに、『日本文化の古層』を記しました。その中にはデーモン（ドイツ・アイフェル地方のコルメン州の謝肉祭）などと秋田のナマハゲとの類似や、薩摩の弥五郎ドン、十島村悪石島のボシェ、ルソン島の円形田圃、インドの車田、飛騨高山の車田などの事が書かれております。ドイツの謝肉祭でのデーモンのいでたちと、宮古島のパーントゥも何だか類似していました。その中で、昭和37年ころの写真集『加計呂麻島』が近年出版されました。その本には、若かりし頃のヨーゼフ・クライナー氏が写されており、感慨深い思いです。外国の方がこんなにわくわくする内容で、奄美や琉球などを調査し昔の風景が記録され、見る事が出来、御先祖達の地や歴史を知り得たのも奇跡に思えます。

## 長寿の話

アレクサンダー・スラビック氏の他の論文では、日本とヨーロッパ、ゲルマン民族文化圏との間に類似があるとされています。ローマの歴史に出て来るアッチラは、ゲルマン民族大移動のきっかけになったと言われます。アッチラは韓国の歴史書に闕智として出て来る人物が、アッチラではないかと考えたりします。そうすると広大な歴史が浮かびあがる訳なのですが、ロマンとして捉えたら大変楽しい話題です。ちなみに慶良間(ケラマ)諸島の呼び名は、ゲルマンから来たと述べる方もおります。

フィリピンのルソン島北部の車田　インド、ドウセラの祭　薩摩の弥五郎ドン
『日本文化の古層』より　　　加治木義博著『日本人のルーツ』より

### レキオス

「世界史における琉球・沖縄」と題して講演を行ったドイツのボン大学教授で日本文化研究所所長のヨーゼフ・クライナー博士の論説

「16世紀ごろから東南アジアにおける黒潮貿易ルートの中心的な役割を担ってきた琉球を、スペイン、ポルトガル、オランダ、ドイツ、アメリカなどを含む欧米諸国を中心とした国々が自国の富とその覇権拡大のために、貿易の要として重要視してきたことや、琉球を『富の国、平和の国』としてアラブの水先案内人たちが紹介していたことを説明し、ヨーロッパの地図にはっきりとレキオス・琉球列島の地図が描かれていたことに『独自の文化を築いていた琉球に対する欧米各国の関心の高さをうかがい知ることができる』と指摘し、地理・物理的条件から現在の沖縄の内包する諸問題を解決する糸口としてもグスクの詳しい調査や四百年余に及ぶ琉球・沖縄の歴史検証を行うことが重要である」と述べました。

リュウキュウ　レキオス（西洋的発音）＝リュキヤ
そこには、スンダランドやムー大陸の伝説がある
### 沈んだ大陸スンダランドの歌
年代は確定的な件を述べることは不可能ですが、沈んだ大陸スンダランドから多くの人が琉球に移り住んだことが、人々の記憶に残されております。そのスンダという言葉だけが、囃子言葉として残された曲に、「ばざんがー（馬山川）」があります。ユーモラスな歌舞で、男女が楽しく恋人の心を射止めるまでが踊られます。囃子言葉　スンダ　スリー　エー　スンダ　スリー　エー。

### 琉球民謡「馬山川節(ばざんがー)」または「真謝井節(まじゃんがー)」
真謝井(まじゃんがー)に下(う)りてぃ　水汲むる女　髪黒々と目眉(みまゆちゅ)美らさ（美しい）
囃子　シンダスーリ　サースリ　ヘイ
与那岡に登て　押し下し見りば　稲粟ぬ稔り　弥勒世果報（豊穣な世）
稲粟の色や　二十歳頃女童　色美らさあてど　御初あげる（神に捧げる初穂）

うるま市立高江洲中学校の沿革として、尚巴志の時代に築かれた江洲城址があり、天馬川（テンマンガーラ）水を使っての稲作が盛んだったことから「川田」と名付けられたと言われている。そこの地は喜歌劇「馬山川」（バザンガー）が継承されています。[※1]

※1　参考：ウェブサイト「うるま市立高江洲中学校」

長寿の話

# シュメール・夢の神殿

## 頭に神殿をのせる女神

**琉球語でしか解せない謎のシュメール語**
琉球には、シュメール語と結構言語やニュアンスが同じと受け取れる要素がいろいろありまして、人づてに聞いた話題のシュメール語は、文献にはなっていない、琉球語でしか解せないシュメール語に、お腹を抱えて笑いそうな楽しい共通性はあります。またシュメールの文明を記したゼカリア・シッチン氏の本の内容から、頭に神殿をのせている女神が出てきますが、琉球も芸能などに、花や鶴、亀、松、竹、花としての梅などを頭にのせる、というか、かぶって踊る芸能があります。

**ラガシュの王グデアが見た夢**
シュメール初期王朝時代に繁栄した都市ラガシュの王グデアは、夢の中に現れたラガシュの主神ニン・ギルスより、神殿を建設するように指示されました。
（グデアという名前は「呼びかけられし者」の意）
「グデアは神託の女神ナンシェのもとで生贄と祈りを捧げ、彼の見た夢について語った。

夢で
私は天のように輝く男を見た
男は天に大きく地に大きく
頭飾りからすると神に違いなかった
神の傍らには神の嵐の鳥が控えており
猛威をふるう嵐のごとく
足もとには左右にライオンが伏せていた
神は私に神殿を建てるように命令した

木星の上の太陽が、突然地平線から女が現れた。

彼女は誰か？

頭にジグラッドの像をのせ
手には聖なるペンと
天の星の書き板を持ち
それに相談した

この夢のような啓示の詳細を聞いて、宣託の女神ナンシェはグデアに説明を始めた。」※1

グデア王の夢にあらわれた女性は頭にジグラッドの像をのせて表現されます。琉球古典舞踊においてのかぶりもの、主に松竹梅鶴亀などの舞踊においての頭にのせる物の所作とグデアの時代の習性との類似性が見られます。(ラガシュの王グデアはBC2200年頃の時代に登場した王)
ここに表現された宣託の女神ナンシェは、久高島のナンチュにも発音が似ています。久高島でかつて行われた祭りイザイホーでのナンチュ達は、それぞれの神の名をもらうために島の七箇所の御嶽(ウタキ)に参拝しました。
頭上に飾りをのせるという、シュメールの風習によく似たものが、琉球には残されておりました。今でこそ頭上にものをのせて運ぶ風習はみられませんが、戦前の写真には、多く頭にものをのせて運ぶ女性の画像が残されております。琉球芸能「松竹梅」などには、そのことが顕著にあらわれております。

エジプトの女神像

## 長寿の話

琉球芸能　鶴、亀、松、竹、梅のかぶりもの

松竹梅の舞踊はシュメールの女神と同じく頭に色々なものをのせて登場します。祝儀舞踊にある松竹梅鶴亀　松は長寿、竹は誠実、梅は華美、鶴亀も長寿をあらわします。

### 花や鶴、亀を頭上に頂く舞

この辺シュメールの夢に出て来る神殿を頭にのせて出現する女神と、何となく風習が似ております。またゼカリア・シッチン氏の説で再三述べられる「ウル」や「ウルク」として、琉球には「ウルク」があります。八重山の御嶽は「オン」と呼ばれる場所があります。

シュメールの話には、魚の皮をかぶった人物が画像的に見かけられますが、熊の頭や、ライオンの頭をかぶった人物も、今現在世界にはまだいました。
（『彼らがいなくなる前に』ジミー・ネルソン著の写真集に掲載）
いにしえ人の自然との共生と知恵の賜物はまだかすかに現存します。ジミー・ネルソン氏は極寒の地で写真撮影の最中に指が凍傷になりかけ、現地の女性が胸に彼の手を入れ二人の女性が抱いて暖めたというエピソードもありました。

松竹梅鶴亀
### 松竹梅

松竹梅は、混比羅、恵比須、大国の参大明神（三火神）のこととされます。
梅　混比羅大明神
梅は初めの御祖神（みそや）とされまして、地上にてはじめて降臨なされ、子を産み賜うた御祖神を象徴する。

梅でんす　雪に　ちみらりてい
後どう　花ん匂い増しゅる　浮世でむぬ
雪に閉じられて、ということは何もない時代の白紙同様の地上に、二親神が降

臨なされ、愛の花を咲かせ、子が産まれた目出度さを唱われています。

竹　恵比須大明神
竹は地上より芽を出し、節目正しく伸びる万世一系の御神を尊ぶことであるとされます。

肝ぬ持てぃなしや　竹ぬぐとぅ　直ぐく
義理ぬ　節々や　中に込みてぃ
肝（心）のもち方、ということは、美しく素直で、竹のように真直ぐで、節々は万世一系の代々をつらぬくことであると伝わります。

松　大国大明神
松は二親神から始まり、子孫代々が広がり、大きな国へと広がったことをいうとされます。

二葉から　出じて　幾年が　経たら
厳抱ち　松ぬ　茂てぃ　栄い
二親からはじまって代々の子孫が広がり、世広げ岩は国、国広がりの繁栄を祝うことで、琉球の古典音楽に唱われた歌は昔の歴史を自然に作詞されています。
※2

## 鶴亀
黒島節
千歳経る松ぬ　みどり葉の下に　亀が唄しりば　鶴や　舞い方

そんばれ節
今年から始まる　下原の踊り　二才ば　かいすだててぃ　踊らし舞らし
前結びん　かたけざまん　美う　美うらさ　シュウザシテー　シュウザシテー
鶴とぅ亀とぅぬ　齢や　千年万年　我ぬ　年較びてぃ　幾世までん
子孫さん　むて㐄さかてぃ　シュウザシテー　シュウザシテー

夜雨節
豊かなる御代の　しるしあらわれて　スリ　ユバナウレ　エキスリー　ユバナウレ

## 長寿の話

雨露ぬ恵(あみちゆみぐみ)　時(とうち)ん　たがん　スリ　ユバナウレ　エヰスリー　ユバナウレ
みるく代(ゆ)ぬ昔(んかし)　くヰむどぅち　さらみ　スリ　ユバナウレ　エヰスリー　ユバナウレ
十日越(とぅかぐ)しぬ夜雨(ゆあみ)　時(とうち)ん　たがん　スリ　ユバナウレ　エヰスリー　ユバナウレ

浮島節
今日(きゆ)や　いちぇ（御行逢(うが)）拝(をが)でぃ　色々(いるいる)ぬ　遊(あし)び　あちゃ（明日）や　面影(うむかじ)ぬ
立(たち)ゆ　とみば　ハーリガ　クヌ　サンサン　ハーリガ　クヌ　サンサン

夜雨節にうたわれる囃子言葉、「ユバナウレ」は、世直しのことでありまして、寿ぎと舞に込められた常世の世直しの舞です。

コラム
松竹梅鶴亀の舞踊とマハナイム幻想
松の踊り・双葉から出て磐を抱く松は幾年を重ねる。永久の御代を言祝ぐ歌詞です。マハナイム論に置き換えると、イスラエルの王、ユダと隠されたもう一つのお話があるかもしれない理を双葉に譬えてるかも知れません。竹の踊り・義理の節々は竹の如くまっすぐにという人の義を謡いさとします。旧約聖書の箇所ではモーセの十戒に相当するやも。梅の踊り・梅でんす（です）雪にちみらり（積もられ）て匂いましゅる（匂いもまします）浮世でもの（ですもの）梅は女性的子孫繁栄を表します。永久にその血の絶えぬよう祈りをこめます。聖書の箇所では、あなたの子孫は星の砂のように増え広がるというい表現だと感じます。鶴亀の踊り・亀は竜宮とかかわり鶴は稲穂を運んできた伝説が存在します。

受水走水、みーふだーへ稲をくわえ飛来した鶴の舞

※1 『宇宙人はなぜ人類に地球を与えたのか』ゼカリア・シッチン著
※2 『御嶽神教　うるま琉球沖縄神道記』沖宮　宮司　比嘉真忠著

## 長寿の松

巖を抱き成長する松は千歳を経ると歌われ、伊平屋には大樹 念頭平松があります。あるお婆さんが「そこには神がいらっしゃる」と、何故か六芒星の籠型の中に水晶の玉を入れたペンダントを見せながら、話してくれました。久米島にも有名な久米の五枝松と呼ばれる見事な松があります。奄美の朝仁という場所には、千年松といわれる大きな松があり、この松も素晴らしい松です。スリランカでは、松はデーワといわれ、神の依り代とされています。

久米の五葉の松の歌
### 琉球古典音楽「久米はんため節」
久米の五葉の松　下枝(したキだ)の まくら
思(う)み童(わらび) 無蔵(んぞう)や　わ腕まくら

## 竹林の七賢と竹

浮世から遠のいた賢者の方達が、竹林の賢者として、お酒を酌み交わすお話があります。世俗のわずらわしさから逃れて生きた賢者といわれる三世紀頃の中国のお話です。中国の詩人、王維の別荘である、輞川荘の中では、静かに琴を弾きながら長嘯(ちょうしょう)すると、「竹里館」の漢詩にあります。息を長くのばして歌う長嘯(ちょうしょう)は、呼吸をともなう健康法と言われています。それに鑑みますと古典音楽の作田なども長い呼吸法で歌います。

「獨り坐す　幽篁(ゆうこう)の裏　琴を弾き　復長嘯　深林　人知らず　明月　來って相照らす」の王維作の漢詩がありまして、幽篁としての奥深い静かな竹やぶの中で琴を弾き、長嘯(ちょうしょう)（声を長く引いて詩をうたう声楽、呼吸を長くする健康法）としての歌を歌い、すこしのお酒を飲みます。いつか月が照り輝き幽玄の世界にうっとりするこの楽しみを他の人は知らない。というほどの意味合いとなりそうで、大変その情景にあこがれたものです。世間の喧噪とは打って変わるこの静かな中でお琴を弾いて歌う楽しみは万感の思いでもありそうです。

## 長寿の話

**竹里館　王維**
獨坐幽篁裏
彈琴復長嘯
深林人不知
明月來相照

### 雪と梅
梅でんす、雪に積みらりてぃ、と歌われる梅の花は、雪が降った中から春の訪れとともに、匂いを増してゆきます。梅は男女の愛と喜び、子孫繁栄、豊穣、世果報としてとらえられます。湛水流によるお琴だけで演奏された女性の合唱による本赤田花風節は何とも言えない神秘的な曲でした。

### 琉球古典音楽「本赤田花風節」
花と露の縁あたらませ　我身の　夜々毎に　御側添やい　居らまい
ハリ　夜々毎に　御側　夜々毎に　御側添やい　居らまい
解説：この曲は首里赤田で掘り出されたもので、曲想は優美だと湛水流教本に書かれております。（湛水流教本より）

### 歌う亀と踊る鶴
松竹梅鶴亀の舞踊では、亀は歌を歌います。亀が歌えば鶴が舞うる、と歌われるこのフレーズ、昨今話題のいろは歌、鶴と亀がすべった、後の正面誰と歌われる籠の中の鳥にも似まして、きっと亀が歌えば、鶴は舞いながら出て来るようなファンタジーでもあります。

松竹梅の舞踊

天尊廟の松

琉球松

伊平屋の念頭平松

## 長寿の話

### 風の禊と魂の浄化

風が強く冷たい午前の浜辺。白波が何ともエネルギシュに打ち上げる。風は冷たく吹きすさぶ。この感覚が身体にどう作用するのか…。とにかく人の世の憂うべきこと、煩わしいことは風に吹き飛ばされ、波の勢いは生命のあり方、心臓の鼓動のように、途切れることなく続き、生きている実感が見つめなおされます。大自然が教えてくれる諭しでもあります。

体内から発する気は暖かく、表面に常に出るけれども人体を循環して不要になったものを、気として排出しているのかも知れません。強い風と波のエネルギーは、その身体から排出される、老廃物になった気のようなものを浄化してくれるのかも知れない。身体の体温などが幾分冷めたころ、新たにエネルギーを風や波から取り入れる。これは究極の呼吸の原理、また皮膚呼吸という単純なことかも知れません。

普段何気なくしている息、呼吸、これに神経を集中させてみる。そうすると先人の説いた呼吸法など言わんとしていることが少し理解出来てくるような心地になります。その中において『「密息」で身体が変わる』（中村明一著）で説かれた呼吸法では日本人に合った呼吸や身体への影響などが記されています。

「呼吸は身体を鍛える手段ではなくて、自分に即した自然で健康的な呼吸を見いだし、それが落ち着いて出来る身体を作ることが目的です。」

と述べられております。中村明一氏は尺八の奏者でありまして――化学研究者から尺八奏者へ――などの項目から色々と研究された本を書かれております。

呼吸と身体への作用などを示唆してくれるその呼吸法は、琉球古典音楽の中におきましては、歌唱法として密やかに取り入れられ、先人の知恵として、解説は一切伝わらず、ただひたすら古典音楽を真摯に学べば自ずから、摑み取ることが出来るようにプログラムされていると思われるのであります。

息とともに、音として、音を風景のように見ることが出来るように、音楽にのめり込み、音曲と一心同体となって琴を弾じ、長嘯(ちょうしょう)している時、遠い遠いいにしえの風景が脳裏に鮮明に浮かび見ることが出来る気がするのであります。音の身体に及ぼす、リラックスした高揚感と喜びは、ミトコンドリアの活性、心の中に明るく灯る楽しい思考へと導かれます。

しめやかではありますが、何故心が静まり深い感銘を受ける曲想など、人の一生にかかわる様々な場面に対応した数々の琉球音階は、人が生きる楽しみを味わうことが出来るか、または再認識させてくれるようにも思えるのです。そして曲だけに限らず、それと共にある舞踊にも、限りなく美や楽しみや、様々な先人の伝えたかったことが織り込まれているように感じます。

## 鬼虎の娘のあやぐ

与那国に強い武将、鬼虎がいましたが戦いに敗れ鬼虎の娘は、勝利した人に口説かれて宮古へ連れて行かれます。とうじ（妻）にしてあげるということであったけれど、行ってみるとそこには、父親との戦いに勝った男の妻がいて、鬼虎の娘は哀れな生活を強いられます。水汲みには底の破れた桶を持たされ、さまざまな心労にて豊かに濃くはえていた黒髪も薄くなってしまいます。長い髪は量が多いのが良いこととされていた昔は、髪型をカンプーといい、頭部に輪を作る形で結います。

鬼虎の娘は述懐します。その髪結いに豊かな黒髪は七回もぐるぐる巻いて結っていたけど、心労で薄くなってしまった。幼い頃は乳母に抱かれ、露にも濡れぬ育ちをしたものをと。鬼虎の娘の行く末を「鬼虎の娘のあやぐ」の歌は伝えます。その髪の毛はとても大事なもので、「かしらぎ（頭毛）の契り」として他の歌にも歌われます。

ある日若狭の浜辺に豊かな長い黒髪を風になびかせた、エキゾチックな東洋的でもあり、ラテン的でもある素敵な女性に行き会いました。遠くから見ていただけなのですが、まるで幸せだった頃の鬼虎の娘のようで見とれてしまいました。その人は、浜辺の岩に手を合わせ祈っていました。

鬼虎の娘のあやぐの曲は与那国で見つけました。琴の譜面の本が空港の御土産店で売られておりまして、その本には聞いたことのない与那国や宮古の曲の譜がたくさん書かれていました。鬼虎の娘の歌詞を見ると、何だか身につまされて、どうしてもその曲を聞きたいと、音源、CDかテープを約二年ほど探し求めました。求めよ、さらば与えられん。の言葉どおり、ついにその曲が歌える人を見つけました。その人は宮古の方で古い宮古の曲を多くCD化している人で、その方へ連絡いたしましたら、親切にテープを宮古から送って下さいました。

この豊かな黒髪が歌われた曲から、あることが見いだせます。『アジアの伝統芸能』（本田安次著）の本を手に入れました時、イスラエル、リビア系の民族的踊りとして長い黒髪を振り回す踊りが記されていまして、それはアイヌの方達でも同じような髪を振る民族芸能がありました。この不思議なイスラエル、とアイヌのつながりも民族の深い所に根ざしていることでしょう。日本の芸能である、源流が中国とされる「石橋（しゃっきょう）」でも獅子としてのざんばら髪をぐるぐるまわす芸能があり、ルーツが似ているような気がしました。「石橋（しゃっきょう）」では獅子の舞と、舞台セッティングは牡丹の花です。

首里城の御正月では、正殿に飾られる牡丹の花などの絵を新しく描き変えて、御正月を迎えると聞いたことがあります。

## 長寿の話

また沖縄芝居に「奥山の牡丹」があります。それもその芝居の中で、山奥で牡丹の花を植えて世に隠れて暮らす女性と、その子のストーリーがあります。そのストーリーは、どうも芸能集団として、見せ物の芸人になった人達の思いをとげる設定もなされ、その人達のことが芝居化されています。これも幾世紀を隔てた世変わりの中で、ひっそりと生きている遠い昔の伝承が表現されたものと考えます。

豊かな髪、牡丹の花、石橋（しゃっきょう）、それらは九州の失われた王朝の片鱗にも似かよります。洞窟の中で舞われた幻の筑紫舞いにもつながるようにも思えます。
「かしらぎ（頭髪）ぬ契り」として、「受水（うきんじゅ）・走水（はいんじゅ）」を題材にして踊られる「月の夜（ちちぬゆ）」も歌の中に、かしらぎ（頭髪）のことが歌われます。

### 舞踊「月の夜（ちちぬゆ）」
指輪（ゆびなぎ）ぬ契り　指す間（さえだ）ぬ　契りよー　かしらぎ（頭髪）ぬ契り　幾世までぃん

### 年代は百代の過客にして、行き交う人もまた旅人なり

諸々の歴史としての謎は膨大であり、かげろうのごとき命を持ち合わせた吾では、携わること事態がおこがましいことであります。蚕が桑の葉を食ように、ほんの少しだけ美味しそうな所だけ、かじって味わってみたいものです。それは百済のこと、新羅のこと、アッチラのこと、アランやケルトなど、森に出てくる妖精のようにいろいろな、おいしそうな花に誘われて戯れてみたい。

学者の解説では、空の星にたどりつくのに、何億光年へだてた距離へ到達できる時間帯のことなどが語られていますが、何によってそれは証明可能なのかと、考えても迷宮のラビリンスでしかない。夜空の星が教えてくれたこととは、人間の一生なんて、蜻蛉のようなもの。一瞬でしかない。この世にいることさえも奇跡かもしれない、とすれば要らないものは捨て、神様が選んでくれたものをゲットする触角を、昆虫のように持ちたい。と思うのです。今の所、神様が選んでくれた宝物は、琉球の島であり、琉球のアイデンティティでもあります。そして琉球民族音楽を、及ばずながら携わり、甘い蜜のような魅力的なその恩恵を、しょうしょう述べてみたい蜻蛉の身でもあります。やや影を選んでいながら、時々光があたればいいのではとも考えます。「くわでさの御月（てぃ）様」のように。くわでさの御月、まどぅ　まどぅ　どぅ　照ゆる　「くわでさ」という葉の生い茂る樹からお月様を眺めますと、葉影から時々月の光がみえます。時折光がさすということなのでしょう。

# 幻の筑紫舞

## ルソン島の円形田圃とルソン足

**洞窟で舞踊を見るざんばら髪の方**

アメリカの文化人類学者（「迷宮」の研究者）故C・シュスター氏よりアレクサンダー・スラビック氏へ提供された資料では、フィリピンのルソン島の円形田圃、その他三つの資料により、ルソン島の円形田圃と飛騨高山の車田が類似しているといわれます。ルソン島とのつながりは他にも芸能の中に見られます。幻の筑紫舞という古田武彦氏の書いた『よみがえる九州王朝』の中でとりあげられた洞窟で舞われる不思議な芸能は、ルソン足という舞の業があったそうです。そして洞窟で、ざんばら髪の方がそれを拝見し、またその幻の筑紫舞を踊ると一生暮せるほどのお給金が戴けたと、何とも不思議な筑紫舞とルソン足であります。琉球の芸能である「高平万歳」のなかで歌われる「うふんしゃり節（大阿母志良礼節）」の歌詞のなかに、プータゲナというタガログ語が入っているといわれていました。現在その曲が掲載された琉球古典音楽の本には「譜代のじゃぎなやー」と記されております。ある書籍にはタガログ語のプータゲナであるということが書かれた書を見た事はありますが、おしむらくタイトル名は失念いたしました。再現された筑紫舞におけるルソン足と思われる舞と似た舞踊は、琉球の芸能で「早口説（はやくどうち）」とか、そのような舞で見る事ができます。その舞踊はとても溌剌と晴れやかに舞われます。

**琉球古典音楽「春之踊（早口説）」**

さても浮世は小車の
年経（た）ちかはる春来れば
梅は匂ひて花も咲く
山はかすみて久方（ひさかた）の
光り輝く四方の海
枝をならさん御代（み）ぞとて
君に仕えん時を得て
山の奥には

巡りめぐりて新玉の
松も千歳の色そへえて
庭の青柳（あおやぎ）糸たれて
空も長閑（のどか）に出る陽も
波も静かに吹く風も
山に隠れて住む人も
花の都に皆出（い）でて
住家（すみか）なし

## 長寿の話

早口説に唱われる意味深な「山に隠れて住む人」とは、どのような人々なのでしょう。皆太平の世に出で、花を愛で舞遊ぶと唱われます。

### フィリピンにもあるノアの洪水伝説

ルソンに関しては大洪水が引いたあとに貝塚が出てきたと、それはノアの洪水であったとのフィリピンの伝説も存在したとされます。琉球からこまごまと島々はつづき、よく見るとオーストラリアまでなんとなくつながりそうな地球儀の地図ですが、その行くとしたら、かなり遠方のオーストラリアに、奄美大島の言葉と同じ要素があると調べられています。

### マオリのキョーロ

ニュージーランドのマオリ人の若い人達に「キャオラ」と挨拶され驚いたというお話がありました。ニュージーランドではマオリと日本人は兄弟だと思っている。マオリの学生の部屋をノックすると「ハエレマエ」と返事があります。『日本民族秘史』を書いた川瀬勇氏という方は、奄美大島の人の結婚式に招かれ、マオリの唄を歌ったところ、マオリ語と大島の言葉は似ていて「今日は」に対しては「キャオロ」であることを聞いて驚いたそうです。キャオロは、来ましたという意味にもなりますが、キョーロと他所のお宅へ訪ねた時に玄関で声をかけたりします。「オガミショーラ」という言葉も拝む動作と合わせた言葉で、手を合わせ相手を拝み、挨拶します。西洋の人は相手の目を強く見て話を進めるけれどもマオリの人は、視線を合わせず、下を向き加減な目線で対応すると言われますが、奄美や昔の琉球でもそうでした。これはマオリ文化において相手の目を見ることは、攻撃あるいは怒りを意味し、目を伏せることは敬意を表すことになるとのことです。『日本民族秘史』には、開封のユダヤ人のことが書かれています。古代開封之清真教史略が記され、英語ではチャイニーズ・ジュー・オブ・カイフォンとして中国に渡ったユダヤ人の調査が行われたことを記念した博物館もあるということです。そのあたりから鑑みますと、首里城におけるイベントの冊封の儀式に追従してくる兵士的な方の出で立ちなども古代ユダヤ人であろうと考えられます。琉球や奄美、八重山などには、大変古い出来事が温存されているのでしょう。

### 琉球の芸能は八重山島に

琉球での芸能はおりにふれ消滅の危機がありましたが、それを乗り越え豊かに花開いております。

琉球舞踊の一派である八重山舞踊勤王流は琉球王朝期、比屋根安弥氏によって創設されたと伝わります。ある古典音楽の先生のお話では、琉球芸能の存続を願い、八重山へ踊り奉行である比屋根安弥氏へ渡ってもらい、その思いを託したと伝わります。それは王府秘伝の舞が含まれていたともいわれます。その中にある王府秘伝かどうかは定かではないのですが、八重山に残された芸能としての、大本山崇（うむとうたかび）は、何か大変神々しい女神の降臨が再現されたような芸能です。当時廃藩置県や世の中が大きく変わる出来事がありましたので、琉球芸能が消滅しないようにとの、先人の知恵であったかも知れません。

## 八重山芸能「大本山崇び（うむとうたかび）」
バガティダ（若太陽）
あがりうみ（東海）明（あ）かり　ささら風（かじ）　立てぃてぃ
なぐい　白波（しらなみ）や　「鳴（な）り　鳴響（とぅゆ）み　鳴響（とぅゆ）み」

あかついくぃ（暁）ぬ　綾雲（あやぐむ）　朝端（あさばな）ぬ　ぬり雲（くむ）
あかねいる（茜色）溶（とぅ）かし　「赤あかとぅ　染（す）まり」

あけもどろ太陽（ティダ）ぬ　若（わか）わか　とぅ　産（むとぅ）でぃてぃ
すぃずぃ（霊威）高（たか）さ　大本山（うむとぅ）　「照（てぃ）り　上（あ）がり給（たぼー）る」
作詞/森田孫榮　作曲/糸洌長良　琴曲譜/大浜喜久

## 耳で聴く琉球古典音楽の音色
琉球国尚泰王が琉球古典音楽採譜（しんか）を臣下に命じたのは、いずれ廃藩置県にて琉球王国が廃朝になり、それにともなう琉球の文化、芸能の存亡を危惧した為であったのではと思われます。それほどに多くの事柄は琉球古典音楽芸能、民族文化の中に織り込まれて残されている珠玉の賜物なのです。

## 純正率の琉球音階と「平均率エチュード」
琉球音階が素晴らしいとされる由縁として、純正率の音階であるらしいとされます。琉球は音と舞で、多くの逸話が伝えられました。

長寿の話

# 武の舞

## 舞踊のがまく（腰）　古典女踊りと武の舞

**祈りの場で見た武の舞**

旧正月の二日目、晴れやかな陽の光と風の中、竜宮神がまつられている場へ祈りを捧げに訪れる人達。人は何故か正月の日は心がはれやかになるように思います。新しい年の始まりに心を落ち着かせ、我が心を取り戻し一年の安寧を新たなる歳神様へ祈願をいたします。

それは、普通にふるまっている雰囲気から、現代の人々にはわかりにくい所まで簡素化されてはきましたが、確かにそのいにしえからの心の思いはまだ残されているのでした。浜辺では僅かの人達が心の中で祈っているのがわかりますし、また何故か門外不出であったであろう特別な武の型を一人で行っている若者をも見かけます。

旧正月という日にとても縁起の良い場に出くわしその武のわざを観賞する機会が与えられました。

一つ一つのその武のわざを見ているうちに確かに古典女踊りの型に類似するものが何カ所かあり、心は歓喜にたえない。個人的に決定的だと思う型は、身体の中心なのです。動きは体の軸とするところの、多分舞踊でいうところの「がまく（腰）」にあるかも知れません。中心に精神を集中して武のわざは営まれるのではと、個人的には勝手にそう考えました。

その見知らぬ人は完璧に中心がそなわっていました。彼は演技の前後に静止して呼吸をすこし長めの時間を取って調整していました。最初の呼吸法は精神集中とコンディション調整、後の呼吸法は高揚した体調を静め平常の脈拍に戻す為ではないかと想像します。その武のわざを行った方へ、どちらの流派でしょうかと、尋ねたい気持ちはありましたけれども、この幻想的な出来事に遭遇したロマンから現実に引き戻されたくない思いが強くその武のわざを心に留めながらその場から去りました。その幻想的な旧正月の二日目の海岸には巨大な船が入港する間近でありました。唐の時代から琉球人は、その場面をいつの時代も待ち望んでいたと思います。琉球人の喜びの時の定番カチャーシーは「唐船どーい」の曲でありましてフィナーレは「唐船どーい」でお開きになります。

## 古典女踊りの「がまく」

古典女踊りを舞う時に、腰（がまく）が重要なポイントとされるようです。「がまく入れ」という動作は舞踊の中での立ちかたや歩きかたに、かなりこだわりがあり、その動きの美しさ、優美さは言葉では語るのが難しい所作でもあります。

## 琉球王家秘伝本部御殿手（うどぅんてぃ）
### 武の舞と本部御殿手（うどぅんてぃ）

本部御殿手では、膝を曲げず、腰を落とさない「タッチュウグヮー」と呼ばれる独特の立ちかたが基本とされるそうです。手技は、琉球の宮廷舞踊、とりわけ女踊りで用いられる「押し手」、「拝み手」、「こねり手」に一致し、その三形式の応用変化から成り立つとされます。押し手、拝み手、こねり手とは、琉球最古の歌謡集『おもろさうし』にも登場する、古来から祭祀芸能で用いられてきた所作とされます。これらを宮廷舞踊に取り入れたのは、本部御殿（うどぅん）とも縁のある玉城朝薫（たまぐすくちょうくん）だと伝わります。[※1]

琉球古典舞踊のかたの中に、武術が組み込まれており、現在におきましては、浜千鳥節、作田節、天川節などの舞踊の中に組み込まれた武の型を本部御殿手の中から公開されております。

## 沖縄には芝居手（しばいてぃー）という言葉がある
### 本部朝基語録

本部朝基語録には「すべては自然であり、変化である」、「構えは心の中にあって、外にはない」という言葉があります。[※2]

## 琉球空手の道
### チャンミーと言われた男

忠（ちゅう）と孝（こう）とを基にする日本精神の真髄は武術であります。武術を修行して初めて武士道徳は行われます。故に空手といふものも単に術ばかりでなく武士の行ふ廣（ひろ）い意味の道となるのであります。単に人を投げたり突いたりするだけの狭い意味に誤解されてはならぬ。故に空手道は何處も忠孝一如（ちゅうこういちにょ）の精神に基づいて修練しなくてはなりません。[※3]

## 琴の仁・琴の斗為巾・琴と仁智
### 仁智礼儀信文武翡蘭商斗為巾

一二三四五六七八九十斗為巾（現代の琴の弦の読み方）

## 長寿の話

昔は琴の弦を「仁・智・礼・義・信・文・武・翡・蘭・商・斗・為・巾」と呼んだとされます。
さらに琴は「仁智」とも呼ばれたと伝わります。

仁　仁とは中国思想における徳の一つ。
智　矢をそえて祈り神意を知る。
礼　甘酒を神に捧げて幸福を祈る儀式・礼儀を意味する。
儀　厳粛で礼儀正しく心が引き締まる作法やふるまいの意味。
信　まことや真実の意味。
文　模様の意味
武　矛を持って戦いに行くとする意味。
翡　色に混じり気のない羽の鳥かわせみの意味。
蘭　良い香りや美しさを閉じ込めた草らんの意味。
商　殷代中国王朝の首都商の意味。
斗　物の量をはかる為の柄のある柄杓の象形文字
為　実施するとの意味。
巾　頭に巻く布に紐を付けて帯に差し込む象形文字。[※4]

コラム
仁智要録　藤原師長という人が「仁智要録」という箏の楽譜集を編纂したとの記録も存在します。「平安時代末の雅楽の箏譜。琵琶譜『三五要録』と共に、藤原師長の著。内容は案譜法、調子品、催馬楽、唐楽、高麗楽 など。伝承がとだえ今日には伝わっていない左手を使った弾奏法を含んだ貴重な文献。なお書名は晋の伝玄の『箏賦』に箏を「仁智の器」とあるのに由来。」（ブリタニカ国際大百科事典 小項目事典の解説）　また「経文を歌誦する声明譜としては、インドを起源とし、中国を経て仏教伝来の際に日本に伝わったとされる。天台宗、真言宗二派により独自の声明を持つに至った。経文の左側に線状の目安博士を示し、発声上の注記が付される。」[※5]

**八橋検校　その先祖は中東、現イラクあたり**
「日本音楽の祖である八橋検校は著名な音楽家である柳内調風氏らの説によるとその先祖は中東、現イラクあたりから渡ってきた可能性が高いとの事。」[※6]
世の中にはやはり同じ考えの人がいました。これは琴を弾いてみて常々感じていたというか、妄想していた出来事でした。琉球の御座楽に使用される「夜雨琴はペルシャから」という地元新聞記事にも背中を押され、そう信じていたのでした。

遊仙窟と執心鐘入

**組み踊りの世界・独断的解説**
冊封使のつぶやき「中国ではすでに失われた文化が琉球には残されていた。」と冊封の宴で披露された舞や組踊りを見た冊封使はそう記録に残しました。
「うむかじ（思影）」うむかじという言葉は平安時代の日本でも使用されていましたと、芸能研究家の三隅治雄氏は東京の紀尾井ホールの舞台で、かつてお話をされておりました。
遊仙窟は、大変古い時代、中国の男女のロマンスを描いたお話であります。長い中国の歴史の変遷の中、ロマンスをオフリミットにする時代があったようで、遊仙窟は、とうの昔に中国では見当たらず、なくなったけれども、日本にはそのお話が残されていたということです。その遊仙窟の物語では、旅の男性が女性の宿へ泊まり、恋のやりとりの様子が延々と書かれます。
琉球に残された執心鐘入は、かなりストーリーが遊仙窟に似てはいますが、残念なことに、琉球の執心鐘入では恋は成就しません。最初は男性が旅の宿を御願いすることから、物語は始まります。出だしの曲は「枷掛」に使われたメロディと同じ「干瀬節」です。歌詞は「枷掛」とは異なります。

**琉球古典音楽「干瀬節」**
さとう　とうみ　ば　ぬ　夜　いやでぃ　ゆみ　御宿
冬ぬ　夜もすがら　かたやびら
概要：彼が夜泊めてくださいと言うのをイヤとは申せません。冬の夜もすがら語りあかしましょう。

**蛇になって追ってきた宿の女性**
一夜の宿を御願いされた宿の女性は、「親が留守なので御泊めすることはできない。」と断りますが押しの一手で中城若松は泊めてもらうことになります。中城若松が寝ている所へ、おしとやかであったはずの宿の女性が彼を起こしにかかります。若松は女性のさそいを無下にことわり、「恥知らず」と相手をさとします。女性は「をとこ（男）生まれても　恋知らぬものや　玉の盃の　底も見らぬ」と若松をかき口説きますが、場面は次第に女の恐怖の煩悩丸出し、蛇になり若松を追うことになり、若松は寺へ逃げ込みます。寺では和尚さんが鐘の中へ若松を隠します。
蛇になって追ってきた気の毒な女性は鐘の周りをうろつき、和尚さんのお祈りの力で退散を迫られる。

### 長寿の話

という何とも女性の性をみごとに表現した組み踊りになっています。

小さな頃からこういった大人の恋の行方や女の心情とやらを、芝居や組み踊りなどを両親とともに、楽しみとして見ておりますと、女性として男性を追いかけるのははしたないとか、そのような気の毒な女性にはなりたくないとか、いろいろと成人した時の女性としてのあり方の参考にはなりそうです。

※1 ウェブサイト「本部流」より
※2 小沼保『琉球拳法空手術達人 本部朝基正伝』所収・抜粋
※3 『沖縄空手界のチャンミーと呼ばれた漢(おとこ)・新説 喜屋武朝徳(ちょうとく)』より
※4 『漢字/漢和/語源辞典』
※5 ウェブサイト「早稲田大学演劇博物館」
※6 ウェブサイト『十六菊花紋の謎』永井俊哉ドットコム

# 空とソロモン

## 栄華を極めたソロモンと「春の踊り」

**色即是空、空即是色**
無になることで新しいメッセージがキャッチ出来そうな余白も出現します。色即是空、空即是色　空はめぐり来る同じことの繰り返し。栄華を極めたソロモンも何か、終わりのころには栄華も何も無になり、むなしくなる心が表現されているといいます。ある寿老人のような方が、教えてくれたのは、空の教えでした。現代版寿老人の方は、ロックがお好きだそうで、The Byrdsの「Turn! Turn! Turn!」に歌われるTurnは空として、ソロモンの空を歌っているのだと教えてくれました。その現代の寿老人は心の空としての告白を聞いてくれ、慰めのためにソロモンの空を教えてくれたのでした。

**古典舞踊「春の踊り」の空**
琉球古典芸能「春の踊り」の歌では、「めぐりめぐりて」と、すべては繰り返すことが歌われています。これもつきつめると、「色即是空、空即是色」という繁栄と無に帰すことの繰り返しを歌っているように聞こえます。
「帰るところを　うち忘れ　花をかざして　舞遊ぶ」というフレーズ、「山に隠れている人も　山には住処なし」と歌では呼びかけています。
それは、渡来人が素晴らしい場を見つけて花と戯れ、時が経て行くのも忘れ、舞い遊ぶ姿にも似て。山の人とは山に追われた人達であろうかも知れず、もう太平の世になったので、隠れ住んでいなくても、大丈夫だから出て来て一緒に遊びましょう。との誘いの歌でもあるように思えます。そしてその華やかさは、また時代とともに、無に帰すのでしょうか。
華やかな時代は過ぎ去り、明治の頃は廃藩置県という波が琉球にも押し寄せてきました。

**廃藩のサムレー　踊り奉行と職を失った士族**
琉球王府時代は世変わりし、国王は東京へ行かれ、残された王府の役人や士族達は職を失い、以前は目下であった農家などへ「家取り」として下っていきます。一生の内にこの両方を味わった明治期のサムレー（士族）ほど、胸に染み

# 長寿の話

入るものもないように思います。「笠に顔を隠して」以前はさむらいの身分であった人が、目下の人の家で働くことになります。この屈辱感も世が変われば生きて行く為には仕方のない事です。それが歌劇のような舞踊になって、舞台でそれを見る時、この時もまた「空と無」諸行無常か、禅の教え「自然や宇宙そのものには。そもそも善も悪もなく、ただ無限に変化し続ける中立的な現象そのものがある。」との理のごとく宇宙は変化しながらただ廻り続けて行くのでしょう。「家取り（やーどうい）」になった「廃藩のサムレー」の哀れな心境もありますが、他に踊り奉行であった方々の新しい職業として、王府時代の歴史を歌劇に残したものに、「うちゃわん」があります。

### 使琉球雑録と「うちゃわん」

歌劇「うちゃわん」は、登場人物や特殊な形態の人々が多く出演する、大変大掛かりなもので、何度も普通には演じられることはありません。現代では二代目「宮城能造」氏がこの舞台芸術を継承しております。初代宮城能造氏は、王府に携わる人物であったといわれ、使琉球雑録に書かれている一場面を切り取り、「うちゃわん」という歌劇に仕立てました。

唐旅（とうたび）という、昔の命がけの中国へ渡る時の様子を「うちゃわん」は再現しております。王府役人が船に乗り、中国へ行くとき、さまざまな儀式が取り行われます。神女が出て、航海の無事と安全を祈り、当人は一瞬、神だーりー（神に取り憑かれる）に落ち入り、夢想の内に白鳥節が舞われます。白鳥節の曲に載せて舞う時、白い鳥が霊魂として登場し、それはオナリ神、または「うみなうしじ（精霊）」として表されます。

船の前にあらわれる白い鳥は、霊魂を表します。舞台の中では時が回転し、船の中の様子が表現されます。この場面は福建省からの冊封使一行が、護衛のような強そうな武人を従え、国境を越える時の様子です。中国の時代劇に出て来るような武人が刀を抜き、空を切り祈りの舞をします。この舞は武人の舞にて、大変力強い武の舞です。使琉球雑録においては、その時神へ捧げるために、生け贄の羊を海へ投げ入れます。気の毒な羊ではありますが。

福建省は客家（はっか）の多い所で、古代ユダヤ人といわれる客家の風習は、現代の嘆きの壁で祈る黒いファッションのユダヤ人とは、かけ離れた古代のユダヤ人であるように思われます。羊を神に捧げて祈るこの表現は、遥かなる遠い昔日の、ユダヤ人の祈りの儀式であったかも知れません。

その冊封使は現代において、首里城のイベントとして行われる冊封の儀式に登場する、赤いとんがり帽子をかぶった出で立ちの姿もあり、ほんとに古代のユ

ダヤ人達であろうと、しみじみと思うのであります。
グリフィン（グリフォン）＝有翼のライオン　王家の紋章
かつての琉球王家の紋章の一つに羽のある虎があります。それはなんだかグリフォン的な感じもうけます。

コラム
使琉球雑録　六月二十四日早朝に島を見た。すなわち彭佳山である。辰の刻に彭佳山を過ぎ西の刻に釣魚嶼を過ぎた。（中略）二十五日、島を見た。まさに黄尾嶼が先で赤嶼が後であるはずなのに、赤嶼に達した。まだ黄尾嶼を見ていないのである。薄暮、郊（或いは溝を作る）を過ぎた。風濤が非常に激しい。生きた猪と羊、各一匹を海中に犠牲として投じ、五斗の米でお粥をたいて供え、紙で船を作ってそれを焼いた。鉦を鳴らし鈹を撃ち、兵士たちは船中でよろいや甲をつけ、刀を抜きふなばたに伏して敵を禦ぐ動作をした。これを暫く行った。ここで汪楫が船長か誰かに質問した。「郊とはどういう意味であるのか」。相手が答えた。「中外之界也」と。汪楫がまた尋ねた。「その界は何によって見分けるのか」。相手は答えた。「推量するだけである。しかし、ちょうど今の所がこれに当る。これはあてずっぽうではない。ここでは供物を食し、兵戦のさまをなし、恩威ならび行う儀式をなすのである」（ウェブサイト「使琉球雑録」より。）

## 天上の礼拝と冊封

黙示録第四章にある天上の礼拝や、黙示録第五章において、巻物を開くのはだれぞと…。との疑問の投げかけ、それに答えるかのように冊封使は巻物を開き、「こんとう、その他」北京語にて大声で叫びます。そして王や長老はひれ伏します。これが黙示録に書かれている文書にリンクする幻想を誰にも理解して頂けないのでありますが、とりあえず、ソロモンの空や黙示録幻想は首里城や、琉球の芸能にて再現されているのではと思います。遥かなるこの儀式がイベントとしてではありますが、今に途絶えず残されていることを考えた時、きっとこれほど貴重なものはないのではないかと、小さな琉球の地から世界へ届けと、伝えてみたいものです。

長寿の話

# ディアスポラの琉球人

## 帰ってきた世界のウチナーンチュ

**インカの古代料理**

世界のウチナーンチュというイベントは五年に一度琉球の地で開催されます。かなり多くのウチナーンチュが明治期前後に移民として世界各地へ離散しました。南米ペルーや世界各地へ移民で行き三世、四世の代になっても琉球のアイデンティティを持ち続け、五年に一度晴やかに琉球の地に集います。五年に一度のその時こそは年中しいたげられたネイティブ琉球人は、我こそは琉球人と、ひとときの逢瀬に、感涙にむせびます。その琉球にスーチカーという豚肉料理があります。これは塩漬けの豚肉料理で、食べる時は塩をのぞいて、炙ったりして食べます。そのスーチカーの切れ端をほんの一切れ、トウモロコシの粉の中に入れて、それをバナナの葉で包んで蒸したインカの古代料理というのがありました。琉球人とペルーのつながりはここにあります。スーチカーといい、バナナの葉で包んだ料理といい、もしかしたら何千年も前、先祖は同じであったであろうという思いは、ペルーの古代インカ料理を食べた時に、思い起こせるのです。他にもティビチ料理に豆を煮込んだ南米料理もありました。

世界のウチナーンチュ&うふシーサー

## マヤの祈りの歌「ヤーェ、ヤーェ」琉球の「エイヤー、ヤー」

ペルーやマヤのいろいろとスピリチュアルな方々から、琉球へメッセージが送られてきたり、訪問があったりします。2015年の年末には南米のバーニーさんが来沖しまして、何かしら琉球とのつながりの痕跡はないものかと、チェックに行きました。その時バーニーさん達の神への祈りの踊りは、太鼓をたたきながら、「ヤーエー、ヤーエー」と歌い踊ります。これだけは世界共通かも知れない「ヤハウェ」のことだと、しっかりインプットされました。マヤの人達もヤハウェと祈りの中で歌っていたのです。琉球の祈りの歌には、「エイヤー、ヤー」と歌われる曲が多くあります。そのマヤや南米の古い方々の言い伝えに、「いつか白い肌の神様がもどってくる」との伝承があったそうです。五百年ほど前、スペイン人がマヤを征服した時、マヤの人達は伝説の肌の白い神様が来たと勘違いしをして、滅亡してしまいました。その肌の白い神様を解き明かしてくれた方が、エハン・デラヴィ氏でした。

南米の人

**長寿の話**

# 組踊の雪払い

## エルニーニョ現象と雪、1700年代の津波

※エルニーニョ現象：熱帯からの大気の変動を通して、日本では冷夏、暖冬となる傾向　※ラニーニャ現象：熱帯からの大気の変動を通して、日本では猛暑、寒冬となる傾向

**明和の大津波**
宮古島、八重山地方では1771年4月24日地震にともない明和の大津波がありました。とても大きな津波でいろいろな古代の遺物が出土しないのも、津波のために流されたのかも知れないとされます。

**小氷河時代の記憶と琉球における寒冷時代**
今世紀である21世紀から2世紀前の頃、ヨーロッパにおいて厳冬であったとした小氷河時代の記憶は漠然としか残されていないとされるなか、西暦2000年より起算してわずか50年前までの言い伝えとして、残された琉球における寒冷時代は、多分17世紀頃の話題として伝えられているのだと考えられます。「昔はね、琉球にも雪が降ったのよ」とのお琴の師匠のお話として、それは鮮明に記憶に残されております。と申しますのも琉球古典音楽の中におきまして、雪を題材にした歌や組踊が残されている事柄によるものでもあります。

組踊「雪払い（ゆちばれー）」は継母のいじめにあって雪の中、打ち掛けなども取り上げられ気の毒な主人公が薄着のままで寒さに震えている場面から展開される物語です。こういった物語は、いかに何ごとも大和からの受け売りと云われましても、それだけではなさそうです。よく歌舞伎を題材に組踊が出来たと説明されますが、組踊の時の表現の仕方などは、大和の歌舞伎よりもチベット歌舞団の演舞に設定がよく似ております。これは、世界一美しい映画というキャッチフレーズで上映されました、チベットの映画「クンドゥン」の上映に合わせて来日したチベット歌舞団の演舞を見る機会があり、そう捉えたものであります。

琉球民謡では、恋の花という題材にて雪が降る事を歌った曲があります。

## 琉球民謡「恋の花」

庭や雪降ゆい　梅や花咲ちゅい　無蔵(んじょ)が懐(ふちゅくる)や　まふぇー（真南風）ど吹ちゅる
訳：庭には雪が降り梅の花が咲きますが彼女の懐には暖かい南風が吹きます。
と雪の設定が唄われます。

## 気候変動と古代スカンジナビア人の航海術

『歴史を変えた気候大変動』（ブライアン・フェイガン著）では、過去500年の重要な時代にヨーロッパを根底から揺るがしたとする出来事としての気候変動は、現代社会の形成に及ぼした影響は限りないと記されております。

また、船乗りの勘について、古代スカンジナビア人の航海術を彼らは秘密にしました。古代スカンジナビア人は航海術を他人に口外せず、学んだ知識を家族から家族へ、父から子へ、ひとつの世代から次の世代へと伝えていったとされます。スカンジナビア人は大量のタラを取る方法を学び、北方の冷気にさらして乾燥させ保存しやすくしたとも記されます。[※1]

この乾燥したタラは長期保存がきき、知人である韓国の方々もタラを常備食として常に戸棚にキープしていました。このような少しの逸話により、何故か久高島の海蛇（イラブー）の製造方法や、鄭和の航海時の船上に植えた新鮮な野菜のお話などから、はるかな歴史の断片をかいま見ることが出来そうです。

琉球においてはタラは殆ど見かけませんが、久高島の海蛇（イラブー）は、長い航海時の脚気予防に良いとされます。久高の海人は北海道までも昆布を仕入れに行ったとのお話も伝わります。その北海道の昆布は琉球を介し中国へ輸出されていたとされます。長寿の島としての食物の調理方法などは料理奉行なる役職も昔はありまして、手の込んだ医食同源のことわりを含む滋養強壮的料理も存在しました。

イラブー（久高島や八重山でとれる海蛇の薫製）

※1『歴史を変えた気候大変動』ブライアン・フェイガン著

## 長寿の話

### 武器ではなく命の水を

気候変動の影響におきましては、アフガニスタンが昔は緑豊であったのに、気候の変動により、旱魃、砂漠化がすすみ人の食生活がおびやかされたと近年伝わります。そのなかにおきまして、「武器ではなく　命の水を～医師・中村哲とアフガニスタン」というキャッチフレーズのもと、アフガニスタンに派遣された医師中村哲氏は、独自に川の水を砂漠のように乾燥した地に引き入れ、緑の農耕地に変えたとNHKTVが18年くらいの歳月をかけ取材した番組が放送されました。

その用水路建設のための河川工事には、電気もなく、アフガニスタンの方々と共に人力と知恵とを合わせ、川の支流をつくり完成には15年くらいかかったと伝わります。この番組を見ていてとても感動いたしました。中村哲氏はアフガニスタンの人々にとても感謝されます。そしてイスラム教徒である彼らの為に祈りの場であるモスクも建てました。これこそが、再臨のイエスに等しい、日本人ではないかとつくづくと思ったものです。沖縄にもすこし前までは、再臨の又吉エイスという方が書籍を出しまして、彼の書はネットで大変話題になりました。内容的にはとても良い本ですが、すこしパロディがかかっている雰囲気もうかがわれ、表面的なヒットにはかないませんでした。

中村哲氏の完成には15年の歳月を要した川の支流の両側には、柳の木が植えられました。

### 仮庵の祭と柳

コラム
『聖書の世界が見える』（植物編）
著者は韓国のリュ・モーセという方です。イスラエルの宣教師であると同時に、漢方医学、現代医学博士。翻訳は上田あつ子、出版は「ツラノ書院」（2011.6発行）から
http://meigata-bokushin.secret.jp/index.php?
仮庵の祭りとその預言的意味・前篇
仮庵の祭りのハイライトは、神殿の祭司の庭にある祭壇の南西側に柳の木を立て、毎日、祭壇の周りを一周ずつ回るのです。ユダヤ人たちはエルサレムの西側にある「モツァ」という川縁から、毎日新しい柳の木を折って来ました。柳の木の枝は折られた瞬間に生気がなくなり、たった1日でも枯れてしおれてしまうからです。
最初の日に、あなたがたは自分たちのために、美しい木の実、なつめやしの葉と茂り合った木の大枝、また川縁の柳を取り、七日間、あなたがたの神、主の前で喜ぶ。（レビ23:40）　このように6日間新しい柳の木の枝を立てておき、仮庵の祭りの最後の日には、特別な行事をしました。本来、祭壇がある神殿の祭司の庭は、祭司以外には誰も入ることができない聖域ですが、しかし、この日（最後の日）だけは例外で、すべてのイスラエルの巡礼者たちに（女性も子どもたちにも）開放されました。普段は祭壇の周囲を1周しますが、仮庵の祭りの最後の日には、祭壇の周囲を七回りしました。この時、巡礼者たちは

祭壇の周囲を回りながら、詩篇の祈りを切にささげました。イスラエルの人々は、水がないため、渇いてしおれて行く柳の木の枝を横に、「主よ。どうか私たちを救ってください。」（詩篇118:25）と叫びながら祈りをささげたのです。
荒野の民イスラエルにとって、水はいのちそのものであり、創造主の恵みを象徴するものです。水がなく、枯れてしまう柳の木のように、創造主の特別な恵みがなくては枯れて、廃れてしまうしかないイスラエルを救ってくださいという切なる願いをささげたのです。「どうぞ、救ってください。」とはヘブル語で「ホサナ」（「ホーシーアー・ナー」）です。仮庵の祭りに使われる柳の木の別称はホサナです。ホサナは水を求めて叫び声を上げる柳の木を指します。
イェシュアは仮庵の祭りの最後の日、神殿の祭司の庭に出て行かれました。この時、ユダヤ人たちは、創造主の恵みを切に求めていましたが、すぐ横に立っておられるイェシュアを知ることはありませんでした。何と皮肉なことでしょうか。水を失い枯れ行く柳の木と、救いを切に求め、ホサナと叫ぶユダヤ人たちに、ご自分がメシアであることを叫んでおられたのです。
ヨハネによる福音書第7章　7:37祭の終りの大事な日に、イエスは立って、叫んで言われた、「だれでもかわく者は、わたしのところにきて飲むがよい。　7:38わたしを信じる者は、聖書に書いてあるとおり、その腹から生ける水が川となって流れ出るであろう」。（口語訳新約聖書）

夢に探していた本、うもれた本が見つかった時の喜び…。
### もとめよ　さらば　与えられん
その周辺にある書をついでに手に取ってみますと、以前読んだ本の内容が、現在では異なった意味合いになって受け取られたりします。ぼろぼろになって古物商の店先で埃をかぶっていた本。同じタイトルの本が、10冊くらい纏めて、1冊百円で売られていたりします。その本、平易な言葉で書かれ、レイアウトも素朴そのもの。けれどとても大変なことが書かれていたりします。探せば色々なものが見つかる、本という活字や手書きの書に囲まれて、その本の塊の中に埋もれて暮らす日々。いつかアーケージュ（蜻蛉）のように大空を旋回、遊覧というか巣立ちをしてみたいものです。
その、ほとんど顧みられることの少なかったであろう、素朴なレイアウトの本、タイトルは『ほんと！　謎？　沖縄にあった邪馬台国』という書です。帯には「夢とロマンの沖縄を知る　復帰20周年記念出版」と記され、表紙は赤、帯は黄色、沖縄のうめーし（お箸）のイメージのデザインです。これは、貴重な本でありまして、1冊百円でしたので、何冊か購入してまわりの人へ配ったりしたものですが、やはり誰にも心に留めてもらえませんでした。遂に一冊しかなくなり、その本のコピーを読んでもらった時、一人だけその内容に賛同する方がいました。そんな日常から、時には書を閉じ、バスに乗って小さな旅へ出掛けます。猫のような心で。

## 長寿の話

三重城行きのバスにのり、帰宅の時、花風のメロディが浮かびます。「三重城に　ぬぶてぃ（登って）　打ち招く　扇」と我が師匠の妙なる歌声を心で聞きながら、本と、猫が待っている浜辺へもどります。猫は花風が歌えませんが、なぜか琴を弾いて花風を口ずさむ不思議な異文化的化石的人類はまだ存在しておりました。原始人間ギャートルズ的化石人類は、子供の頃、お琴を習いつつビートルズ、成人してからはマイケル・ジャクソンに憧れました。年齢を重ねるにつれ、お琴ほど人生において有意義なものはなかったと、追想します。

もとめよ　マタイによる福音書第7章　7:7求めよ、そうすれば、与えられるであろう。捜せ、そうすれば、見いだすであろう。門をたたけ、そうすれば、あけてもらえるであろう。（口語訳新約聖書1954年版）

### 個人的に定義する理想の体形、サラミソーセイジ的ボディと健康な脳みそ回路

要するに丈夫そうな骨に、ひからびた皮がはりついた体形。健康な思考回路と泰然とした意を持った素晴らしいお年寄り。むかしはこんな感じのお年寄りが多く居りました。糸を紡いだり静かな方もいました。頭に魚を入れた、たらいを乗せて市場へ行くお年寄り。さまざまに元気なお年寄りは居りました。現在はあまりはつらつとしたお年寄りにはお目にかかりません。それは何とも淋しい限りです。朝の浜辺には、海を眺め潮風に吹かれて憩う、健康そうな骨が丈夫そうなスリムなお年寄りがいました。その方は猫を相手に幸せそうでした。若い時は随分と美人だったであろうと思われる面持ちで、大きなサングラスをかけて浜辺に坐っている姿は、遠くから見るとオードリー・ヘップバーン似です。長生きの秘訣はやはり潮風かも知れません。

### 首里城にある奉神門とギリシャ正教の奉神礼

ギリシャ正教に奉神礼の記述があります。ギリシャ正教の儀礼が、この世に天国を見るようであると書かれ、また奉神礼は紀元前からの教えといわれます。首里城には奉神門があり、不思議な信仰の経緯ではあります。

### 琉歌と古代ギリシャの悲歌

沖縄の名だたる歌者、大工さんという方が関東のホテルへ滞在時、彼を訪ねてきた方がおりまして、フロントの方がその方のお名前をお伺い致しますと、カンナです。と答えたそうです。ダイクとカンナの音の響きから「お客様、ご冗談を」と笑ったとか。その漢那さんは、八重山出身の方で、御先祖が料理奉行であったそうです。関東で美人の奥様と二人、小料理店を営んでおりました。

そこは琉球料理を出すので、琉球系の人々がよく来店しました。ある時、知人とそのお店に居りました時、隣の席で、ギリシャ文明と琉球のつながりのことを話しているのが、少々耳に入りました。大変興味深く、そのお話をもっと聞きたいと思ったものですが、見ず知らずの方のお席であった為遠慮しました。それ以来ギリシャと琉球がどうつながるのか、とても不思議でした。

沖縄キリスト教学院の上原明子氏が「琉歌と古代ギリシャの悲歌」という論文を書かれていまして、「琉歌に流れるリズムは、民族をこえた普遍的なものである。それは人間が根源的に求めていたものだ。心地よいリズムと美しい響きのロゴス。この根源的な美と真実への衝動を生まれながらにして人は自ずから裡(うち)に働かせている…。」と、その論文で述べております。

『ギリシャ正教』（高橋保行著）の書には、カノンのことも述べられております。

首里城の奉神門

首里城の洗盤

長寿の話

## りゅうりょくかこう（柳緑花紅）

「やなぎはみどり、はなはくれない」
11世紀の中国の詩人・蘇軾（そしょく）の詩からの引用

柳緑花紅：中国の宋、詩人・蘇東坡（そとうば）の詩
琉球古典音楽では、芸能の中に残されていました。

ヘブライと琉球のつながり
**琉球舞踊「柳（やなじ）」**
中城（なかぐしく）はんため一節

| 琉球語 | 日本語 |
|---|---|
| とびたちゅる　はびる | 飛び立とうとしている（蝶・ヘブル人） |
| まじゅ　待てぃ　ちりら | まず　待って　連れよう |
| すりー　花ぬ　むとぅ | それ　花の　もと |
| 我や　知らん　あむぬ | 我　は　知らない　のである |
| やなじ節 | |
| やんなじ　は（わ）　みどぅい | 柳　は　緑 |
| ひやー　よんな　えい　やー | ヨンナ　いと　高き　叡やーうぇ |
| 花は　くりない | 花は　紅（くれない） |
| ひやー　よんな | ヨンナ |
| よんな　ゆりてぃく　よんな | ヨンナここへよっていらっしゃい　ヨンナ |
| 人は　ただ　なさき | 人は只　情け |
| んみ　わ　にうい | 梅は匂い |
| ひや　よんな | ヨンナ |
| よんな　はな　ぬ　いるいる | ヨナ　花の色々 |
| みりば　くりない　じゅらさぬ | 見れば　紅　美しい |
| よんな　さあ　よんな | ヨンナ　さあ　ヨンナ |

270

# ジョゼフ・ニーダム

## 中国の古代科学技術を世界に知らしめたイギリス人
中国においては李約瑟という名前で広く知られてる
李約瑟（Dr. Joseph Needham 1900年12月9日 - 1995年3月24日）
王立協会フェロー（FRS）イギリス学士院会員

彼は生涯を通じて中国の古代科学技術発展史を研究、完成させました。膨大な情報を集めている『中国の科学技術史』の初期の業績の多くはジョゼフ・ニーダム氏に帰することができる。[※1]

### 『中国の科学と文明』ジョゼフ・ニーダム著
ニーダム氏はイギリス人です。中国文明が西洋に広く伝わらない原因として、漢字、言語の壁があるのではと気が付いたニーダム氏は、先に中国語をマスターします。次に中国の著名な方々とチームを組み、中国の科学と文明の解明に着手いたします。1冊約5センチほどの厚さの横書きの書は十数冊あり、文脈のテンポも軽やかかつ、重厚に中国文明を紐解かれました。その解説された文献の一部におきまして、道教とヘブライ文化のつながりが著されております。
道教における健康法がニーダム氏により記された書は琉球古典音楽の深い奥義解明にもつながります。中国の歴史は、漢字や言葉の壁により長い間、世に知らしめることが稀であったようです。1950年代頃から、イギリス人学者、ジョゼフ・ニーダム氏により、深い歴史の解明がなされました。ニーダム氏は中国語と漢文を学びそれから中国の歴史解明にチャレンジしました。『中国の科学と文明』は、膨大な文献です。この研究によりイギリス国は、中国の偉大なる歴史を把握するに至ります。ニーダム氏曰く、この素晴らしい歴史を世界は把握すべきだと述べております。[※2]

### 道教とヘブライ文化
道教とヘブライ文化がリンクしたであろう頃に書かれた漢詩「柳緑花紅」蘇軾著があります。琉球古典音楽における柳節は、琉球芸能関連の書によりますと「蘇軾の漢詩からの要素が含まれているであろう。」との記載がありました。この一行の言葉がヒントになり、遠いいにしえにおける道教とヘブライ文化のつながりの糸口が夢想かも知れませんが、つかめたような気が致します。

## 長寿の話

### 柳節と蘇軾の漢詩　蘇東坡「柳は緑、花は紅、真面目（しんめんもく）」

その時代はヘブライ文化と道教がリンクした時代であったそうです。
ヘブライ文化とリンクしていた時代に歌われた柳節には、ヘブライ語や旧約聖書申命記26章の内容を表現したように、どうしても思えてしまいます。

申命記第26章　26:1あなたの神、主が嗣業として賜わる国にはいって、それを所有し、そこに住む時は、　26:2あなたの神、主が賜わる国にできる、地のすべての実の初物を取ってかごに入れ、あなたの神、主がその名を置くために選ばれる所へ携えて行かなければならない。　26:3そしてその時の祭司の所へ行って彼に言わなければならない、『きょう、あなたの神、主にわたしは申します。主がわれわれに与えると先祖たちに誓われた国に、わたしははいることができました』。　26:4そのとき祭司はあなたの手からそのかごを受け取ってあなたの神、主の祭壇の前に置かなければならない。
──（以下　申命記第26章11節まで続く）──（口語訳旧約聖書）

「地のすべての実の初物」と表現された初物としての、梅や紅の花や柳を籠にいれて主にささげるための舞踊に思えます。柳宗悦氏が琉球に来島した頃の時代、紅型衣裳を彼等はあまり目にしたことがなかったらしい。何かのイベント用に急遽琉球王族からその紅型衣裳を拝借して映像を撮ったと伝わります。
琉球王族の秘伝はその時代まで、まったく門外不出であったそうです。
現在多くの方が紅型衣裳で舞うご時世になりましたけれども、この話題を理解してもらえる方もほとんど居ない。多分グラハム・ハンコック氏以外は。という古代妄想に迷走中の昨今でございます。

### 大洪水から助かった琉球民族かもしれないヨナ書とヨナ国

ヨナ書第3章　3:5そこでニネベの人々は神を信じ、断食をふれ、大きい者から小さい者まで荒布を着た。　3:6このうわさがニネベの王に達すると、彼はその王座から立ち上がり、朝服を脱ぎ、荒布をまとい、灰の中に座した。　3:7また王とその大臣の布告をもって、ニネベ中にふれさせて言った、「人も獣も牛も羊もみな、何をも味わってはならない。物を食い、水を飲んではならない。　3:8人も獣も荒布をまとい、ひたすら神に呼ばわり、おのおのその悪い道およびその手にある強暴を離れよ。　3:9あるいは神はみ心をかえ、その激しい怒りをやめて、われわれを滅ぼされないかもしれない。だれがそれを知るだろう」。
（口語訳旧約聖書）

### 柳緑花紅

物事が人の手を加えず自然のままに、ありのままのたとえで、柳は緑色で青々と、花は紅色に美しく、種々様々に異なる現世は、それぞれに自然の理が加味されているとされます。

## 柳緑花紅真面目

宋代を代表する書家・詩人の蘇東坡の詩の一説です。この詩は、『東坡禅喜集』（蘇東坡の禅に関する詩文と逸話、および仏印禅師との問答を収録したもの。徐長孺（益孫）の編）にあります。蘇軾は蘇東坡と同一人物でありまして、中国北宋代の政治家、詩人、書家。東坡居士と号したので、蘇東坂とも呼ばれる。唐宋八大家の一人蘇洵の長子、弟の蘇轍とともにそれぞれ大蘇小蘇とも称されます。宋の四大家と称され書家としても著名で、米芾・黄庭堅・蔡襄とともに名を馳せます。[※3]

## 蘇東坂の「江城子」

沈園　其の一
城上斜陽畫角哀　城上の斜陽　画角　哀し
沈園非復舊池臺　沈園　復た旧池台に非ず
傷心橋下春波緑　傷心　橋下　春波緑なり
曾是驚鴻照影來　曾て是れ　驚鴻の影を照し來たる

夕陽に照らされた城壁は、画角（つのぶえ）の音が哀しげ。この沈園には池や楼閣はもうありません。心は傷心し眺めれば橋の下には春の水が緑に輝いています。この水面はかつて彼女を映していました。驚鴻は飛び立つ鳳凰、美人の喩え

沈園　其の二
夢斷香消四十年　夢は斷え香は消えて四十年
沈園柳老不吹綿　沈園　柳老いて綿を吹かず
此身行作稽山土　此の身は行くゆく稽山の土と作らんとも
猶弔遺蹤一泫然　猶ほ遺蹤を弔ひて一たび泫然たり

四十年もすぎ、夢断ち香り消え、柳の樹も衰えましたゆえ、綿も吹きません。稽山の土となる身ではあるが、思い出の場所を訪れると涙が落ちます。[※4]

この二種の漢詩の中に夕陽に照らされた城壁があります。近年の歌で、「黄金のイスラエル」という美しい歌があります。オフラ・ハザという方が歌っているのですが、なぜか蘇軾の漢詩「沈園　其の一」とイメージが重なる不思議があります。青々とした柳も年老いてくるという喩えは、物悲しい限りです。

## 蘇東坂「前赤壁賦」

元豊5年（1082）、黄州に流されてから3年目の秋、7月の16日に、蘇軾は同郷蜀

## 長寿の話

の道士楊世昌とともに、長江に船を浮かべて、赤壁に遊んだ。酒を取って客に進め、明月の詩を誦し、窈窕の章を歌った。月が東山の上に出て、長江の流れが白露のように光り、その光が天に接している。船は葦のように流れに任せ、はるばると広がる水面をわたっていく。譬えれば無限の空間を風に乗ってさまよい、飄飄と飛翔してそのまま羽化して仙人になった心地です。

長江で船を浮かべお酒をのんで、いつか羽化して仙人になっておどりだす。蘇子曰く、月と水の関係について。水は月をたたえ流れつづけ、月は水に浮かび満ち欠けする。消え去ることも大きくなることもない。天地は一瞬たりとも止まらず、不動の姿勢から宇宙を見れば物に尽きることはないのだから、恨むこともない。そのように蘇軾宣わく。※5

**琉球古典音楽「柳節」の歌詞　囃子言葉**

柳は緑
花は紅
人はただ情け
囃子　ユリティク　ユリティク　エイヤー　サー　ヨンナー　この囃子言葉に関してはあまり言及されておりません。山内盛彬氏の研究におけるヘブライ文化と琉球から鑑みますと古代ヘブライ語のような気も致します。
聞得大君の御新下りでの神への祈りは、ユダヤ教シナゴーグで行われるレビ人との交唱によく似ていたと伝わります。

**琉球古典音楽柳節に残る囃子詞再考**

飛び立ちゅる　ハビル　　　飛び立とうとしている　ヘブル人
まじゅ　まてぃ　ちりら　　まずお待ちください。一緒に連れ立ちましょう。
すり　花のもと　　　　　　花のもとを、
我は知らん　あむぬ　　　　わたしは、しらないので。
柳　は　緑　　ヒヤ　ヨンナ
ヨンナ　エイヤー　エイヤー　エイヤー　エイヤー　エイヤー　ヨンナ
花　は　紅　　ヒヤ　ヨンナ
ヨンナ　ユリティク　ユリティク　ユリティク　ユリティク　ユリティク　ヨンン　サーヨンナ　ユリティク
人　は　ただ　情け
梅　は　におい　ヒヤ　ヨンナ
ヨンナ　花の　花の　色々見れば　くりないじゅらさぬ　ヨンナ　サーヨンナ

※ハビル＝蝶（ヘブル人）　ヨンナ（ヨナ）　ユリティク（来てください）
柳の葉は民をあらわし、人は情けで生きる道を示し、匂う梅の花のような乙女と子孫を残す。神を賛美する　エイヤー　ヨナ
※舞踊は墓前、屋敷の邪気払い、又目出たい時、場の清めなどに舞われます。
柳の舞踊は花籠を持って踊ります。申命記26章1節〜19節を視覚的、聴覚的にまさに申しのべていると考えます。

## 「はべる」と中城ハンタメー節

柳節の「出ふぁ」、ちらしの曲としましての中城ハンタメー節の歌詞においては「飛びたちゅる　はべる　まじゅ　まてぃ　ちりら」と歌われます。その「はべる」という琉球語は、日本語の蝶のことです。「はべる」または、「はびる」は『ユダヤ人の歴史・上巻』（ポール・ジョンソン著）28頁にハベルという特定のグループがいたことが書かれております。それはメソポタミアの粘土版や碑文、後期青銅器時代のエジプトの文献にも「ハベル」として書かれているそうです。「ハベル」は『ユダヤ人の歴史』などに書かれたヘブル人のことを指しているのかも知れません。「ハベル」、「ヘブル」につきましては多くの思うことがあります。

柳は、蘭領王でも登場します。
琉球古典舞踊の「柳節」は、南京玉すだれの形につくった柳の枝を展開する舞踊があります。アラン族が柳の枝で占うのと関連性があるかもしれません。

### 蘭陵王に書かれた「柳」

蘭陵王
「蘭陵王がこの世を失って後百八十年経た時、安禄山の乱が唐の玄宗皇帝の治世に起こる。玄宗皇帝が長安の都を脱出したおり、皇帝の息女万春公主は本隊と逸れる。公主は虎や熊の出没する山中で武装した者達に囲まれた。その時突然白馬が天から舞い降りてきて、それに乗った若い夫人が手を振った。十本の柳の枝が鏢刀の如く飛んで十人の匪賊の眼に正確に突き刺さった。匪賊は恐怖と敗北の叫びをあげ逃げ去った。白馬の夫人の姓は徐、一年に一度だけ下界におりて、困った人を助けるのが修行の一つとされる。仙姑はそう語り白馬に乗って天へ駆け上がった。空中で白馬は白雲に変じ、やがて姿は見えなくなった。瑯環瑣記中に見える話である。」

# 長寿の話

柳も昔と同じ、楊貴妃だけがいない
## 玄宗皇帝と柳
霓 裳羽衣のおだやかな曲は玄宗皇帝が作った曲といわれます。宴のさなか、天子の居城は戦乱の煙と塵が生じ長安を脱出し南西の成都へ南下します。

帰来池苑皆依旧
太液芙蓉未央柳
安禄山の乱が起き都落ちした玄宗皇帝が楊貴妃亡き後、天下の情勢が一変し、天子は長安に戻っていかれる。もとの地に再び帰ってみると、池の芙蓉や柳も昔と同じでありました。楊貴妃だけがいないのです。夜も眠れない玄宗皇帝は、方士（道士は方術をよくします。）へ天へのぼったり、黄泉の国へ行ったりして、楊貴妃を探させます。

## 海上に仙山有り
海上に仙女の住む山があると道士は、玄宗皇帝へ伝えます。
七月七日　長生殿において楊貴妃と玄宗皇帝の二人が交わした、夜半の私語としての約束の言葉。
在天願作比翼鳥
在地願為連理枝
天に在りては願はくは比翼の鳥となり
地に在りては願はくは連理の枝と為らんと。
ただ思い出の品を送ることで深い気持ちを表そうと、螺鈿の小箱と金の簪を使者に託しました。簪は二つに折ってその一方を、箱は蓋と身に分けて、その一方を手元に留めます。
簪は黄金を裂かれ、小箱は螺鈿を分かたれましたが、二人の心が金や螺鈿のように堅いものならば、再び会うことができるのでしょう。
別れ際に、丁寧に、重ねて伝言を託します。
その言葉の中にある誓いは、二人の心のみが知るものであります。

## 楊貴妃の簪
花鈿委地無人収
翠翹金雀玉掻頭
螺鈿づくりの花の簪は地に捨てられて拾う者も無く、かわせみの羽をかたどった髪飾りと孔雀の形をかたどった金の髪飾りも、その場に捨てられました。

※翠翹・かわせみの羽をかたどった髪飾り
※金雀・孔雀の形をかたどった金の髪飾り
※玉掻頭・玉の簪
この中国唐代の詩人白居易（＝白楽天、772～846年）の長編叙事詩「長恨歌」では、池の芙蓉や柳も昔と同じと、柳の木が登場します。楊貴妃を失った玄宗皇帝の悲しい心と柳が夢のなかで、架け橋となり表現されます。

敷名園の柳

おしどりが表現された玄宗皇帝のお話は、琉球古典音楽「天川」がよく思い出されます。

**琉球古典舞踊「天川節」**
あまかわ ぬ いち に あしぶ うしどぅり アヌ ンジョヨ
ゆすや シュラ たげに しらん
ハイヤ シュラ シュラシ あまかわよ ヒヰヤ テン トゥ テン トゥ
うむいば ぬ 契り ゆすや 知らん
訳：天川の池に遊ぶ 鴛鴦の 思い羽の契り 他所や知らん

**仲順節**
わかりてぃん たげに ぐいん あてぃ からや
クリンディ うみ さとぅよ
いとぅ に ぬく はなぬ ちりてぃ ぬちゅみ
ウリンディ うみさとぅよ
訳：別れても互いに 御縁あてからや 糸に貫く花の 散りてぬきゅめ

## 長寿の話

**鳳凰木でさえずる小鳥**

久米三十六姓の町には新しく再建された孔子廟があります。その横には広い公園があり、日本国に併合される以前、琉球王国であった頃は国有地でした。
その公園では近隣の子供達が遊び、樹には小鳥がさえずります。
鳳凰木という鳳凰のような花を咲かせる樹の枝に、ある日、小鳥が長いことさえずっていました。何か、天空からのお知らせでも語っているように、懸命にさえずる小鳥の声に聞き惚れている内に、あることを思い出しました。それは二十代の頃、関東で首里の王様であった方の末裔という人に偶然お会いして、少々お話を致しました時のことです。
その内容は、「連理の枝」「比翼の鳥」のお話でした。この内容には、玄宗皇帝が柳の下で、楊貴妃を偲ぶ場面がイメージの中にあります。その悲劇の中に柳が登場します。小鳥の声に促され、そそくさと白居易の漢詩にある長編叙事詩「長恨歌」を見てみました。
楊貴妃は螺鈿の簪を挿していて、最期の時その簪は落ちたけれど、誰も拾う人がいないと漢詩は書かれます。
かつての国有地が公園に造成される以前、土に埋もれ泥をかぶったままの螺鈿の断片を見つけました。小鳥は、その場所でさえずっておりました。その螺鈿の断片を拾い、つぶやいたものです。「随分苦労したのでしょうね」と、部屋へ持ち帰り大切にしておりました。もしかしたら楊貴妃の簪を作った螺鈿かも知れません。

**古代ヘブル語の復活　沖縄芸大教授　ディビット・R・レーガン博士**

「終末時代の奇跡としてヘブル語が再び使われるようになりました。終わりの日にユダヤ人たちが再び「地の四隅から集められる」
イザヤ書 11：10 その日、エッサイの根が立って、もろもろの民の旗となり、もろもろの国びとはこれに尋ね求め、その置かれる所に栄光がある。11：12 主は国々のために旗をあげて、イスラエルの追いやられた者を集め、ユダの散らされた者を地の四方から集められる。

**ユダヤ人たちによる国家の再建**

イザヤ書 66：7 シオンは産みの苦しみをなす前に産み、その苦しみの来ない前に男子を産んだ。

## 国家の再建と土地の回復

イザヤ書 35：1 荒野と、かわいた地とは楽しみ、さばくは喜びて花咲き、さふらんのように、35：2 さかんに花咲き、かつ喜び楽しみ、かつ歌う。これにレバノンの栄えが与えられ、カルメルおよびシャロンの麗しさが与えられる。彼らは主の栄光を見、われわれの神の麗しさを見る。35：3 あなたがたは弱った手を強くし、よろめくひざを健やかにせよ。35：4 心おののく者に言え、「強くあれ、恐れてはならない。見よ、あなたがたの神は報復をもって臨み、神の報いをもってこられる。神は来て、あなたがたを救われる」と。

## 終末時代の奇跡としてヘブル語が再び使われるようになりました。

ゼパニヤ書 3：9 その時わたしはもろもろの民に清きくちびるを与え、すべて彼らに主の名を呼ばせ、心を一つにして主に仕えさせる。（口語訳旧約聖書）

## 古代ヘブル語の復活20世紀

多くの人々は紀元70年にユダヤ人が散らされた時からヘブル語を話さなくなったという事実を知りません。ヨーロッパに定着したユダヤ人たちはドイツ語とヘブル語を合わせた新造語イディッシュ語を話すようになったのです。地中海沿岸に移住したユダヤ人はヘブル語とスペイン語の混成語であるラディノ語を作りあげました。」[※7] ディビット・R・レーガン博士　2011.9.15より

---

※1 ウィキペディア
※2 ウェブサイト https://kotobank.jp/word/《中国の科学と文明》-1366882
※3 ウェブサイト「漢詩と中国文化」より
※4 ウェブサイト「漢詞世界」
※5 ウェブサイト「漢詩と中国文化」より
※6 『蘭陵王』田中芳樹著 文春文庫
※7 ディビット・R・レーガン博士著「沖縄教会情報」2011.9.15発行

長寿の話

## じゅーりくゎん（竹里館）
道教とヘブライ文化がリンクした時代の漢詩にある竹里館

**「竹里館」**
「竹里館」のことを台湾では「じゅーりくゎん」と発音するそうです。これは「じゅり」と琉球で発音される、いわゆるいにしえの辻にあった「じゅり」のこととも思います。奄美では料理のことを「じゅーり」と発音します。台湾での「竹里館(じゅーりくゎん)」は御茶屋さんの事らしい。その「竹里館(じゅーりくゎん)」を題材にした中国古代の人王維の漢詩があります。

**道教の長寿的健康法としての長嘯**
竹里館の漢詩のなかに長嘯という言葉があります。「竹藪の中で一人琴を弾き、長嘯を歌う。側にはお酒がありやがて月が昇ってくる。こんな楽しみを他の人は知らない。」という意味合いの漢詩です。その長嘯は、息を長くはきながら歌う健康法の意味がありました。これはまさに琉球古典音楽「作田節(ちくてん)」他における歌唱法です。
「作田節(ちくてん)」は「穂花咲ち　じりてぃ(ふばな)」の出だしから、とても長い息つぎで歌います。作田節の曲を繰り返し練習を重ねるうちに、風にたゆたう黄金の稲穂の風景が脳裏に浮かびます。音から観る絵のようでもあり、稲穂が豊かに実を結ぶ祈りの歌にも聞こえます。稲に歌って聞かせるのです。そこに長い息つぎで歌う作田節の歌唱法が託されておりました。これは道教における長寿の健康法の内にある「呼吸法」であると思われます。

**古代ヘブライ語ツォンはシオンのこと**
作田節の合間の囃子言葉としての「ツォン　ツォン」の発音は、「チョン」ではなく「ツォン」。それもチに聞こえるようなツという難しい発音で、大変厳しく指導を受けました。「ツォン」の発音にこれまでこだわって継承されてきた「作田節」の囃子言葉であります。その「ツォン」はヘブライ語そのものでありまして、日本的な発音の意味合いとしては、シオンにあたります。琉球民族音楽には、意味が忘れられた囃子言葉が、いろいろありますが、古代ヘブライ語をあてはめてみると意味が解けるものが多くあるように思います。中国の東京開封府(とうけいかいふぉんふ)にはユダヤ人のシナゴークがあったそうで、また客家(はっか)は古代ユダヤ人ともいわれています。

## 山内盛彬著作集

『ヘブライ文化と琉球』
山内盛彬著
1977年ブラジルにて草稿で描かれた内容

ヤーラーは双方同音同義。ヘブライのヤーラー進軍歌が琉球のヤーラークェーナとして残っていることを述べたい。

ヘブライのyardという語は、英語のshuotにあたり、進撃を意味とし、琉球のヤーラーという語も力の充ち満ちた進撃を意味する。それが図らずもやら(屋良)の村名と一致したのは珍しい。先づ川守田氏が探し出した岩手民謡を紹介すると『ナギャド、ヤーラーヨー、ナギャド、ナザレ、タジィヤ、サーイェ、ナギャツ、イウドゥ、ヤーラーヨー』ナギャド、ヤーラーヨーはエホバよ前方へ進み給えであり、その大意は『ユダ族から起こったダビデ王は、イスラヘルのナギャド(主君)となり位を子のソロモン(ユディヤ)に讃えて、仇的サーイェを掃討せん』という進軍歌である。

ヤーラーヨーの進軍歌が琉球のヤーラークェーナに似通う。ヤーラークェーナの大意は

屋良村のウフヤクフー(大親雲上)が屋良の浜崎で、金銀を喰わえた鳥を生け捕りにして王王其の他に献上する。おそらくそれは聖書の「精霊は鳩の如くに降りれり」とか、金も我が物、銀も我が物という趣旨を、布教の平和攻勢のためのヤーラークェーナーにかこつけて、こういう歌にしたのではあるまいか。
さらに同曲の前奏に、アーレーターという祈り詞は、ヘブライのアーメイという祈詞と符合する。

地名、人名にも双方の似た点がある。

| 琉球語 | ヤブ | ヤカブ | イジュ | ヰダ | モーシー | ユシヤ |
|---|---|---|---|---|---|---|
| ヘブライ語 | ヤーベ | ヤコブ | イスラエル | ユダ | モーセ | ヨシュヤ |

## 囃子形で遺る

口承文芸の常として、耳遠くなった語を変わった意味の新語にすげ替えたり、或はよみあやまったり、又内容までもその土地の事柄に取り替えられる場合がよくある。それにしても本来の様相は、囃子の形になって面影を残す場合がある。ヤーラークェーナ、ヤラジクェーナは二千年も昔のヘブライ人が布教の目的で琉球にも来た時に、進軍歌や交唱が、ヤーラークェーナ、ヤラシークェーナとして残っているのではなかろうか。古謡や三絃糸の囃子の中には、意味の

# 長寿の話

通じない語句が多いが、それを調べてみると、語源はヘブライ語に発しているかもしれぬ。

例えば琉歌のハヤシのヨーンナーは、日本のヨンノから来てるとされているが、更に遡ると、エホバを讃えた詞であったり、更にヒヤールガー、スヤースヤーもヘブライ語の勝ち誇った凱歌の高唱語かも知れない。

## ヘブライの交唱と琉球のヤラシー（民族古謡）

交唱とは歌合戦のことであり、ヤラシーとは、気負い立った競技を意味する。之は人類の文化の向上を促すものである。文化の在する所どこでもあったが、その中の有名な交唱の対となるものを述べよう。

モーセの男性とミリヤムの女軍との大交唱＝歴史文化の中で、最も優秀文化を誇ったのは、バビロン文化であった。然しバビロンの文化も、ダビデ王の子のソロモン王に至って、最高の文化を築いたが、ソロモン王の後は降り坂となり、その王も南朝のヤダヤと北朝のイスラエルに分断され、そしてその民も世界の各地に散らされた。その内イスラエルの民がエジプトに連れ去られてエジプトの奴隷となったことは有名な話である。それを発奮したモーセが、奴隷となったイスラエルの民を奴隷の境遇から救わんとして、その民を率いで帰還途次、女隊を引き連れたミリヤムにヤーベの讃歌を唄って出迎えを受けた。そこでモーセの男勢とミリヤムの女軍の間に一大交唱が展開された。両者とも敗残の色はなく、勝ち誇った凱旋の気風が漂っていた。

参考　バビロニア地方の朗唱歌　採譜イーデルゾーン

註　この曲はバビロニア地方のヘブライ的朗唱旋律である。ヤーベの交唱もこんなメロディで唄われたであろう。（山内文献より）

### 福禄寿
聖王の徳を布き、恵みを施すは、其の報いを百姓に求めるに非ず。郊望禘嘗するは、福を鬼神に求むるに非ず。山は其の高きを致して雲雨起り、水は其の深きを致して蛟竜生じ、君子は其の道を致して福禄帰す。夫れ陰徳有る者は、必ず陽報有り、隠行有る者は、必ず昭名有り。
人間訓18巻解釈抜粋（『淮南子』楠山春樹著）

民謡に歌われる福禄寿
### 琉球古典音楽「かたみ節」
さても　めでたや　この御代の　さあ　祝いぬ　かぎり　ねさみ
（囃子）あしび　たぬしむエすり　わんやかたみくぃら　ちとぅしまでぃん
一番願わば福禄寿　すぬふか無蔵とぅ連りてぃ

### 福禄寿 長寿の福神
聖王を戴いた御代は祝い事の限りなく福禄寿、長寿の福神の恩恵にあずかる。

### 太陽の子英祖
琉球王国の正史とされます『中山世監』では、英祖王は「太陽子思想（国王を日神の末裔とする思想。太陽の光を浴びて受胎した女性から子供が産まれたとされる『日光感精説話』に基づきます）」がありまして英祖は太陽の子、てだことよばれます。

中城御殿の思い出　真栄平房敬氏のお話
### 首里城の御内原
「首里の御内原の御寝廟御殿は屋敷で、最も大きな建物で、高い敷居の方は御簾がかけられ、中城御殿の夜は朱塗りのぼんぼり型のローソク立てを使います。四間おきに連ねてぼんぼりは立てられ、そのほんのりととぼされている様子は、まさに平安貴族の夜のお部屋を思わせるものがあります。
ぼんぼりが、ほんのりと光る中で、御彼岸祭等を琉球の美しい宮廷装束で執り行う時、貴婦人方の優雅な立ち居振る舞いはまさに平安朝の雅な世界を彷彿させるものがありました。
御内原の建材はすべて木目の美しい節のない良材が使われ、つやのある太い柱や、お部屋を仕切る杉戸が目立ち、天上も高く、庶民の家に見られないものがありました。

## 長寿の話

御内原の御玄関には、腰板の無い太ふちの四枚開きの大きな障子が左右に開かれ、奥に祠衣下裳（どぅじんかかん）の白装束の女官（あむしられ）が、正座して静かに芭蕉糸を紡いでいる姿が見られました。」
これは、昭和二、三年頃筆者「真栄平房敬」氏の見た光景であります。
中城御殿の思い出と復元促進に向けて（寄稿文）『蘇る首里城』より

# シュメール文明とスメラ族

# 宇宙の法則・古代琉球編

**1万8500年前の天孫族**

沈み行く東の大東島から逃れてきた人達が、沖縄島南部のヤハラツカサの海岸へ上陸をしたとの伝承があります。この地は湧水が豊富であり泉は受水走水(ウキンジュハインジュ)と呼ばれ、1万8500年前に東の大東島から逃れてきた人達、天孫族が上陸した頃、サンゴ礁の端数キロ先まで草原地帯が広がっていたと考えらます。この場所はストーンサークルが造られた跡が残されており、このストーンサークルを中心に数キロ先に当時の太陽の位置を決めるためにメンヒル（岩）が立てられていました。現在でも干潮になるとメンヒルを確かめることができます。

この湧水が豊富な地には稲が植えられ、稲作は数十年前までは盛んでした。ニライカナイから久高島に五穀の種子の入った小さな瓶が流れついてきて、シラチャネ（米）が一つ不足であったのでアマミキヨが天に祈り、鷲をニライカナイに遣わしてこれを求めさせました。鷲は三百日目に三つの穂を口にくわえて帰ってきたので、これを受水走水(ウキンジュハインジュ)に蒔きました。その田は三穂田とよばれています。

アマミキヨのアマは海のことでキヨは人のことです。沖縄の発音は三母音アイウであり、キヨはチュに変わり、アマミキヨはアマンチュとなり直訳すると海人となります。この伝説は久高島を発祥地とし、ニライカナイは北東から南東方角だと分かります。言い伝えでは大東島と指摘されています。佐敷町津波古には白髪の巨人の神さまが稲作を伝えたとの伝説があり、そこの地名は苗代と呼ばれ、初代国王尚思紹は苗代大親といわれ佐敷の出身でありました。琉球民俗芸能に伝わる巨人伝説　天人（アマンチュー）では、福人の大主は天人に五穀の種子を賜り、長者の位を授けられ子孫繁栄を祈ります。

天孫族は沈みゆく大東島から太古の昔に、大陸から離れつつある当時の沖縄島へ避難したと伝わります。沖縄が大陸とつながっていた頃、高地に住み狩猟や自然採集をする港川人と、低地に住み高度な文明を発展させた巨人であり赤色人種の二つの異なった人種が共存。地球的規模の大異変が起こり二つの異なった人種は各地に散らされました。天孫族は鬼のように角が生え、赤い肌をした巨人であったとの言い伝えがありあす。戦前の玉城城跡の馬場には天孫族の墓があり巨人の骨が多くあったと伝わります。[※1]

# 長寿の話

### 古代琉球編　沈んだ大陸・まぼろしの大東世
天帝氏世代とは遥か、幾万年もの昔に太平洋上にあった大東世(うふあがりゆ)の時代をさします。地殻変動により大琉球国沈下、それにともなう世界への人の移動が潜在意識のなかに秘められていました。

### レビ族の祭祀
特権階級の祭祀族であるレビ族はイスラエル12支族には含まれていない。伊平屋島、伊是名島での琉球王族の祭祀はレビ族の祭祀と思われます。太古東をめざしたイザヤ軍団は沖縄の島々に古代イスラエルの口伝を伝承したのでしょうか。世界中の五色人の話も伝わり、年月を経ても人心は真実を見る目を失わなかった。世界戦争が勃発し太古の世界文明は滅びても一粒の種として沖縄に古代の心の種が残されました。

レビ的祭祀

コラム
日本に起こる文明再び。イスラエルからの長い旅のなかバビロン捕囚時代の記憶のもとに黄帝により聖書的な文献が漢字で残された。「黄帝はバビロンより来たり ラクーペリ『中国文明西来説』及び東アジアへの伝播」　参考『旧約聖書は漢字で書かれていた』

### 歌に残された古代の心の種
琉球語のチムグクル（肝心）とは、たま（魂）の事であり心の中にある。一般にチムグクルと言えば良い心の持ち方を言う。古代から琉球人は、わかりやすくやさしい童歌や民謡のメロディに意味を乗せ、親が子へ人の心の在り方を伝え諭しました。童歌「てぃんさぐ ぬ 花」に歌われている「てぃん ぬ ムリブシ」はシュメールの語ムルムルのようです。太古の時代、航海時は夜空の北極星をめあてに船の航行をしました。ムリブシとは群星のことであります。

### わらべ歌「てぃんさぐ　ぬ　花」：歌詞（1）
てぃん　の　むりぶし　や　ゆみば　ゆまりしが

(天の群星は　口にだして読む、数えることはできるが)
親ぬ　ゆしぐとぅ（寄言）　や　ゆみ（読）や　ならん
(親の教え諭すことは限りなく数えることはできない。)
モーセの十戒の中の一つ、親をうやまえの心を歌で教えるのであります。

### 琉球いろは歌をとおした　心のたま

「琉球・沖縄が生きて行く道の中心となる柱は、チムグクルであり心を磨いて内外と交渉できるワザを身につけて、自分を確立するように！」との名護親方からの強いメッセージをどう受けとめるか？　それは我々の心の奥底にある選択にかかっていると言えましょう。「君は何を選ぶか？」
琉球いろは歌にある心の（たま）魂、チムグクル（肝心）。島々の神々とご先祖たちが伝えて来た魂の言葉を心に刻む歌。※2

### わらべ歌「てぃんさぐ　ぬ　花」：歌詞（2）

夜はらす　ふね　や　ね（子）の　ふぁ星　みあて
（夜走らす船は北極星を目当てにする。）
わん（我）な（産）ちぇる　うや（親）や　わん（我）どぅ　み（目）あてぃ
（我を産んだ親は、我を目当てにする。）

ここに歌われる「夜走らす船」とはタルシシ船も含まれているのではないかと考えられます。タルシシ船は乳香や孔雀を運んだといわれ、琉球は大航海時代に乳香や孔雀が交易の品目に存在します。龍涎香も琉球の浜辺では手にはいったと伝わります。うずらみの沈香といわれ、優雅な沈香を題材にした舞踊も存在します。このインセンスロードはイエメンで乳香を焚きコミニュケーションする人々との姿が、古代琉球人と幻が被さなります。「おせんみこちゃ」はアラブ人が香を焚く雰囲気と似ているのであります。

### 刀が守り神、神と刀

イエメンは小刀を大切にする。中東の風習は琉球にもあり、琉球の刀である千代金丸は戦いの刀ではなく、神の儀式用であったと研究されます。「夜走らす船」の歌の中にはタルシシ船やアラブ、イエメンの香りも添えられています。

宝刀千代金丸

## 長寿の話

### 旧約聖書に出て来るタルシシ船

列王紀上第10章　10:21ソロモン王が飲むときに用いた器は皆金であった。またレバノンの森の家の器も皆純金であって、銀のものはなかった。銀はソロモンの世には顧みられなかった。 10:22これは王が海にタルシシの船隊を所有して、ヒラムの船隊と一緒に航海させ、タルシシの船隊に三年に一度、金、銀、象牙、さる、くじゃくを載せてこさせたからである。（口語訳旧約聖書）

組踊の舞台で使用される豪族が用いた盃は銀でありました。いにしえの琉球豪族ははエジプトの蓮の形をした銀の盃と似た盃を使用しました。死海文書におけるアークと琉球の龕は形が似ているのも、文明の伝播を思わせます。

### エジプトの蓮の花の盃　同じかたちの琉球豪族の盃は銀細工

琉球豪族の盃

琉球の龕　　　エジプトの櫃　1922年ツタンカーメン王墓の前室で発見された。契約の箱の説明と似ていると云われます。[※3]

※1 文明の遺産より
※2 上間信久氏論文「琉球いろは歌」より
※3 『死海文書の謎を解く』ロバート・フェザー著より

### ヨルダンの地上絵

エジオン・ゲベルでタルシシ船は造られたとされます。エジオン・ゲベルはヨルダン領のアカバ、イスラエル領のエラート（エラテ）の近くにあったとされ、近年ヨルダンから地上絵が発見されました。地上絵の用途は狩りであったそうです。長距離から獲物を馬で追い、シロという冊のある場所へ獲物を追い込みます。この冊のあるシロは日本のシロ「城」の語源だと思われます。タルシシ船の航海はアカバ湾からヨルダン、紅海、インド・モヘンジョダロなどを経由しながらスンダランド、東アジアに入りレキオとよばれる琉球と交易し、乳香や孔雀その他の交易を行っていたことと考えられます。ハベルとヒブルの発音はヘブル、ヘブライであり、沖縄のハベルは蝶であります。「東へ向かい飛び立つハベル」と琉球で歌われるハベルは、イザヤ書にある東から来た人ではなかったでしょうか。モヘンジョダロから古代船を復元して日本へ向かった岩田明氏は久米島沖で遭難しましたが潮の流れが証明されました。

民は、このことを、長いこと忘れていたのではなかったかと思われます。

### エチオピアキリスト教のイエスの祈り

太鼓を叩き朝まで歌い続けるエチオピアキリスト教におけるイエスのメロディは沖縄のウンジャミの旋律と大変似ていました。死海文書には、出エジプトをしない時代以前のファラシャというユダヤ人がいたことが書かれています。琉球にある聖書的なものは、出エジプト以前のファラシャ的であります。それはソロモン王の元へ来たシヴァの女王につながる、イエメンあるいはアラビア南部から辿り着いたユダヤ人に関連すると研究されています。アークもエチオピアを経由したのではなかったでしょうか。500年まえのスペインで迫害されマラーノと言われたユダヤ人の面影をやどしながら「アーク」、琉球語の箱の発音「ハーク」という言葉となり、琉球まで密かにクムランエッセネ派アクエンアテンの教えが伝承されたのかもしれない。

### 浜千鳥節を踊る衣裳の柄トーニ

琉球舞踊浜千鳥節を踊る衣裳にはトーニという箱形の模様が染められ豚の餌箱と表現されています。これはマラーノの要素を思い出させる「アーク」と「ハーク」の浜千鳥節です。曲想はユダヤ音楽ミカモカに似て物悲しい行進曲のようです。小さな琉球にしては大変長距離を旅したような距離感のある意味深いメロディです。その浜千鳥節は琉球王族や士族の男子はその衣裳を身につけ、

## 長寿の話

化粧をして踊るのが必須であったと伝わります。それは新羅の花郎(ファラン)につながるやも知れず、また日本の日本武尊の女装にも関連すると思われます。古代ヘロデ王が男子の赤子を亡き者にするという伝承から、男子は生まれたら「大きな女の子が生まれた」と表現する琉球由来にもつながります。イギリスの作家オスカー・ワイルドにおいても幼少時記念的に女装をしました。これは琉球王族の風習と同じであります。

オスカー・ワイルド

オスカー・ワイルド幼少時の女装

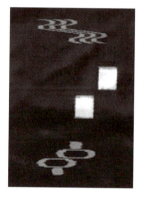

浜千鳥のトーニの柄

**考察スメラミコト**

秦氏は倭国に帰化し、中国では倭人を「呉の太伯の子孫」といい、周王家の姓を姫というとされます。周王家（姫氏）から分かれた国故に日本国は姫氏国といわれました。「太古の昔『天皇はスメラミコトと呼ばれ世界に君臨する王』だった」より。スメラ族はシュメール文明の勃興の一翼を担い琉球にも面影が散見します。

**ティルラとティルル太陽の照り輝くさま**
コラム
沖縄では太陽の照り輝くさまのことをティルラとか、ティルルといい、古代ローマでは太陽の火の車のことをティラとよんだ。スペインでは太陽のことを「テル」といい沖縄でも「照」をティルといい太陽的な意味がある。エジプト、ギリシャ、ローマ、スペインとは古代から沖縄は深いつながりがあった。

琉球は太平洋を介して古代マヤやインカあるいはアトランティス大陸、遠くは古代エジプトやシュメール（イラク）とも船などで文明の交流をはかっていたと思われます。沖縄の小禄（ウルク）はイラクのウルと発音が同じでした。ウルは旧約聖書にあるアブラハムが産まれた地であり、シュメール人の都市でもあります。琉球の粟国島は火の神アグニと同じ呼称です。イラク戦争開戦前、沖縄のあるミュージシャンは同胞を求めイラクでエイサーの祭りを行い祈りを捧げました。これは沖縄の先祖崇拝のしきたりからの発想であり、いにしえの同胞とのコンタクトであったのかも知れません。

※4 文明の遺産

### 長寿の話

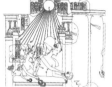

八重山の祭祀　　ネフェルトィティ（エジプト）　　八重山の祭

### 国王の戴冠式

古代琉球では、国王の戴冠式にはオリオン座の三つ星の下で大祭司が儀式をとりおこないました。グスクの配置状態も南の空にかかったオリオン座を北の空に移した時の姿を地上に写したものと考察します。戴冠式は、聞得大君の祈りのもと、太陽の霊を国王に授ける儀式です。※5

聞得大君

※5 文明の遺産

## 川に流された王子

舜天王統の三代目国王義本は、生まれた子を「自分の子ではない」と言い子供を近づかせなかったとされます。子供は空舟に乗せられて海へ流されました。貴人の子を葦舟に乗せて流す神話はオリエントやギリシャの神話にもあります。旧約聖書の預言者モーセもやはり葦の籠に入れられて流されたといいます。これらはすべて、太陽の子を太陽の舟に乗せて送迎する儀礼、また生まれた子を空舟に乗せて流すことによって生まれ変わる「新生」を得るという意味が込められていると思われます。

西暦1150年当時は、世界中が天候異変で大災害が発生し、旱魃や害虫などの異常発生で多くの生命が絶えた。義本王はマキに火がつけられ火あぶりの刑になるところでありました。すると突然一点の雲もない青空に黒い雲がわき、豪雨が降りだしました。大粒の雨に大祭司や臣下の者達はあわてました。炎は消え城前の競馬場のあたりは湖のように雨水であふれ出しました。大祭司の祈りのあとに国王の縄がほどかれ処刑は中止となり、義本王は馬場の水の中を泳ぎ渡り佐敷の馬天港から舟に乗り北へと目ざしたと伝わります。義本王は辺戸御嶽のふもとで隠居しました。辺戸では美女と名高いノロ（祝女）と恋におちいり、ひとり子をもうけました。子供は空舟に乗せられて海へ流されてしまいます。流された子は沖で漁をしていた漁師に救われ、伊是名島で漁師の子として育てられ、この子孫から第二尚氏王統の尚円王が誕生すると伝わります。

### 長寿の話

夏至の日に太陽の光が入る玉グスク東の門

**太陽の巻貝**
タマグスク御嶽の門は太陽の巻貝の形に形成されています。これはティダが穴（太陽の穴）ティダ　ヌ　スー（太陽の巣）と表現され女性の子宮と見なされた巻貝の穴に生命の源である太陽が帰り（西に沈む）、また生まれる（朝陽となって昇る）ことの太陽の通り道、太陽を産む貝と見なされています。メキシコのピラミッドの中にある海から運ばれたほら貝も、ティダ　ヌ　スー（太陽の巣）太陽を産む貝としてピラミッドの中におかれたのでしょう。

**テオティワカンの人々の世界観**
メキシコのピラミッドの西の正面に太陽が沈む。太陽の象徴と思われるボールと水がはられていた古代トンネルと海から運ばれたほら貝。大地に沈む太陽はトンネルの入り口から地下世界に入り冥界を通って蘇りピラミッドの頂上から再び姿を現す。トンネルとピラミッドは一体となって太陽再生の物語を語るための壮大な装置だったという仮説があります。（テオティワカン遺跡「謎の古代ピラミッド　発掘・メキシコ地下トンネル」ＮＨＫスペシャルより）

## ブロッサム号琉球訪問記

1827年に、沖縄を訪問したイギリスの海洋調査船ブロッサム号の艦長である、キャプテン・ビーチが著した『琉球訪問記』の中で、琉球の民族は天孫氏の治世第一世から1187年の舜天王の治世第一年の間の1万7802年以上の歴史の古さを誇りにしている、と述べています。

## 驚異の古代地図

コラム

聖書は、西暦前1513年から西暦98年までの1600年間ほどの歳月をかけて書かれた本といわれています。西暦前1473年に書かれたヨブ記26章7節に「彼は北の天を空間に張り、地を何もない所に掛けられる。」と簡潔に述べている。何もない空間に地球が浮かんでいることを示唆しているのであろうか。今から数千年ほど前にできたといわれる聖書にも、イザヤ書40章22節に「主は地球のはるか上に座して、地に住む者をいなごのように見られる。主は天を幕のようにひろげ、これを住むべき天幕のように張り、」と筆者のイザヤが述べている。このように聖書の中では、すでに地球が空間に浮かぶものとして描かれ、それにより未来の科学的発見を先取りしていたと考えられる。西暦1513年のピリ・レイスの地図は、南アメリカとアフリカの相対的経度は正確だという。当時の科学では、このように正確な経度を測定するのは不可能だというのだ。ピリ・レイスはこの地図は古代の地図を基礎にしていると述べている。西暦1339年に出版された『デュルチェルト航海案内書』はヨーロッパと北アフリカを対象にしているが、緯度は完璧に正しく、黒海と地中海の経度もほぼ正確であるという。ピリ・レイスが、古代の地図をコピーをした世界地図は緯度といい経度が驚くほど正確であり、現在の世界地図の経度と緯度とはほとんどといってもいいほど違いがなかったのだ。

## 地球の自転が24時間にわたって停止した歳差運動と失われたアーク

ヨシュア記　時がとまる

### 歳差運動と地軸の逆転

ヨシュア記第10章　10:12 主がアモリびとをイスラエルの人々にわたされた日に、ヨシュアはイスラエルの人々の前で主にむかって言った、「日よ、ギベオンの上にとどまれ、月よ、アヤロンの谷にやすらえ」。10:13 民がその敵を撃ち破るまで、日はとどまり、月は動かなかった。これはヤシャルの書にしるされているではないか。日が天の中空にとどまって、急いで没しなかったこと、おおよそ一日であった。（口語訳旧約聖書）

# 長寿の話

「時が戻る・ヒゼキヤ」日時計の十度は、ちょうど40分

列王紀下第20章　20:10ヒゼキヤは答えた、「日影が十度進むことはたやすい事です。むしろ日影を十度退かせてください」。 20:11そこで預言者イザヤが主に呼ばわると、アハズの日時計の上に進んだ日影を、十度退かせられた。（口語訳旧約聖書）

## ヒゼキヤのもとからアークが失われる

南のユダ王国が、紀元前587年、新バビロニアのネブカドネツァル王（ネブカドネザル二世）に滅ぼされた際に、エルサレム神殿も破壊され、アークの行方はわからなくなったと記録されています。

列王紀下第25章　25:27ユダの王エホヤキンが捕え移されて後三十七年の十二月二十七日、すなわちバビロンの王エビルメロダクの治世の第一年に、王はユダの王エホヤキンを獄屋から出して 25:28ねんごろに彼を慰め、その位を彼と共にバビロンにいる王たちの位よりも高くした。 25:29こうしてエホヤキンはその獄屋の衣を脱ぎ、一生の間、常に王の前で食事した。 25:30彼は一生の間、たえず日々の分を王から賜わって、その食物とした。イザヤ書第39章　39:5 そこでイザヤはヒゼキヤに言った、「万軍の主の言葉を聞きなさい。39:6 見よ、すべてあなたの家にある物およびあなたの先祖たちが今日までに積みたくわえた物がバビロンに運び去られる日が来る。何も残るものはない、と主が言われます。39:7 また、あなたの身から出るあなたの子たちも連れ去られて、バビロンの王の宮殿において宦官となるでしょう」。（口語訳旧約聖書）

## 地球が1度移動する72年の歳差運動

聖数5とは、天体観測用の城(グスク)の36段の階段に10を掛けた360を5で割ると72年になる。これは歳差運動で地球が1度移動する年数です。

$36 \times 10 = 360$、$360 \div 5 = 72$　この72年に360度を掛けると2万5920年となり、これは地球が首振り運動（歳差運動）で12星座を1周するのに要する年数、すなわち2万6000年かかる年数です。[※7]

## 地軸の傾き

今から4000年前、彗星（金星）が楕円軌道を描きながら地球に接近し、その時の影響を受け地球は、公転軌道面に対し傾いたと考えられます。北極星を探しだし星座を再確認し太陽や月・星々の昇降を調べます。世界的規模で気候が変わり森林が砂漠に変わった天変地変が起きたと考察されます。[※8]

※6 ※7 ※8 文明の遺産

「宇天軸」

那覇市の末吉宮の界わいに岩柱の拝所がいくつかあって、丘の頂上には「宇天軸」という最高拝所があります。その周りに「黄金軸」、「中軸」、「長軸」の拝所が連なっています。その碑文には御神歌「子ぬ方（北極星）御座元に、黄金軸（地軸）立てて、寄して来ゆる産子（北極星の子供たち）、頭上に優て」と記されいます。吉宮の階段のそばにはアーチ型の石門があります。アーチは天空である宇宙をあらわしており、太陽や月や星々が円を描いて空を駆けめぐることを示唆しています。

アーチ型石門

**生命力そのものである「カー」**

泉や井戸、川原のことを琉球語で「カー」とか「カーラ」あるいは「ハー」と呼びます。「カーラ」のカーはハーともいい、ハ行の中の「ヒ」にも転化する。「ヒ」は日であり太陽の意味である。「ラー」は古代エジプト語のラーであり太陽でもあります。「カーラ」という言葉は太陽という語を二度くり返すことで、地下世界の太陽を強調します。湧水は地下世界（太陽の館）の太陽や魂からの恵のものと考えられており、「カー」や「カーラ」、「ハー」には魂の意味が込められているとされます。肉体は魂の抜け殻であり、魂は肉体を自由に出入りできると考えられており、脈搏があっても意識が鮮明ではない時を、魂が抜けたものと考え、地下世界の入口である洞窟の前に運び入魂の儀式をしました。古代エジプトにおいては、人間が死ぬということは魂が肉体から切り離されることだと考えていたようで、魂とは生命力そのものである「カー」や、カーが肉体に結びついたときに生まれる人間の精神のことであるとされています。霊的な魂の存在は古代沖縄と古代エジプトにおいて太古から深いつながりがあったと考えます。[※9]

**弁ケ嶽の卑弥呼**

首里の鳥堀町には南部で最も高い山、標高166メートルの「弁ケ嶽」があり、琉球語では「ビンガダキ」といいます。久高島では、不死鳥のことを「ビンぬスイ」ということから、弁ケ嶽の弁（ビン）は不死とか復活の義となります。首

## 長寿の話

里城の首里は、すい（添）とも発音されます。それに弁ケ嶽（ビン）が加わり「ビンぬスイ」となります。これは首里近郊が「不死鳥」「復活の里」ということを表現していると考察します。「弁ケ嶽」は首里城から東へ1キロほど離れたところにあり、お椀を二つ並べた形になっており、長さは150メートル以上もあります。東側は大嶽と呼ばれ乙姫王百津姫がまつられています。南側は小嶽といい、国王・天日子（てだこ）が眠っています。東側の大嶽、南側の小嶽古墳は最高の聖地であり、大祭司聞得大君や国王が聖地久高島や斎場御嶽などへ自由に行けなくなってからは、この「弁ケ嶽」をお通しして祈願しました。この瓢箪型の丘の高さは166メートル、東シナ海や太平洋を同時に目にすることができます。北は嘉津宇岳、恩納岳、石川岳、座喜味城、勝連城、中城城、西は座間味島、渡嘉敷島、渡名喜島、粟国島、南は玉城城、大里城、八重瀬城など360度の視界が目に入り、沖縄の全重要地域がカバーされています。

弁ケ嶽は卑弥呼が眠っていた墓ではないかと沖縄では考えられています。

乙姫王百津姫とは、乙姫王とされ国王を凌駕した大祭司百津姫のことをさし、「姫」の意味は「大君」という義でもあります。百津姫とは「聞得大君」ということにもなり、大嶽は小嶽よりも高く、面積も大きい。百津姫が亡くなると長さ150メートル以上もの巨大な塚が作られ、奴婢百人余が殉死させられたとも伝わります。古代沖縄では大祭司聞得大君、国王がお隠れになりましたら、二、三十人以上もの殉死者がともに葬られる風習が西暦1500年代まで残っていたとされます。御陵（墳墓）は、首里城から1キロ半ほど離れた瓢箪型の弁ケ嶽であります。

百津姫の百津（モモツ）は、琉球語では「ムムツ、ムムチ」と発音しますが、チトツはスとかシー、ソに再度転化します。宝貝のことを「ツィビ、チビ」といい、これが「スィビ、シィビ」にも変わります。人名や地名で「楚辺（ソベ）」は、琉球語で「スィビ」ともいう。百津姫「ムムツヒメ、ムムチヒメ、モモツヒメ」は、百襲姫（モモソヒメ）と同じではないかと考えます。宝貝の収穫地や集積地のほとんどは「楚辺」と地名がつけられ、この地名を琉球語でスィビといいます。

太陽の巻貝

## 国王は「太陽の息子」ゑそ（伊祖）のてだこ（太陽の子）

英祖王は「ゑそ（伊祖）のてだこ（太陽の子）」と呼ばれ母親が夢の中で太陽が懐の中に入る夢見て孕んだといわれます。「てだこ」とは太陽の子の事であります。宮古の伊良部島には三人兄弟の伝説があり、妹が厠に入っているとき、太陽の光がもれてきて、光線の先端の指が下腹部に入り、女は子を孕みます。兄たちは、処女であるはずの妹が孕んだことで怒り、妹を責め、死に追いやります。この伝承は旭の光線の先端が手になっていることであり、古代エジプトの壁画の中にも太陽から光線が幾本も出ている絵があります。太陽神から十八本もの光線が突き出ていて先端が手になっています。[※10]

房指輪

エジプトの太陽

久高島ノロの扇

## ベス（Bes）の部屋

エジプトにおいて子宝を望む人は、神々の生殖能力にあやかろうとベスの部屋を訪れたといわれます。サッカラの都にはベスの部屋があります。ベスは生殖能力をつかさどる神といわれ、赤ちゃんの守り神でもあるとされます。ベスは、古代エジプト神話の舞踊と戦闘の神ともいわれ、本来は羊と羊飼いの守護神とされていました。豹の毛皮（ベス）をつけ、大頭で短軀、舌を出した大口の異様な姿をもつとされます。また酒宴や婚礼をも司り、出産・病気から女性や子供を守るといわれます。ヌビア（スーダン）が起源とされ、古王国時代のエジプト南部にベスに関する記述が確認されていますが、信仰はさほど広まらなかったと伝わります。[※11]

※9 ※10 文明の遺産
※11 ウィキペディア「ベス」より

**長寿の話**

# 祈りの花

## なんじゃ（銀）花　黄金(くがに)花

**久高島から与路島へ遥拝するときの祈りの言葉**

おぼつや　黄金花　菩薩花咲かち　按司添(あじすい)に　御(み)やすら
かぐらや　なんじゃ（銀）花　菩薩花咲かち　大君に　御(み)やすら
と祈られる銀花、黄金花はシュリーヴィジャヤでは金の花として伝わります。

**サンスクリット語のシュリーヴィジャヤと金の花**

「マレーではブンガ・ウマス（金の花）と呼ばれます。マレーのスルタンが服属の印にタイのアユタヤ王朝などにおさめていたものです。」[※1] 琉球王朝時代は琉球国王が御正月の朝 拝御規式(ちょうはいおぎしき)の時に金の花をしつらえてお祈りをします。

琉球国王と正殿

コラム
「シュリーヴィジャヤはサンスクリット語であり、シュリ（Sri）は聖なる、光輝の意味（英語のshineに相当）で、ヴィジャヤ（vijaya）は勝利を表す。唐僧の義浄(ぎじょう)が、インドでの求法を目的に海路広州を出発。インド滞在後、帰国する695年までの間に、3度シュリーヴィジャヤ王国に寄り、パレンバンやクダを訪問した内容が、彼の著書『南海寄帰内法伝』などに記されています。シュリーヴィジャヤ王国は現在でもその起源、首都、王家、他国との関係など不明な部分が多くあります。これは535年、ジャワ島とスマトラ島の間に位置するスンダ海峡にある火山島クラカタウが大規模噴火を起こし、536年にかけて異常気象が続発したことが原因とされ、6世紀以前の重要な歴史資料が失われたと言われます。スマトラに興った海上国家は多くの謎と伝説を残し14世紀に消滅したそうです。」[※2]
なんだか「沈んだ大陸スンダランド」みたいです。スンダ・スリ・エーの謎の囃子は琉球に有ります。

※1『シュリヴィジャヤの謎』鈴木峻著
※2 ウェブサイト「世界史の目」より

# 君が代は神が代

## 契丹国の祭山儀と柴冊儀

**宇宙の森羅万象の神霊**
「祭山儀は冬至と夏至の祭り　対象神統は宇宙の森羅万象の神霊とされ、羊の骨を焼いて日をトし、自然の樹木を樹てこれを神霊の憑依するところとし、独特の次第によって皇帝が親祭する祭儀であった。中国王朝が国家最重の儀式としたのは、郊祀であり、それは冬至の日に国城の南郊で天を祀り（圜丘祀天）、夏至の日に北郊で地を祀る（方丘祭地）と定められ、国家政教の淵叢（えんそう）とされて天子のみの掌るところとされて、絶対に民の介入が許されなかった。

**柴冊儀は柴を燔して天を祀る民族的な儀式**
祭山儀と柴冊儀が最重要な儀式として亡国まで行われ続けていた。※1」

**玉ぐすく御嶽と柴差し**
祭山儀と同じ儀式は、儀式とも言えなくなるほどに風化してはいますが、玉ぐすく御嶽（あがりじょう）では、東門に夏至の日が入り、御嶽の中から太陽を崇めます。冬至の日は地から見上げる状態で東門に太陽がはいる。冬至の日は重要な日でありまして、冬至じゅーしー（おじや）を炊いて祝われます。柴冊儀と同じ理は、琉球では柴差し（しばさし）として民間で旧暦八月中旬頃に行われる行事がまだ残されております。屋敷の四隅に柴をさし、魔除けにします。その際屋敷の内外を清め、悪霊除けの祈りを捧げます。この日は妖か日といわれ、人の心がざわつき事故などが起こりやすいので心静かに祈ることが先祖からの口伝になっております。

**魔除けの「さん」**
屋敷の四隅にさされる柴は、桑の葉と一緒に結ばれ、「さん」とか「げーん」とよばれ魔除けに使用されるものであります。エジプトでは王のミイラにクロスされて置かれるアンクと同様な役割を持つと思われます。またエジプトの王笏でヘカとよばれるものともよく類似しております。

**古代エジプトの王杖、笏杖「アンク」と「ヘカ」**
アンク『生命』（聖なる結び目）・プタハの結び目・紐の結び目や花束、十字

301

### 長寿の話

架や数珠の原形か、魔除けの意味があったのかは不明とされます。
ヘカ　「王杖」「笏杖」を古代エジプトでは「ヘカ」とよぶとされます。

#### 古代エジプトの殻竿（ネケク）
羊飼いの杖をかたどったもの。エジプトにおける脱穀用の道具をかたどった殻竿（ネケク）は、琉球ではサイとしていにしえには使用されていました。また柴で結び目を造り、その結び方で同族であるかを見分けるサインにも用いられたものに、「サン」があります。柴と一緒に結ばれる桑は蚕を育てる大切なものとされています。
（エジプトでのヌンチャク状の棒「儀式用の「からざお」、ネケク）

#### アーメンと「死海文書」
アクエン・アテン　アメン・ヘテプ四世（聖書の最後の言葉、アーメンとは、アクエン・アテンを指していると『死海文書の謎を解く』でロバート・フェザー氏は記しています。）　そのエジプトのファラオの持ち物、殻竿（ネケク）やヘカやアンクは琉球の「サイ」や「サン」にやや共通のものが見られます。

#### 古代エジプトのウアス杖
ウアス杖「力、支配権」の象徴として神が手に持つ。セトがこの杖により冥界の大蛇アアペプを倒したといわれ、蛇退治の棒のようでもあります。琉球では蛇対策用として杖があり、また棒術は現代でも盛んに行われす。

#### ウジャト「ホルスの目」と琉球の「まやー（猫）」
天の神であるホルスの目は棺に描かれ、死者はその目の図を通して外を見るとされた、ハトホルまたはトト（月を象徴）の神話があります。琉球ではトートーメーとしての月の神に祈りがささげられます。猫は闇夜、見えないところが見えるということから、マヤの神として大切にされています。黒い猫は「クルーマヤー」と呼ばれます。琉球民族音楽「与那国のマヤー小」は、五穀豊穣の喜びの象徴として歌い舞われます。五穀豊穣では倉に積む穀倉に鼠がはびこるので、猫はそれを退治するとの理から嘉利吉（かりゆし）の象徴とされています。

#### 琉球民族音楽「与那国のマヤー小」
与那国ぬ猫小（まやーぐゎーえんちゅ）　鼠だましぬ猫小（まやーぐゎー）　ハリ　二才（にーさい）だましぬ輩（やから）　聴きわりよー主（しゅめー）ぬ前
底ぬ家（やー）ぬ犬小（いんぐゎー）とぅ　中ぬ家（やー）ぬ猫小（まやーぐゎー）とぅ　ききん橋居ちょてぃ　みゃうてぃば

がうてぃばし
西からや大嶺主　東からや八重山役人　真中から目かが　飛び出たる退込んで
大月ぬ欲しゃ物　兎どぅ欲しゃむぬ　波座真ぬ主ぬ欲しゃむぬ　女童欲しゃぬ
大月と太陽と上がる穴や一つ　波座真ぬ主と　我身や仲や一つ
八折屏風ぬ上方に　花染手巾ば置ちゅきて　うり取やい名ざき　女童見舞な
底ぬ家ぬ御庭に　玉ぬ緒ば散し　いり拾みや　名付き　里前見舞な

訳：与那国の可愛い子猫は鼠を騙す輩者、若者を騙す輩者、御聞き下さいご主人様。底の家の犬と中の家の猫が、石の階段にのぼって、ミャウ、ギャウといがみ合う。（女同士を犬と猫に喩えたような…そうらしい）

西から大嶺の与人が、東から八重山役人がやってきたら、真中から醜女が飛び出して退下った。

御月様が欲しいのは兎さん、波座真の主が欲しいのは女童たち。女童の家の八折屏風の上に花染手巾をわざと置き忘れ、それを取りにとかこつけて女童を見に来たそうな。

底の家（目差の家）の庭先に、玉の緒を落としておいて、それを拾うのを口実に目差を見に来たそうな。

## 与那国のやせた猫のお話

明和の大津波が襲った頃よりも前のお話とされます。与那国祖内村タルマイ原に大川加仁という貧しいお百姓さんが住んでいました。ある日、宇良部岳東のウボテン山で薪をとっていると、空気をつんざくような猫の悲鳴が聞こえてきました。見ると、やせ衰えた子猫が大きなヤシ蟹に尻尾をはさまれもがいていました。加仁は子猫を助け、一緒に暮らすことになりました。子猫はどんどん大きくなって田畑を荒らす野鼠を成敗するので、加仁の畑は作物がよく実るようになりました。それで「加仁の猫」は与那国や八重山まで噂が広がるようになりました。

その頃首里城内の米蔵に鼠の大群が住み着き、米俵を食い荒らすようになりました。首里の米蔵を守るための猫は弱く、飢饉の為に貯めていた米はすっかり鼠にやられてしまいます。こまった三司官らは、「鼠とりのたくみな猫を献上した者には、ぺーちん（親雲上）の位をさずける」とおふれを出しました。

加仁の猫の噂を聞いていた八重山の役人は与那国に船を出し加仁と猫を首里に上らせました。この物語で加仁の猫が大活躍したのは云うまでもありません。時の王様はこれで国中が助かった、と涙を流してお喜びになりました。

## 長寿の話

王様は加仁に親雲上の辞令をさずけながら、「猫をお城へ置いていってくれ」と加仁に頼み故郷へ帰る船に乗せました。猫と別れる悲しさに加仁は胸がしめつけられるような思いでしたが、船が那覇からだんだん離れると、加仁の耳に「ミャオー」とあの忘れられない猫の声がしました。船荷の間に加仁の猫は隠れていました。与那国に着くと、高官大川親雲上加仁となり島中あげての大歓迎会が開かれました。宴がたけなわになったとき加仁が立ち上がって声高々と歌い始めたのが与那国のまやーぐぁーだということでした。※2

### 琉球の黄金言葉と猫的黄金言葉

離婁章句下28「孟子曰く、君子の人に異なる所以の者は、其の心を存するを以てなり。君子は仁を以て心を存し、礼を以て心を存す。仁者は人を愛し、礼有る者は人を敬す。人を愛する者は人恒に之を愛し、人を敬する者は、人恒に之を敬す」 孟子のお話ですが、礼節と愛を説いているようです。

「衣食足りて礼節を知る」とも言いますが、毎朝早朝の浜辺へ出掛けると若い猫たちに愛情たっぷりの歓待を受けます。目的はコミュニケーション。なにか楽しい時間があると見ています。猫としての計算ずくではあっても心癒やされる朝の出来事です。他にも毎朝猫に会いに来る方がいまして、当の猫はその方が帰るまで、お見送りをします。まさに「衣食足りて礼節を知る」です。衣類の件は別、猫の場合は愛情だけでした。琉球の謂れに「くとぅば　じん　じけー（言葉銭使い）」という、ゆしぐとぅ（寄せ言）があります。言葉の使い方は、銭の使い方と同じように、大切に使うことを論した謂れです。猫に関しては猫的言語だけですが、そこには、感情がこもっていて言語的に日本語やスペイン語でなくても通じます。

※1　『契丹国―遊牧の民キタイの王朝』東方選書
※2　『沖縄の歌と踊り』月刊沖縄社

# アラン族の痕跡

## 琉球の馬メーサーとスペインのクラージュ

### アラン族のミトラス教
「ミトラス教小アジア起源説」も論じられていますが、今帰仁出土品の研究からアラン族の痕跡が多大である琉球には、またアラン族の信仰であるミトラス教としての太陽信仰があります。アラン族に関連する馬舞い（馬メーサー）は、スペインでもクラージュとして残されている他、世界各地でその痕跡を見る事ができます。アラン族はいにしえに花郎として新羅との関連性があると思われます。またアラン族はテンプル騎士団としてのつながりもみることができます。アラン族の馬舞いの風習から関連づけられると思われる、ミルク神なるものが琉球に伝わります。ミルク神は、エリ・メレクとして聖書に登場したメルキゼデクにも関連性が示唆され、またインドのシバリンガ的信仰にも辿り着くのが、太陽信仰としてのミルク神と思われます。アラン族は、中国ではアスー（蘇）と呼ばれ、「イエ・スー・タイ・エル」という勇壮な主人公やエリヤと呼ばれる人物などが登場します。そのアスーは、琉球の辺土岬にある「あすむい御嶽」のアスーではないかとも考えらます。物質的財宝よりも貴重なのは人の血統でありアスーと言われるアラン族からは、碧眼金髪のDNAの痕跡が琉球に残されました。

### メルキゼデクの祝福
カナン連合軍は戦いにやぶれ、ロトが捕虜となった時、弟ロトをアブラハムは救いだしました。アブラハムがカナンに帰ったとき、アブラハムを祝福したのが、ヘブル書にあるメルキゼデクといわれます。

### 琉球の目印は紫の布
カナンという言葉は、紫布という意味から生まれたものといわれ、ギリシャ語のフェニキアと同じ語源とも伝わります。琉球の目印は紫の布。

### 石に祈る琉球民族
契約の箱が壊された辺りにあった石が保存されていた。（ミシュナ・ヤーマ5：2による）契約の箱の場所に小さな石が置かれていた。

## 長寿の話

この石の由来は判っていない。琉球民族の祈る石は、三つの石、その他岩やさざれ石。

石なぐ　ぬ　石　ぬ　うふせ（大瀬）なる　までぃん　うかき　ぶせ　みしょり　わ　うしゅ　かなし
訳：小さな石が大きな瀬になるまで安寧の世を賜りませ。
我が御主加那志（国王様）
これは、小さな石が大きくなるまでの悠久の時の平安を神に祈る琉球の祈りの言葉でありまして御正月に「かじゃでぃ風節」の旋律にのせて歌われます。

**君が代は神が代　「五月御祭のおもろ」**
今日のゆかる日（今日の良き日）　今日のまさる日（今日の勝る日）
たきがくちうさがて（嶽口に押上がって）　むういがくちくまがて（森口に踏上がって）
伊敷索森城（いちちなはむいぐすく）　按司はぢみ（按司始め）やはじみ（や始め）
国立て召ち（国建てなさって）　世立て召ち（世建てなさって）
伊敷索按司（いちちなはあじ）昔あたるごとに（昔あったように）　きさしあたるごとに（きさし〈昔〉あったように）
うしわかうえぬのろ（ウシワカ親祝女）　さとのし（里主が）
やじゅくひち（やじゅくを引いて）　やしちゅひち（真人を引いて）

まにぐしく（マニ城）くいちゃにの（クイチャニの）
あかぐちやーうさがてぃ（赤口〈火の神〉や押し上げて）　ぎるまゝうさがてぃ（ギルママ〈火の神〉に押し上げて）
にーめはうふぐろうが（ニーメハ大男が）　うしたての（押し立ての）
世立ての（世立ての）　にーぬはうふぐろうが（ニーヌハ大男が）
わがうにーじゅ　ふくやびら（我が御根の衆を誇りましょう）
わがうまーちゅ（我が御真人）うにーうがまびら（御根を拝みましょう）
まにーうがまびら（真根を拝みましょう）
うたてびしうさげて（うたて瓶子を押し上げて）　ちゅうしひんうさげて（ちゅうし瓶子を押し上げて）
やまとからくだる（大和から下る）　やしろからくだる（山城から下る）
なんざおしゃく（銀御酌）　黄金おしゃくうさぎて（黄金御酌をさし上げて）

いちかきのうしやく（五掛けの御酌）　七かきのうしやく（七掛けの御酌）
いちかきのむすり（五掛けに結んで）　七かきのむすり（七掛けに結んで）
みすであーしみそーち（御袖合わせなさって）　くんりーあーしみそーち（組手合わせなさって）
たきぶくいみそーち（嶽誇りなさり）　むいぶくいみそーち（森誇りなさり）

うにーちゅらく拝まびら（御根を美しく拝みましょう）
まにーちゅらく拝まびら（真根を美しく拝みましょう）
いちぬ御神（五の御神）　なゝぬ御神（七の御神）
嶽ぶくいみそち（嶽誇りなさり）　神ふくいちゃぶくい（神誇りちゃ誇り）
みまむやいみそり（見守って下さい）　養やい召り（養ってください）
なまぬとちなはち（今の時を直して）　うふぐろうがいきはりて（大男がい乞われて）
まぐろこーが　ちよわりて（真男子が手乞われて）
昔あたるごとに（昔あったように）　きさしあたるごとに（今あったように）
うしわかうえぬーる（ウシワカ親祝女）　さとぬしが（里主が）
やじゆくひち（やじゆくを引いて）　ましちゆひち（真人を引いて）
うりてうりなはて（降りて降り直て）　うりてうりほこて（降りて降り誇り）
いしだもとほこて（立派なたもと〈座所〉を誇て）　かなだむとほこて（金だもとを誇て）
みーのときうがで（巳の時拝んで）　午の時なうさ（午の時直そう）

君が代の御願（君の世の御願い）
神が代の御願（神の世の御願い）

御護やい給り（見守って下さい）　養やい給り（養って下さい）
迎へる世の御願（迎える世の御願い）　わがまちり御願（我が祭りの御願い）
いしちゅらーが御願（石清ら〈稲〉の御願い）　ぶしやちゆらが御願（菩薩清ら〈稲〉の御願い）
かきまさてうたびみそうり（掛け勝って下さい）　うにがぢにうたびみそうり（畝ごとに下さい）
ましがぢにうたびみそうり（枡〈田〉ごとに下さい）
天みずうたびみそうり（雨水を下さい）　むい水うたびみそうり（盛り水を下さい）

# 長寿の話

かきまさてうたびみそうり（掛け勝って下さい）　むいまさてたぼうり（盛り勝って下さい）
しざ数の御願（衆生ごとの御願い）　ひいかじが御願（人ごとのお願い）

千石のおといたて（千石の御取り立て）
万石のおといたて（万石の御取り立て）
たりみそうてうさぎて（垂れなさって押し上げて）
なあかむて（中盛って）はたゆらち　むやしりば（端寄らして差しあげると）

とはくさぬうゆえー（十百歳の御祝い）
やはくさぬうゆえー（八百歳の御祝い）
たくみうじゅてやじらば（垂れなさって寄せましたら）
いしみいり（石実を入れ）　かなみいり（金実を入れ）
かきまさてみそーり（掛け勝って下さい）
またゆいぬうゆい（又よりの御為）　よこよいぬうゆい（良くよりの御為）
かきまさてみそーり（掛け勝って下さい）　むいまさてみそーり（盛り勝って下さい）

見護やいみそり（見守って下さい）　養やい給り（養って下さい）
あはちみぬうがん（粟黍の御願）　しじゃやかじぬうがん（衆生ごとの御願）
人かずのおにげ（人ごとの御願）

御護やい召り（見守って下さい）　養やい給り（養って下さい）
いちぬ神（五の神）　七ぬ神（七の神）
うてんあかくろと（御天あかくろと）
うなかといみそじ（御中取りなさって）
うぢむといみそち（御肝取りなさって）

ぶしやちゆらーや（菩薩清らや）
あまみじ（雨水を）むいみじ　うたいみそうり（盛り水を下さい）
わきにくうて（脇に込めて）　袖にくうて（袖に込めて）
御護やい召り（見守って下さい）　養やい給り（養って下さい）

君が代のうたか（君の世の御高）

神が代のうたか（神の世の御高）

うさぎらばとはく（押し上げたら千年）　みやぎらばやはか（差し上げたら八百年）
御護やい召り（見守って下さい）　養やい給り（養って下さい）
すいまもおい（首里真森）　ままだひおい（真玉森）
しぢやが代が御願（衆生の世の御願）　うふじにーが御願（大君の御願）
おーにしの御願（王様の御願）
大ぐろうが御願（大男の御願）　まぐるこうが御願（真男子の御願）
わぬ神ぬ御祝（我が神の御為）　わぬしじぬ御祝（我がシジ〈精霊〉の御為）
島御祝拝まびら（島の御為を拝みましょう）　国御祝拝まびら（国の御為を拝みましょう）
島栄たぼり（島栄え下さい）　国栄えのたぼり（国栄え下さい）
わぬ神の御祝（我が神の御為）　わぬしじの御祝（我がジジ〈精霊〉の御為）
拝まりる御ゆい（拝まれる御為）　てじらりる御ゆい（手摩られる御為）
御守護やい召り（見守って下さい）　養やいたぼり（養って下さい）

「此のおもろは久米具志川村字兼城のろが五月御祭（しちま）に根所の拝所の前で謡ふて稲穂祭をするものである。（『島尻群誌』）」

『六月御祭のおもろ』
祝へ祝へ　今日ぬ良かる日に（祝え祝え　今日の良き日に）
祝へ祝へ　なまぬ時直ち（祝え祝え　今の時を直して）
　　（略）
祝へ祝へ　君が代の御願（祝へ祝へ　君の世御願い）
祝へ祝へ　神が代の御願（祝へ祝へ　神の世御願い）
「五月御祭のおもろ同様兼城のろの謡ふものである。（『島尻群誌』）」

309

長寿の話

# くいぬぱな節とザン

## モーセの歌と油注ぎ・幕屋の覆いもの

### 幕屋の覆いもの
天幕のためにあかね染めの雄羊の皮の覆いと、その上に掛けるじゅごんの皮の覆いを幕屋のために造ります。

出エジプト記第26章 26:1あなたはまた十枚の幕をもって幕屋を造らなければならない。すなわち亜麻の撚糸、青糸、紫糸、緋糸で幕を作り、巧みなわざをもって、それにケルビムを織り出さなければならない。 26:14また、あかね染めの雄羊の皮で天幕のおおいと、じゅごんの皮でその上にかけるおおいとを造らなければならない。第36章 36:19また、あかね染めの雄羊の皮で、天幕のおおいと、じゅごんの皮で、その上にかけるおおいとを作った。（旧約聖書口語訳）

### 片帆船とザン
「片帆船は国王に献上するザン（じゅごん）を取る漁船で、非常な危険を伴うことから、腕ききでしかも勇敢な漁夫が選ばれました。ザンは特に八重山から国王に献上される御用品と定められ新城島の若者の担当でした。[※1]」

モーシーはトルコの言葉でモーセ
### 琉球古典音楽「百名節」
北谷モーシーじゃにが　うたぎ　うち　じゃしば　なかび　飛ぶ　鳥(とぅい)ん　ゆどぅでぃ　ちちゅさ
訳：北谷モーシーが歌声を打ち出せば、なかび　飛ぶ鳥もよってきて聞く。

出エジプト記第32章 32:18しかし、モーセは言った、「勝どきの声でなく、敗北の叫び声でもない。わたしの聞くのは歌の声である」。（旧約聖書口語訳）

### 琉球打組踊古典舞踊「醜童(しゅんだう)」
美しい女性と土臭い女性のペアで踊られます。高い文化をもった方々と土着の人々の遭遇を楽しく舞踊にしたような芸能です。
**「醜童(しゅんだう)」のなかで歌われる「ソレカン節」**
あんら　こーてぃ　たーほり、じふぁん　こーてぃ　たぽ

訳：油を買ってください。じふぁ（簪）も買ってください。
油も、簪も買って給ぼれ。モーセと油そそぎの油を示唆します。

出エジプト記第40章　40:15その父に油を注いだように、彼らにも油を注いで、祭司の務をさせなければならない。彼らが油そそがれることは、代々ながく祭司職のためになすべきことである」。（旧約聖書口語訳）

コラム
琉球打組踊古典舞踊「しゅんだう（醜童）」から
醜女　いっしょに遊びましょう。

美女　一緒に遊びたいけれど、
　　　匂いがイヤだから離れて遊びましょう。

醜女　美しいからといって、高ぶってはいけない。
　　　縁の肌情けというものが　あるのだ。
琉球の諺「かなさ　が　ちゅらさん（愛しい人は、あばたもえくぼ）」


「くいぬぱな節」
越い　ぬ　頂登て　浜崎　ゆ　見りば
マカが　布晒す　面白　見むぬ　（2〜6略）
くいぬぱなに登って浜崎を眺めるとマカ（娘の名）が布を晒しているのが面白く見事である。大石に登って、前の干瀬を眺めてみると、マツ（青年の名）がタコを捕っている仕草が面白くおかしいことよ。マツが捕ったタコはクヤという二号さんに渡した。タコは珊瑚石をつけたそのままによ。それを隠れて見ていた本妻のヒヨウは悋気者だったので、鍋椀を手あたあたりに打ち割ってしまった。高根久の丘に登って北方の海を眺めていると、片帆船（彼氏の乗ったザン（人魚）取り船）と、喜んでいたら真帆船（役人の乗った船）だったのでがっかりした。大道ちじ（頂上）に登って、東方の船中を見ると、白百合の花のようなものが見えたがしかしよくみると娘マルの袴（白いパンティ）だった。
くいぬぱな節は八重山の離れ島にあるくいぬぱなの歌ですが、沖縄本島では「恋の花節」に変わります。

311

**長寿の話**

白百合の花

※1 ※2 『沖縄の歌と踊り』月刊沖縄社

# オナリ神

## 金細工とヒッタイト

**白鳥節にうたわれる精霊・オナリ神**
マレーシアや東南アジア周辺から本土の大和タケルの命まで網羅する白鳥伝説です。オナリ神信仰　ウナイ（姉妹）はウイキー（兄弟）の守護神になるという古くからある信仰。「白鳥ではなく、オナリ神である」と歌われる白鳥節は、奄美ではよいすら節になります。

**奄美民謡「よいすら節」**
ふね　ぬ　たかどのに　ヨイスラ　ふね　ぬ　たかどのに　ヨイスラ
いちゅる　しるどぅい　ぐぁあ　スラヨイスラヨイ　スラヨイスラヨイ
しるどぅい　や　あらぬ　ヨイスラ　しるどぅい　や　あらぬ　ヨイスラ
うなり神がなし　スラヨイスラヨイ

マレーシアあたりでは古代、船の先に白い鳥の姿をかかげ守り神にしていたといわれます。大和タケル命は白鳥になったと伝説にありまして、これは黒潮海流、貿易風、季節風などでの海上ルートからの民族渡来が立証されます。またヤウキン（夜雨琴）は正倉院にありますが、ペルシャにもあり、ベトナムにもあり、廃藩置県までは首里王府の御座楽で演奏されておりました。現在御座楽は復元され首里城で元旦に演奏されます。

**鉄と白鳥**
「白鳥節」の霊力としての　うない神加那志　は航海の守護神でもあります。

**鉄とヒッタイトのかかわりをもつ白鳥伝説と金細工**
白鳥は磁気を感知する能力があり、また鉄のある方向を察知する能力があるといわれます。白鳥の後を追っていけば鉄の多い地を見つけることが可能であったかも知れない。人類が最初に鉄器をつくったとされるヒッタイト人は鉄の加工技術を持ちあわせ、古代世界で強力な部族となったと伝わります。そのヒッタイトに伝わる伝説に「白鳥伝説」「羽衣伝説」があります。

# 長寿の話

### エジプト文明を制覇したヒッタイト
白鳥のあとを追ってヒッタイトの文明は、東の国で鉄の生産をするために渡来。タタラなどとよばれるようになったと伝わります。タタラ製鉄と鞴（ふいご）、また片目でタタラを見ることから一つ目の要素が強調されました。琉球においてはキジムナーが魚の片目を取るなどの伝説になったのかもしれません。タタラと鉄はさまざまな伝説を琉球にも残しました。「組踊めかるしー・はごろも伝説」などが現在残されております。

### 白鳥と羽衣
中央アジア付近に起源を持つ白鳥処女説話があります。森の泉に七羽の白鳥が舞い降り、羽衣をぬぎすて美しい娘に変身し水浴びをはじめました。若い漁師は森のなかからそれをみていて、一枚の羽衣を隠します。六人の娘は白鳥の姿になり天に飛び去りますが、裸で取り残された娘は仕方なく漁師と結婚し地上にとどまることになりました。

### 羽衣伝説とヒッタイト
紀元前1700年頃、鉄器を人類にもたらしたヒッタイト民族。彼等の宗教は古代ミトラ教といわれます。今帰仁にあるアラン族の痕跡もミトラ教やギリシャ正教を信仰していたと研究されています。

琉球の羽衣伝説　組踊　めかるしー　天女伝説の子守り歌より
**「遊子持節」**
よういよ　い　泣くなよ　我が按司（あじ）の飛御衣（とぅびんす）
我が按司（あじ）ぬ　舞御衣（めーんしゅむ）　六ちまたの倉に
八（や）ちまたぬ　内に　稲づかの下（しちゃ）に
あわじかぬ　内に　おき古（ふる）し　みしちやうん
おきざるし　しちやうん　寝なせ起（う）きて泣くな
泣かなりば　呉ゆんやう　遊（あし）ばはど　呉（く）ゆんだふ
組踊　銘苅子より　天女詞
『寝なしちをるうちに別れらなきゃしゅが　おぞで百（むむ）すがり　縋（み）るとぅ思ば』
訳：寝かせているうちに別れなければ、縋りつかれて別れはつらい。

コラム
隕石と鉄
紀元前1680年頃のヒッタイト帝国では鉄の製法が行われていた。鉄自体はごく稀に隕石か

ら採取されていたとも伝わります。ヒッタイトの初期の剣は祭礼用が主であったともいわれます。
スキタイ騎馬民族はヒッタイト民族の末裔
ダビデの時代から混血も多いカナンの子孫「ヘテ人」はヒッタイト人、ハッティ人のことのようで、過去にはヒッタイト帝国がありました。ヒッタイトの鉄と隕鉄　宇宙からやってきた鉄の隕石は、天空の星が鉄になったのですね。エジプトのツタンカーメンのお墓から出土した刀剣も隕鉄製とのことです。隕鉄とともに宇宙人も舞い降りたかもしれません。琉球には素晴らしい泡盛という飲み物があり、また宇宙人的な人も多く見受けられます。白鳥は渡りの方角を知るために地磁気を感じる器官があるようだと言われます。白鳥の渡るルートには鉄があったといわれます。（参考：ウェブサイト「ツタンカーメンの短剣は、隕石からできていた」より）

## 鍛冶屋の起源

「大昔の世、沖縄には未だ鍛冶屋という者がいなかった。当時、下志喜屋村に免之大親といふ人がいた。彼は自ら七度も密かに支那に行って貿易を営んでいたが、最後には支那の戦乱に遭つて、滞留すること七年、始めて鍛冶屋を学んで帰国した。これが沖縄の鍛冶屋の起源である。」（沖縄の昔ばなしより）

## 沖縄のキジムナー

現代に歌われる「チョンチョンキジムナー」、キジムナーは魚の目を片方だけとります。民間伝承にあるキジムナー、女のキジムナーは夜中に男を襲う。オッパイが大きかった？とか。男のキジムナーは奄美ではキンムンといわれ、樹の精で道行く人に相撲を取ろうとけしかけます。このへん聖書にも神と相撲をとったお話があります。（ケルビムの要素的キンムンかもしれない。）

## ヤコブと相撲をとった人

創世記第32章　32:24ヤコブはひとりあとに残ったが、ひとりの人が、夜明けまで彼と組打ちした。 32:25ところでその人はヤコブに勝てないのを見て、ヤコブのもものつがいにさわったので、ヤコブのもものつがいが、その人と組打ちするあいだにはずれた。 32:26その人は言った、「夜が明けるからわたしを去らせてください」。ヤコブは答えた、「わたしを祝福してくださらないなら、あなたを去らせません」。 32:27その人は彼に言った、「あなたの名はなんと言いますか」。彼は答えた、「ヤコブです」。 32:28その人は言った、「あなたはもはや名をヤコブと言わず、イスラエルと言いなさい。あなたが神と人とに、力を争って勝ったからです」。 32:29ヤコブは尋ねて言った、「どうかわたしにあなたの名を知らせてください」。するとその人は、「なぜあなたはわたしの名をきくのですか」と言ったが、その所で彼を祝福した。（旧約聖書口語訳）

## 長寿の話

### 木花咲耶姫と「四季口説」

そのキジムナーは、タタラ製鉄のおり、片目になったことの表現かもしれません。鉄を追って行くヒッタイトは何故か、木花咲耶姫につながってゆき、富士山で祀られている大山祇神とかかわっているようです。神は四隅を祝福するということで、木花咲耶姫の歌は「四季口説」として琉球に残されています。ここでは四つの季節を寿いでおります。

### 琉球古典舞踊「四季口説」

さてもめでたや新玉の　春は心も若がえて　四方の山辺も花盛り
長閑(のどか)なる世の　春を告げくる　谷の鶯
夏は岩間を伝えきて　滝津麓に立ち寄れば　暑さ忘れて面白や
風も涼しく　袖に通いて　夏もよそなる　山の下陰
秋は尾花が打ち招く　園のまがきに咲く菊の　花の色々珍しや
錦さらさと　思うばかりに　秋の野原は　千草色めく
冬は霰の音添えて　軒端の梅の初花は　色香も深く見てあかぬ
花か雪かと　いかで見わけむ　雪の降る枝に　咲くやこの花

二代目宮城能造氏

コラム
富士高天原王朝
高千穂王朝に先行する富士王朝で、ここ天都から阿祖男命（ウガヤフキアエズノミコト）は神都を九州　霧島山麓に移し、富士山の別名　日向高千火（ヒムカタカチホ）をとって高千穂峰と命名した。ニニギノミコトは山住命（大山祇命）の二女で、美しく木花咲耶姫

と呼ばれた阿田津比女を神后とした。ヒッタイト帝国はＢＣ17世紀に製鉄技術を発見、砂鉄による古代製鉄集団として日本にも製造技術が伝わる。（ウェブサイト日本古代文明より）（参考：日本超古代の謎）

### 鉄にまつわる「かじゃでふう（冠者手風）節」

鉄とのつながりは、「金細工（かんぜーくー）」の曲もあります。また「かじゃで風節」も冠者手風という鉄にまつわる題目だったかも知れません。ヒッタイト、アッシリア、ニネベなど、遠いいにしえの幻は、金細工、四季口説の舞踊から微かに偲ばれるのでしょう。琉球古典音楽「かじゃで風節」は、かりー（嘉例）づけの前奏曲。琉球古典音楽中最もめでたい歌とされ、国王の御前で歌い演奏する「御前風」五曲のうちの最高峰です。一般の音楽会や祝いの席でも、嘉例（めでたいことや、喜び）をつけるプロローグとして、まずこの歌から演奏されます。歌詞も多くあり国家繁栄、子孫繁昌、五穀豊穣、航海安全、公事公務の無事完了を祝うものです。この歌詞にある「何をにぎやなたてる」を、別の説では、「なおりジャナ立てる（※ジャナは、てぃんじゃなしー（天加那志）と同じ国王の意である・直りジャナ）」との説も『沖縄の地名考』（奥田良寛春著）に記されております。

### 琉球古典舞踊「かぎやで風節」

あた果報のつきやす　夢やちょん見だむ
かぎやで風の作り　へたとつきやさ
訳：このような大きな果報が来ようとは、夢にも思わなかった。さすがは冠者（出世者）の手風（やりかた）にぴったりふさわしい

今日の誇らしゃや　何をにぎやなたてる
蕾でおる花の　露来ゃたる如
訳：今日の喜びは何にたとえようか、しぼみ枯れようとしている花が、露を受け蘇ったようだ。

### かぎやで風節における、鍛冶屋伝説

「国頭村奥間に住む鍛冶屋が『内間金丸さまこそ我が大主（うふしゅ）』と後に、ゆーうてー（世謡）して群衆これに和して金丸が王位についた。その瞬間鍛冶屋が即興で読んだのが「あた果報の…」ということで、この故事から「鍛冶屋手風」と呼ぶようになったとの伝説もあります。正史では『ゆーうてー（世謡）』したのは護佐丸の兄安里うふやく（大親）であり奥間鍛冶屋とどう結びつくのか疑

# 長寿の話

問となっております。（諸々の諸説より）」

## 「撃ちてし止まん」の伊勢おひしと同じ

「二番目の「石な子の…」は国家の「君が代」によく似ており、神武天皇の有名な歌「神風の伊勢の海のおひし（意斐志）に　はいもとは（蔓廷）り（う）ししだみ（細螺）の　撃ちてし止まん」の「おひし」は、かぎやで風節の「大巖うふし（大瀬おおせ）なるまでも」の「うふし」と同じです。」[※1]

コラム
北欧の鍛冶師ヴェルンド
「古エッダ」に歌われるヴェルンドは英国の叙事詩「ベオウルフ」や「カルル大王のサガ」などに登場する。ヴェルンドはフィンランド王の三人の息子の末の弟。ある時住まいの近くの池で三人の娘（ヴァルキューレ）が白鳥の羽衣を傍らに置いて、亜麻を織っていた。三人の息子達は三人の娘達と結婚したが、九年目に彼女等は彼等のもとを去って行った。ヴェルンドは妻が帰って来るのを待ちながら、鍛冶場で素晴らしい装身具を作っていました。
ヴェルンドは名工の噂が広がり、その噂を聞いたスウェーデン王はヴェルンドを捕らえ、ヴェルンド自ら鍛えた剣や妻の為の黄金の腕輪などは、スウェーデン王ニーズズに取り上げられた。黄金の腕輪はニーズズの娘へ与えられてしまった。ヴェルンドは捕らえられて幽閉されながら、スウェーデン王家族の為に芸術品を鍛えるようになりました。
ニーズズの息子達はヴェルンドに、宝物を見せてくれるようにせがんだのでした。ヴェルンドは復讐の為に少年達の頭蓋骨で作った銀の酒杯をニーズズに送りました。
ニーズズの王妃や娘に復讐を果たしたヴェルンドは、ニーズズの家来から取り戻した魔法の水かきを使って空中に飛び去りスウェーデンを後にしました。[※2]

この物語に出て来るカルル大王は囚人を解放する代償として三本の名剣を手に入れます。その中のデュルムダリは、カルル大王の甥「ローランのデュランダル」のことであるといわれます。このローランの話はアーサー王伝説につながります。何故かアーサー王の伝説に似た話が今帰仁の千代金丸です。羽衣伝説とアーサー王伝説は鉄と白鳥でつながるのでしょう。その鍛冶屋は金細工として辻の妓楼の「ジュリ」と「かなーひー」の歌劇にも変化して楽しく伝承されます。

※1 『琉球の芸能』月刊沖縄社
※2 『いちばん詳しい「北欧神話」がわかる事典』森瀬繚著

## 琉球古典舞踊『金細工節(かんじぇーくー)』

んざとまじり(美里村)ぬ いふぁ(伊波)ぬ かんぜぇくう(金細工)ぬ てぃふぁー(調子のいい)加那ひい(兄) 喰(く)わてぃ 加那ひぃが せるくとぅや ―(略)―

訳:美里間切の伊波の金細工のお調子者の加那兄がやったことは…。
辻(妓楼)の真牛(もうさぁ)は島の二才達に人気
真牛(もうさぁ)
もしもし加那ひい(兄)、一月 三十日(ひと)までの
私の身受け金は どうしますか?
加那ひい
心配しないで真牛(もうさぁ) 親譲りの鞴や金床がある
これを売って アンマー へ返すから
鍛冶屋加那兄は上泊へ行きました。
ふーちけんしょり(フイゴ買って下さい。)
金がけんしょり(金床買ってください。)と言ったけど買う人はいなかった。そのうち泊高橋なゆしかきてぃ(泊高橋についた)。真牛、貴女は向こうで煙草を吹いていなさい。てーふぁー(調子のいい)加那ひい(兄)にはお金を貸してくれる人はいない。男・加那ひい(兄)は泊高橋から飛び降りることにする。まじ待て加那ひい(兄)三月三日三貫(もえ)模合を掛けてあるからアンマーへ返すから。アンマーは真牛(もうさぁ)が痩せているのに文句をいいます。「えーアンマー、いったー(貴女の)真牛(もうさぁ)は前からこうだった。」 アンマー「それはいいけど、島ぬ ちと(苞)ん、かねえん むっちちぇーみ(御土産とお金はもってきたかい)」 加那ひい(兄)「えーアンマー 我した うとぅく(男)ぬ うりん うくりゆみ(それが遅れるわけないでしょ。)」 アンマー「かふうし(ありがたい) 加那ひい(兄)うらざんまどぅやさ(裏座も暇だから) いっちあしび(入って遊びなさい)」

舞踊金細工
『芸能事典』那覇出版刊より

# 長寿の話

対馬節と鍛冶屋
琉球古典音楽に対馬節が残されております。歌詞では、鍛冶屋の娘とうたわれ、鉄のルートが垣間見られます。

### 琉球古典音楽「対馬節」
我は　やれー　対馬の鍛冶屋の娘
鎖　やれー　つくりて　さー　君つなぐ

### 金細工とアラン族の彫金「千代金丸」
四葉のクローバーとアラン族。琉球の攀安知(はんあんち)と古代朝鮮の閼智は、アーサー王伝説となんだか似ている気がしないでもない。千代金丸の十字の印、アーサー王の十字の印、今帰仁のアラン族と花郎。今帰仁で研究されています、アラン族の十字架文様は馬の餌としての四葉のクローバーで、ハートの模様とあいまって、大変幸福の印です。

### 宝刀千代金丸
「現存する宝刀千代金丸は攀安知(はんあんち)が所有していたことがわかります。千代金丸の柄は極端に短く、約11センチ。菊花紋と称される三種類の花紋、猪目紋、四葉を透かし彫りにした四体の十字紋（キリスト教とのつながりを示唆する意匠）が縦軸と横軸の線上に配されています。13世紀のユーラシア大陸を席巻したモンゴル・ウルスに負うものとして東西間の豊かな交流がありますなか13世紀に世界の覇者となったモンゴル・ウルスは宗教に対して寛大であったとされます。中国に元朝を創建したクビライも宗教に対する寛容を受け継ぎました。元朝下の中国へは、日本から多くの僧侶や船乗り達が頻繁に渡港した中、種々の技術者の往来金銀細工に長けた職人も多く含まれていたと推察されます。
千代金丸の装飾に関する植物のエッセンスを精緻に描き出そうとする手法は、元来西方のイラン文化圏で育まれた芸術様式とされます。千代金丸が片手持ちのサーベルタイプの刀剣であることを鑑みれば、それは13世紀から14世紀にかけて広くユーラシア大陸を席巻したモンゴル・ウルスの屋台骨となって活躍した騎馬武者にこそふさわしい刀であるとみなさざるを得ない。」　このように今帰仁名桜大学教授上間篤氏は千代金丸についての考察を述べておられます。[※3]

※3 参考：「千代金丸の来歴をさぐる」名桜大学紀要14号 6.30（2009）より

コラム
琉球に伝わる「シロ、フリの戦い」は、新羅と沸流の戦いなのでしょうか。
沸流百済の響きはなんとも懐かしい言葉の響きです。
沸流（ぴりゅ、や、ふる、と発音します）百済（くだら、くんらとも発音します。）

### 黄金の簪と聞得大君

昔、羽地村金川に鉱山があり、寺の梵鐘を造った伝説があります。梵鐘は蔡温（琉球の偉人）の漏刻の制により、朝夕の時鐘として古都に鳴り響きました。

末吉の開門鐘や　首里の開門ともて（と思って）　里（あなた）起ちゅらち（起こして帰してしまった）　我肝やみゆさ（残念でならないこと）
と琉歌にうたわれました。

1509年には金銀の簪を制して、貴賤の別が定められました。三司官は黄金のいちご型の簪、一般の親方は金花銀杖、ぺーちん（親雲上）、里之子は水仙花にかたどった銀製、平民は真鍮の水仙型が用いられました。
聞得大君御殿雲竜黄金簪は直径11センチの大きな簪で、神官の最高位にある聞得大君が儀式の際に髪に挿しました。全面鍍金で雲竜の文様がかたどられ、頭部は空洞になり中に玉が二、三個入っていまして、歩く時に音が出るように造られていました。聞得大君の神職は国家泰平、海路安全、五穀豊穣及び稲麦の穂祭、旱魃時の祈願などでありました。
各地方の祝女達も皆この種の小型の金の簪を使用しました。これらの鍍金の技術は相当発達していたと思われます。※4

花簪※5　　　　　　　　　　　　　房指輪

### 土帝君とキリシタン祝

昔は土帝君祭り（農業の神をまつる祈願）やキリシタン祝などもありました。子供の誕生祝いに、その前の年の十月十日以後に産まれた子供の健康を祝います。中山では十月一日の窯マーイの行事のことをキリシタン帳といいます。※6

※4　※6 参考：『沖縄県史6文化2』より　※5『奄美、吐噶喇の伝統文化』下野敏見著より

# 長寿の話

コラム
馬
白い馬　聞得大君は白い馬に乗ります。-
青い馬　デンバーの青い馬　サン・フランチェスコ大聖堂 ( Basilica di San Francesco di Assisi ) の騎士。ヨハネの黙示録に記された四騎士がモデル「青白い馬」と呼ばれる死の象徴。
赤い馬　関帝王は、一日に千里を走る馬（赤兎馬の事）に乗り、毎日領内で悪い事をする者はいないかと目を光らせていました。
茶の馬　イッソスの戦いの絵にかかれた画の中のアレクサンダー大王の愛馬は茶色。
黒い馬　日本在来馬の一種・トカラ馬。喜界馬からトカラ馬へ。
ペガサス　天空を飛ぶ馬　馬天
与那国の馬　小型の馬
イタリアの諺　高慢な人は馬で行っても徒歩で帰ることになる

馬と源氏　源は元　元朝の名残のする源氏

### 琉球古典音楽「源氏節」

源氏狭衣は　伊勢物語　数の　しょさつの　恋の文
まさに源氏系の曲。最近になり、この曲に対する舞踊を拝見しましたが、見事なものでした。安里八幡宮には源氏系と思われる逸話も残されております。

### 祇園御霊会と蘇民将来

牛頭天王を祀る八坂神社の祇園御霊会が、祇園祭として知られる。「牛頭天王は日が暮れて道の邊（あたり）に宿と借り給ふに、彼の所に蘇民将来、巨旦将来という二人の者あり、兄弟にてありしが、兄は貧しく弟は富めり。天神、宿を弟の将来に借り給ふに、許し奉らず。兄の蘇民に借り給ふに、則ち貸し奉る。云々」『藤原王朝前日本歴史』戸上駒之助 博士著において蘇民とは源氏とも記されております。

コラム
尚徳王　尚巴志王が三山統一　第一尚氏七代尚徳王　一四六二年、室町幕府足利義政のころ、八幡宮を建て明朝にも朝貢します。尚徳王は鬼界島討伐に出ることになりました。（理由は琉球に属していたが貢を納めない故）その途中安里付近で頭上高く飛ぶ鳥を見て馬上から弓に矢をつがえ、武の神・八幡大菩薩に「願わくば鬼界島平定がかなうべく、一矢にして水鳥を射落としめよ」と祈り矢を放つと見事に命中した。
その軍勢は二千人。軍船五十隻にて遠征へ向かう。途中海上に巨鐘が海の波間の浮き沈みしていた。王は南無八幡大菩薩の賜物として感謝しつつ拾い上げた。鬼界島討伐後帰国し、出発の前に水鳥を射落とした場所に八幡宮を建てた。ノロの系譜は大里一門から外間一門に変わる。尚徳王は明への入貢、朝鮮との交易、マラッカ、マレーシア半島へも貿易船を出し足利幕府とも親交があった。尚徳王の使者が足利義政と面会したおり、幕府の門外で使者の随行員が祝意の号砲を打った。音の大きさに幕府は驚いたが、その「砲」が何

であったかは明らかでない。種子島に鉄砲が伝わった一五四三年の七十年前の出来事でした。※8

望郷、散りゆくこの葉、秋の踊り　さびしき鹿の声
古典音楽「秋の踊り」の衣裳は烏帽子に狩衣姿で数十年前は舞われました。タイムスホールでの子供舞踊発表会では烏帽子姿の秋の踊りを見ることができました。とても素晴らしく平安朝のころの雰囲気でした。「出づる野原の　桔梗苅るかや　萩の錦を」と歌われる萩の錦とは。いつのころかの帝のことではないかとも思える曲想です。

**古典音楽「秋の踊り」**
空も長月（ながづき）　はじめころかや　四方（よも）の紅葉を
そめる時雨に　ぬれて牡鹿の　鳴くも　淋しき　折りにつげくる
雁の初音に　心浮かれて　共にうちつれ
出づる野原の　桔梗苅るかや　萩の錦を
きても見よとや　招く尾花の　袖に夕風
吹くも身にしむ　夕日入江の　海士（あま）のころもや
さおのしずくに　袖をぬらして　波路はるかに
沖に漕ぎ出で　月は東の　山の木の間に　今ぞほのめく（こ）

コラム
今帰仁とアラン人　奄蔡国一名阿蘭
「『三国志』烏丸鮮卑等伝（裴注『魏略』西戎伝）に「奄蔡国一名阿蘭」とあることから、のちのアラン人と同じか、もしくはアラン人によって征服されたものと思われる。アラン人。奄蔡という国がある時期から阿蘭国ないし阿蘭聊国と改名し、康居という遊牧国家に属したり属さなかったりしていた。習俗からみて遊牧民であることがわかる。」※9
「粟特国（ソグド）はかっての奄蔡（阿蘭卿国）
『奄蔡国、改名阿蘭聊国、居地域属康居。士気温和』
居は、雍（ふさ）ぐ意味で、改名した阿蘭聊国が、康居に属す地域を雍閉すると訳す。粟弋国（ソグド）は康居に属し、厳国は康居の北に在って康居に属していたが、粟特国（ソグド）は、かっての奄蔡（阿蘭卿国）であった。」※10

※7 参考：ウィキペディア　※8 『白装束の女たち「神話の島・久高」』宮城鷹夫
※9 参考：ウィキペディア　※10 ウェブサイト「どんでん返しの卑弥呼の墓・邪馬台国」

## 長寿の話

### アルハンブラ物語

アルハンブラ城をでるムハンマド・アルアマール王
略してアブ・アブダラーの父と呼ばれたアブ・アルアマール王　西暦1195年誕生の国の治め方は、琉球王のときとよく似ています。「キリスト教徒にせめられたスペイン国内のイスラム教徒は分裂がくりかえされた。アルハンブラに攻め入るキリスト教であるフィルナンド王に、イスラム教ムーアのアブ・アルアマール王は臣下として服従しアルハンブラの危機を救う。」（Wアービング著『アルハンブラ物語』345頁）　古琉球時代の琉球尚寧王は薩摩に攻められイスラム教ムーアのアブ・アルアマール王と同じ経緯を辿ったと思えます。

奄美、琉球には南走平家伝説が多く残されておりますが、ムーアの王の流れ（八切止夫著『新説・源平盛衰記』）と似た流れは、平家によるかも知れない王統として、また源氏のお話も伝わる中で、首里城、浦添夕凪と玉御陵などに分けられ、今となってははっきりとは把握できないまま痕跡だけは残ります。

琉球にはジュリ馬としてスペインのクラージュとつながる『馬舞い』があります。琉球王の国の治め方は、アブ・アルアマール王の治世とよく似ているようです。またベトナムのフエにも共通するなつかしさも偲ばれます。

アルハンブラを明け渡すアブディル王　グラナダの国王礼拝堂の薄浮き彫り[※11]

※11 『アルハンブラ物語』W・アービング 江間章子訳

## 若狭の浜辺の宿り木

神の鞭といわれるアッチラ伝説があるドナウ川と黒海が出あう場所にあるケルトと、シッチン氏の文献に書かれたケルトと、琉球が何故に、どうして関連付けられるのかと、その答えは、宿り木信仰でした。悠久の歴史を秘めた宿り木信仰は、古代ケルトの時代の信仰でもあったようです。そのケルトの信仰と共通した宿り木は、今も若狭の浜辺の近くで、ほんの少しだけ見受けられます。その宿り木がそれほど、古い歴史の証だったとは、知るよしもありませんでしたが、確かにまだ、何の為に宿り木を大切にするのか、知らないままに、地域の人の間に大切に残されていました。

宿り木

## 日日是好日

「好という文字は母と子を表わす二つの象形文字を合わせたものであるそうです。毎日がいい日だ、ということではなくて毎日が愛すべき日だと思われる。」(「禅語」文・石井ゆかり)　雨の日もあり風の日もある毎日、その日一日を愛する心をもって過ごすことは、人生の中の一日の過ごし方として良い方向性を諭している禅の言葉でありましょう。風雨の強い日に心が折れるのではなく、その日をも愛してすごせるかは気持ちの持ち方次第であります。十日越しに夜雨が降り草葉を潤わすという歌詞の曲があり、大変好日な印象でもあります。夜は寝ている時間帯であり、その時に雨が降り草木が潤っていればそれは自然の恵みであり、天に感謝することでもあります。

# 長寿の話

### 琉球古典音楽「ゆしやいのう節」
十日(とぅか) 越し(ぐ)の(ぬ) 夜雨(ゆあみ)ナー スーリー（囃子言葉）
草葉 潤(うる)わしゅし
しゃんとぅ しゃりば ゆしゃキのー（囃子言葉）
うかきぶせ 御代(みゆ)ぬ しるし さらめ

要約：十日越しに降る夜雨は草葉を潤わす果報な世のしるしでありましょう。
この曲は大抵の場合、座ひらきの時に歌われます。フィナーレ、エンディングの時に伴奏が始まり、芸の舞台では出演者が総出で観客に挨拶する場面によく使われます。観客はこの曲によって席を立ち帰途につきます。その楽しかった時を舞台出演者と観客が共有する思いにぴったりの曲想です。果報な世を乞い願う琉球民族の祈りは続きます。

百歳長寿の歌として「ちるりん節」があります。

### 琉球古典音楽「ちるりん節」
子は うまが そろて ねがたごと かなて 大主(うふぬし)ぬヨウ百(ひゃく)せ およわい(うゆ)しやべら
エー サティム エー クネヘ チルリン チルリン サヤ チルリン
クヌ ヒョウシ ヌ ナニガシ アー シュンドウ
ヲウドウリバ クネヘ
チルリン チルリン サヤ チルリン サヤ チルリン（囃子言葉）

この曲の舞踊は、鈴がたくさんついた神楽鈴のようなものを持ち、鈴をならしながらまう舞踊とあいまって、百歳をことほぐ歌です。

太古の先人が崇拝した、太陽、月、星そして、潮水、潮風を愛し共存してきた琉球人は健やかさとは何かを音階、歌にたくして、残してくれたのでしょう。
自然との共生と、祈りはとこしえに琉球の地に根ざし、有り難き先人の教えは未来にはばたかん。

舞踊　柳

参考文献　口語訳聖書（1954年版）
表紙＠又吉啓子氏『琉球芸能事典』那覇出版社より

宝玉麗　ホウギョクレイ
画家、しゅのんそー美術連盟会員
那覇市安里出身
1949年生

混じり合い発信する世界文明の基点
DEEP OKINAWA　知られざる沖縄の核心へ

第一刷　2019年4月30日

著者　宝玉麗

監修　中丸薫

発行人　石井健資

発行所　株式会社ヒカルランド
〒162-0821 東京都新宿区津久戸町3-11 TH1ビル6F
電話 03-6265-0852　ファックス 03-6265-0853
http://www.hikaruland.co.jp　info@hikaruland.co.jp

振替　00180-8-496587

本文・カバー・製本　中央精版印刷株式会社

DTP　株式会社キャップス

編集担当　伊藤愛子／TakeCO

落丁・乱丁はお取替えいたします。無断転載・複製を禁じます。
©2019 Hou Gyoku rei　Printed in Japan
ISBN978-4-86471-733-5

ヒカルランド 好評既刊！

地上の星☆ヒカルランド　銀河より届く愛と叡智の宅配便

世界文明の玉手箱《沖縄》から飛び出す
日本史［超］どんでん返し
琉球は「ヘブライ」なり「平家」なり「マヤ・インカ」なり
著者：飛鳥昭雄／宝玉麗／島 茂人
四六ソフト　本体 1,685円+税

ヒカルランド  好評既刊!

地上の星☆ヒカルランド　銀河より届く愛と叡智の宅配便

続 日本史「超」どんでん返し
沈んだ大陸スンダランドからオキナワへ
この民族大移動を成功させた《天つ族》こそ、日本人のルーツ！
著者：大宜見猛／飛鳥昭雄
四六ソフト　本体 1,750円+税

ヒカルランド　好評既刊！

地上の星☆ヒカルランド　銀河より届く愛と叡智の宅配便

[新装版] 十六菊花紋の超ひみつ
日本人ならぜったい知りたいユダヤと皇室と神道
著者：中丸 薫／ラビ・アビハイル／小林隆利／久保有政
四六ソフト　本体 2,500円+税

ヒカルランド  好評既刊！

地上の星☆ヒカルランド　銀河より届く愛と叡智の宅配便

地球蘇生プロジェクト
# 「愛と微生物」のすべて

思いは一瞬で宇宙の果てまで届く
微生物のハタラキとは
万物を生み出す万能のベース
《量子状態と重力波》のことだった！

比嘉照夫
森美智代
白鳥哲

【新量子力学入門】
放射線もみるみる消えていく

地球蘇生プロジェクト
「愛と微生物」のすべて
新量子力学入門
著者：比嘉照夫／森美智代／白鳥 哲
四六ソフト　本体 1,815円＋税

ヒカルランド  好評既刊!

地上の星☆ヒカルランド　銀河より届く愛と叡智の宅配便

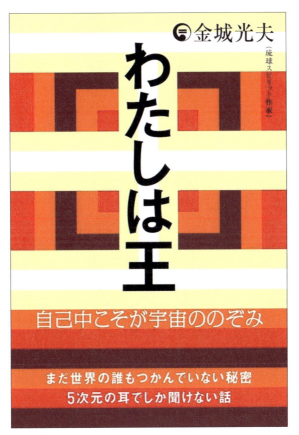

わたしは王
自己中こそが宇宙ののぞみ
著者：金城光夫
四六ソフト　本体1,333円+税

ヒカルランド 好評既刊!

地上の星☆ヒカルランド　銀河より届く愛と叡智の宅配便

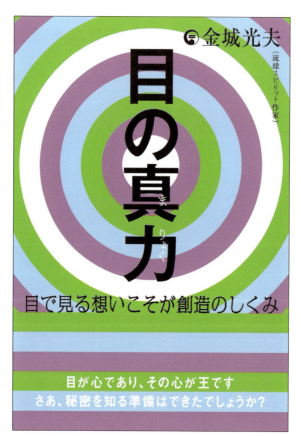

目の真力（まりょく）
目で見る想いこそが創造のしくみ
著者：金城光夫
四六ハード　本体 1,750円+税

ヒカルランド  近刊予告！

地上の星☆ヒカルランド　銀河より届く愛と叡智の宅配便

喜びの真法（まほう）
楽しめば宇宙はもっと輝く
著者：金城光夫
四六ハード　予価 1,815円+税

## ヒカルランド 好評既刊！

地上の星☆ヒカルランド　銀河より届く愛と叡智の宅配便

世界元一つの《始まりの国》NIPPONよ！
今こそ世界は《本物JAPAN》の光臨を待っている！
著者：河合 勝
四六ハード　本体 1,750円+税
地球家族 003